中國走向社會主義的道路

陳明忠◎編著

人間出版社

目 錄

【自序】
尋找社會主義的心路歷程

　　我的少年時期幾乎是在戰亂中度過，小學（當時的公學校）二年級時發生了盧溝橋事件，日本開始侵略中國；高雄中學一年級時日本偷襲珍珠港，開始了太平洋戰爭；中學四年畢業後（當時的學制是五年，因戰爭缺員而提早了一年），1945年2月考上台中農林專門學校（現在的中興大學）就去當兵，一直到8月15日日本投降後才回到台中唸書。這就是說，從6歲到16歲，我的青少年期一直生活在戰時體制下，反體制的思想和行動完全被封鎖，所以，我一直不知道台灣曾經有過包括民族派和左派在內的反日活動。只有一次，早上升旗後教務主任（當時的稱呼是教頭）大罵本島人（台灣人）說：「高雄中學的內地人（日本人）畢業生，很多人在內地當高官；但有兩個本島人卻去支那做共產黨，從事抗日活動…」。

　　出於好奇心，打聽之下才知道教頭罵的是鍾和鳴（光復後改名為鍾浩東，1950年被國民黨判死刑）和蕭道應兩位先輩。這是我頭一次聽到共產黨的稱呼。

　　高雄中學高我4屆（16屆）的校友宇敷民夫在〈消失在黑暗中的時代史〉一文中說：「高雄中學是充滿愛國主義和皇道主義思想的學校，所以內地人學生以能夠考上陸海軍軍官學

校爲榮。駐校軍事教官，武道、體育的老師給予學生的是極爲野蠻的教育——高班生不需任何理由隨時可以毆打低班生，內地人更可隨時隨意毆打本島人…」。他又說，「在這種人種差別中我看到了現在日本人的驕傲的原點。總之，高雄中學的生活是野蠻、不愉快、恐怖的生活」。我就是在這一所充滿野蠻、歧視台灣人的高雄中學唸書時，才意識到自己不是日本人而是中國人。所以儘管念了四年的高雄中學給我的是非常不愉快的記憶，但也感謝它沒讓我變成「三腳仔」（皇民化台灣人）。

有了這個覺悟，我開始在家裡閣樓的倉庫中找出叔叔留下的有關政治、思想方面的書。其中有關社會主義的書籍被刪除的部分很多，重要的段落和術語都以 XXX 代替，以我當時的思想程度完全無法把前後文連貫起來。所以當時我雖然對社會主義思想感到好奇，但並不瞭解，但對例如《三代（明治、大正、昭和）實錄》等書中報導日本共產黨活動的部分就很感興趣，尤其是有些被捕共產黨在法庭上的陳述就令我非常感動，也令我覺得被壓迫階級、被壓迫民族走上共產主義之路是應該的。

光復後，日本人爲了生活，把家具、衣服以及書籍拿到街上賣。當時最令我覺得意外的是，有不少的日本人還擁有如《資本論》等左翼書籍。我雖然買了不少，但看不太懂。當時我對共產主義、社會主義理念的理解大都來自日本的反共書籍——因爲要反駁，不得不闡述共產理論（當時我還以爲社會主義和共產主義是一種理論的兩種說法）。對我影響比較大的，反倒是來自大陸的《觀察》和《展望》雜誌。當時由於社會很亂，年輕人都在找出路，自由主義的《觀察》和共產黨出版的

《展望》等雜誌銷路都很不錯。不過，據我的感覺，《觀察》
被接受的程度還是高於《展望》。社會主義或共產黨成為「年
青人的出路」，是二二八事件以後的事情。

1950 年被捕之前，我看過《新民主主義》、《論聯合政
府》以及《人民民主專政》等小冊子，當時並不覺得有什麼重
大涵義。我們比較重視的反倒是將馬克思、列寧主義重點簡述
的「五個觀點」——即勞動、階級、群眾、組織、國際等五個
觀點。我們以為只要銘記五個觀點，將它用於實踐就夠了。

被捕後，我在軍法處遇到一個日後被宣判死刑的中年難
友。他說，他之所以參加共產黨是由於覺得新民主主義才是符
合中國的現實。當時我並不理解他的想法，但他的話一直記在
我腦裡。我第二次被捕，在綠島看到文革結束後的種種消息以
及傷痕文學，我才重新想起來他這句話，並開始認真思考它的
重要意義。也是通過重新思考他的話後，我才真正開始探索中
國應該走的道路。

文化大革命的種種，我是從收音機聽到的。文革是觸及人
們靈魂的大革命，是意識的革命——包括思想、文化、風俗習
慣以及政治、法律、藝術等意識形態的整體的革命，是使人能
夠成為社會主義社會的「人」的革命。但在傷痕文學裡所看到
的，卻是一個孩子控告父母，夫婦互相控告、朋友間互相指
控、告密，以至於人們不敢相信自己以外任何人，一個失去了
人性的世界。當時我覺得非常痛苦，不知道中國革命為什麼會
變成這樣。

再說，幹地下反政府運動而被敵人刑求、處死本來就是意
料中的事。走這條路是自己選擇的，沒人強迫你。所以，50 年
在軍法處看守所 20 房遇到的台中區地委級幹部張伯哲就對我

說「朝聞道夕死可矣」——他所說「道」，就是共產主義理念。但是，像文革那樣，被自己人扣帽子，甚至被虐待到死，才是死也無法瞑目的事。

以劉少奇的例子來說，難道一輩子在白區從事地下工作，也參加過長征、重建新四軍，46 年指揮人民解放軍大移動從而奠定內戰勝利基礎的劉少奇，真的是工賊，是出賣無產階級的叛徒嗎？我覺得，反右派運動的擴大化使得中國的知識份子不再講真心話，文革時期連共產黨員都不敢說話了，全國變成一言堂，難道革命勝利後，中國走過來的路沒有問題嗎？我急著想了解，中國革命怎麼會變成這個樣子？

我不得不為自己犧牲一輩子所追求的道路，尋求一個合理的解釋，否則我覺得自己是白活了。

我最大的疑惑在於，難道「新民主主義是馬克思、列寧主義的普遍真理和中國革命的實踐理念相結合的馬克思主義的進一步發展」這種說法有錯誤嗎？將革命在中國的實踐分為最低綱領和最高綱領的兩個階段是錯誤的嗎？假如沒有錯誤，文革為何要否定它？文革到底為的是什麼？

在牢裡一直思考這個問題，但是在沒有任何資料可做參考的情況下，始終沒獲得解答。

1987 年保外就醫後回到台北，開始跟解嚴前的社運團體產生聯繫。我又不得不面對另一個冷酷的事實——「統」和「左」的分裂，即贊成統的人不一定是社會主義者；而贊成社會主義的——主要是年青一輩的人——又對統一採取消極的態度。

贊成統的人不一定贊成社會主義，這一點比較易於瞭解——因為民族主義者即使是反共，但也可能贊成統一。

民族主義是兩面刃，在不同的歷史階段有不同的表現形式和內涵。先進資本主義國家的民族主義，如德國的納粹、日本的大和民族論等等，往往成為侵略的意識形態。但落後國家反殖民、反壓迫的民族主義，不應該一概以落後反動而加以反對。據我瞭解，馬克思、恩格斯並沒有把民族主義視為是國際主義的反命題，反而把它當作達到更高層次社會的自然墊腳石。列寧對民族主義的看法，簡單地說，在勞工運動、社會主義運動方面從頭到尾的反對民族主義；但對表現於少數民族、殖民地、次殖民地自主要求的民族主義則予以積極的評價並加以支持。

問題是，正當以美國為首的帝國主義陣營圍堵中國，積極準備推翻共產黨政權的狀況下，台灣的左派為何不能贊成統一呢？既然統一的問題，是起因於以美國為首的帝國主義為了其自身的目的才迫使兩岸處於分裂對峙的狀態，自認為左派的人站在反對帝國主義的基本原則上，不是應該贊成統一的嗎？為什麼還是有一批人對此感到遲疑？後來，經過廣泛的接觸我才了解，在台灣「統、左」之所以分裂，是起因於對中國的改革開放政策的評價不同。一部份左派認為那是「走資」，所以即使不至於反統，至少是採取消極態度。當然「改革開放」政策的是非對錯是應該討論的，但我們應該站在中國人的立場來討論。

為了解答在牢裡所想的各種問題，出獄後我至少閱讀了上百本的書籍，卻一直找不到思考的切入口。

1992 年，朋友從北京帶回薄一波上下兩冊的《建國以來若干重要決策與文件的回顧》。在該書裡我看到了對列寧新經濟政策的評價。薄一波提到列寧一個重要的觀點：在經濟文化落

後的國家裡，搞社會主義革命和社會主義建設，應該注意的一個帶有「普遍性」意義的重大問題，就是如何更加重視和利用資本主義已經創造的物質技術管理和文化條件的問題。薄一波又說，看來劉少奇同志的有些看法，是從列寧的這些論述中得到了啓發…隨著社會主義建設實踐的發展，特別是經歷了一些曲折之後，大家才愈來愈感受到列寧在新經濟政策時期的這些思想的重要性和深刻性。

列寧的新經濟政策給我很大的啓發，我終於找到了思考的切入口。

後來，在研究新經濟政策時，我注意到葉‧普列奧布拉任斯基（E. Preobrajensky）在蘇聯的工業化論爭中，所提出的「社會主義原始積累」這一個概念。據我所知，馬克思所說的「原始積累」就是生產者和生產資料相分離的歷史過程，而資本主義生產方式便是以這樣一個歷史過程作爲前提的。所以，將「原始積累」這一個概念使用在社會主義工業化的形成時期，令我產生一個疑問，那就是：一般認爲蘇聯 1917 年的二月革命是布爾喬亞革命，而十月革命是社會主義革命，是否是一個正確的提法？十月革命成功之後，在社會主義工業化的形成時期使用「原始積累」這一個概念，是否證明十月革命並非社會主義革命，而是和中國的「新民主主義革命」一樣，是落後國家「以社會主義爲目標的社會革命」？

如果是，那麼列寧「既然我們不能實現從小生產到社會主義的直接過渡，做爲小生產和交換的自然產物的資本主義在一定範圍內是不可避免的。所以我們應該利用資本主義做爲小生產和社會主義之間的中間環節，作爲提高生產力的手段…」的提法，就可以理解爲落後國家走向社會主義是與先進資本主義

國家不同的另一條道路了。

於是，我開始形成了「從新經濟政策——新民主主義到後來的社會主義初級階段論」這一條「開發中國家社會主義道路」的想法了。

現在，我把二十年來讀書、思考的一些想法，用最清楚的方式簡述如下：

一、有別於馬克思在經典中所揭示的西歐資本主義一般發展規律，上個世紀誕生在蘇聯、中國以及其他「既存」社會主義國家的革命，不能叫做「社會主義革命」，而是以社會主義為目標的「社會革命」，這是落後國家為了實現進入社會主義社會所需要的物質基礎和文明條件，以建立工農政權或蘇維埃體制為基礎來展現「走向社會主義」的決心，這只是「社會主義革命的準備期」。

二、這些「以社會主義為目標的社會革命」都是在後進資本主義國家發生的，後進國只有以這種方式才能擺脫先進資本主義國家的政治、經濟壓迫與剝削。先進國勸告後進國說，只有學習他們，跟著他們亦步亦趨，才能進入資本主義社會，這完全是騙人的。後進國如果聽先進國的話，就會永遠成為先進國的附庸或奴隸。

三、後進國在「社會革命」成功後，首要任務就是要結合自己的實際國情，以符合自身發展的特殊規律集中全國力量發展生產力，實現所謂後進國家的「原始積累」。先進國是靠資產階級的力量、靠國家的暴力往外殖民、往外掠奪，發展生產力的；後進國必需要靠全國人民一心一德，一起吃苦耐勞，也就是必需自力更生，才能在短期間內大幅度提升生產力。

四、在後進國集中全國力量發展生產力時，必然面對先進

資本主義國家的圍堵、分化和打擊，導致後進國家被迫實行
「戰備體制」，隨時準備抵抗先進國的侵犯。生存下去就成為
「既存」社會主義國家的首要任務。

五、由於建立「戰備體制」的迫切需要，「既存」社會主
義國家被迫扭曲了社會生產基金的積累構造，直接將農業剩餘
轉移來建設重工業和軍需工業部門，以至於忽略了整體社會生
產力水平的提升，挫折了人民群眾生產的積極性。

六、「戰備體制」另一個重大影響，就在於過早的宣佈進
入「社會主義時期」，從而忽略了列寧稱之為「特殊過渡階
段」的國家資本主義時期。列寧認為，應該利用國家資本主義
來作為小生產和社會主義之間的中間環節，在工農聯盟為基礎
的無產階級專政下，強化、發展社會主義經濟成分，同時應慎
重實施資本主義經濟成分、小商品生產經濟成分等非社會主義
經濟成分的養成、利用、改造政策等。完成後，才是真正進入
馬克思《哥達綱領批判》所說（進入社會主義的）「過渡
期」，然後才是社會主義時期和共產主義社會。對此，列寧、
劉少奇、鄧小平都有比較清醒的認識，而史達林、毛澤東卻直
接宣佈進入「社會主義時期」。他們忘記了，這個時期，「既
存」社會主義國家的生產力還遠遠不如資本主義國家。

七、史達林、毛澤東以社會主義的「理想」來規範「既
存」社會主義國政治、經濟現實，將計劃經濟和國有企業作為
實現「社會主義社會」的指標，導致蘇聯和中國在生產力發展
上的停滯。蘇聯政權沒有及時意識到這一點，改革太晚，所以
蘇聯政權崩潰了。毛澤東死後，鄧小平及時改弦更張，不但挽
救了中國，還使中國繼續往前發展。

八、中國共產黨把改革開放時期稱為「社會主義初級階

段」，其實就等於列寧的「特殊過渡階段」，把改革開放稱之
爲「走資」，其實是固守毛澤東的觀點，完全無視於歷史的現
實。所謂「特殊過渡階段」就是多種所有制並行發展的階段，
不能不按照價值規律辦事，引進市場經濟以便迅速提高生產
力。這一點，不但已經由中國改革開放的實踐經驗證明，現在
不僅越南也推行 Đổi mới（創新），就連古巴也以中國的社會
主義市場經濟和越南的 Đổi mới 爲參考而將要確立「古巴社會
經濟模式」（簡稱MEC）——2010 年 11 月公布〈黨與革命的
經濟、社會政策概要〉，以達到「21 世紀型社會主義」爲目
標。

　　馬克思在〈政治經濟學批判序言〉中說：

　　　無論哪一個社會形態，在它所能容納的全部生產力發
　　揮出來以前，是決不會滅亡的；而新的更高的生產關係，
　　在它的物質存在條件在舊社會的胎胞裡成熟以前，是決不
　　會出現的。所以人類始終只提出自己能夠解決的任務，因
　　爲只要仔細考察就可以發現，任務本身，只有在解決它的
　　物質條件已經存在或者至少是在生成過程中的時候，才會
　　產生。

　　根據這段話，只有全人類的生產力發展到某一個階段，人
類才有進入社會主義社會的可能。放眼現在的世界，像非洲、
拉丁美洲、伊斯蘭世界，還有印度和東南亞國家，許多民眾的
生活條件都還在水平線下，我們怎麼可能在短時間內、甚至在
自己活著的這一生內，就達到社會主義的理想呢？社會主義是
人類永遠要朝這個方向努力的目標，我們在自己的一生內努力

盡到自己的責任，就可以感到心安；如果想要「及身」看到社會主義的實現，我覺得那是一種不著邊際的幻想。以這種幻想來要求某一個國家一定要如何如何，而對另外表現更惡劣的國家卻閉口不作批評，我不認為這是自命為「左派」的人應該有的態度。

當然，這些都是我個人的想法，我把這些想法發表出來，希望提供一種不同於一般人的思考方式，目的是希望大家都來仔細的想一想，而不要一直受制於泛泛的流俗之見。

最後，我必須深深感謝夏潮聯合會陳福裕會長的幫忙，沒有他，這本小冊子是不可能出現的。他從夏聯會秘書長時期就開始潤飾我的文章，找出原典出處，提供許多令人佩服的意見等等，所以這本小冊子應該是我們兩個人共同勞動的成果，即不是我一個人所寫的。另外，我也要特別感謝呂正惠教授，他在百忙之中不僅幫忙對文字做出最後的修訂，他還對整個文脈進行大幅度的調整，使得章節的結構更加嚴謹，更有利於閱讀。

我之所以「尋找社會主義之路」是為自己尋求答案，過程中所做的大量筆記，並沒有記下引用書籍和作者的名稱。搬到新家之後，由於健康狀況一直不好，也沒有氣力重新校訂出處，因此在這小冊子中無法逐一說明啟發我思考的書名和著者。當然，這是非常不禮貌的事情。這也就是這一本小冊子我不敢說是「著」，而題為「編著」的原因。

緒 論

就西歐近代社會科學而言，首先誕生的是布爾喬亞社會科學，然後在對它進行批判與繼承的基礎上產生了馬克思主義學派。它們彼此之間雖然爭辯激烈，但焦點都集中在布爾喬亞西歐和社會主義西歐孰優孰劣的問題上；在如何對待非西歐社會的問題上，雙方並無二致，都將之視為是西歐社會被動的陪同者。有差別的是，馬克思主義在做為世界體系的資本主義整體構造中，不僅將西歐社會，也將非西歐社會做了正確的定位，而且在研究世界資本主義的運動規律中，提出：在世界規模上從資本主義轉變為共產主義社會的運動規律。[1]

馬克思主義提出做為世界體系的資本主義（包括被迫編入資本主義再生產體系的非西歐社會）的特徵如下：

1. 在誕生於近代西歐社會的資本主義的主導下，成立了世界史上第一個有機聯繫的世界經濟體系。

2. 世界資本主義是以西歐資本主義發展作為主要動力，非西歐世界雖然在實質上是西歐資本主義能否存在、壯大的不可或缺的要素，但在邏輯上卻可以被忽略。例如，在《資本論》中，非西歐世界只有在論及「資本的原始積累」時，作為促進資本原始積累的四個因素（殖民制度、國債制度、近代租稅制

度、保護貿易制度）之一而被提及而已。

19 世紀馬克思主義學派的看法是，世界資本主義的運動是
直接地、全面性地由西歐資本主義運動所規定，非西歐社會的
反抗運動是可以不予考慮的。例如，〈共產黨宣言〉（1848
年）也只是將西歐以外的社會視爲是被動性的角色，宣言中提
出在西歐無產階級革命勝利後，勞動者政權的一般政策是：收
奪土地所有、高度累進稅、廢止繼承權等等。但那些都是適應
於西歐社會的國內政策，卻獨獨遺漏了非西歐地區殖民地、隸
屬國（包括西歐地區內殖民地）的解放政策。

當然，馬克思在發表共產黨宣言時，對被壓迫民族的解放
問題已經有所意識，但他認爲：要實現被壓迫民族解放的關鍵
性條件，是無產階級革命在西歐的勝利。由此可知，雖然馬克
思主義在問題意識上一貫主張全世界、全人類的共同解放，但
是在「非西歐社會的命運由西歐社會所決定」這個命題上，馬
克思主義和當時的布爾喬亞學派並沒有太大的差別。

其實，西歐資本主義的形成和發達的全部過程，是以西歐
部分地區（例如愛爾蘭）以及非西歐地區的殖民地化、從屬化
過程作爲前提。世界資本主義一方面在特定的地區內成功的確
立其生產方式，打造出國民經濟和民族國家，形成走向布爾喬
亞發展道路的國家群體；另一方面，也同時產生了被這些國家
壓迫、被剝奪了形成國民經濟和民族國家的可能性、從而走上
從屬性發展的其他民族群體。所謂世界資本主義的發展，就是
以上述兩者的對立和互相作用爲內容的統一體。

但是，就整體而言，在 19 世紀被迫進行從屬性發展的非
西歐地區各民族，由於其革命的條件尚未成熟，因而沒有被認
爲是規定世界社會運動性質的一個要因。由此可知，馬克思學

派的觀點是直接受到他所屬的時代的制約，他們認為只有作為「大工業特有產物」的無產階級，才是革命階級。想要在世界範圍上進行從資本主義到共產主義的變革運動，只有在存在著這個階級的西歐布爾喬亞國家才有可能發起無產階級革命。

　　這是正統馬克思主義的看法，但其後的歷史發展卻與這一看法背道而馳。

　　1917 年十月革命的成功，在資本主義相對落後的俄羅斯大地上建立起世界上第一個社會主義政權。此後，有關俄羅斯革命的社會主義性質，向來在馬克思主義者之間有著極大的分歧，大部分忠於馬克思主義原典的「正統馬克思主義」信奉者（例如考茨基等人）都質疑在俄羅斯進行社會主義革命的可能性。他們認為：當時俄羅斯的人口還是以農民佔大多數，工業發展僅限於幾個大城市，管理計畫經濟的文化和組織條件又付之闕如。在如此落後的情況下，俄羅斯是否具備進入社會主義社會的物質基礎和文化條件？實在令人懷疑。

　　同樣的，二次大戰後，東歐國家的社會主義化明顯地是在軍事強制底下完成的，而中國、古巴、越南等國家的社會主義革命，其經濟基礎又遠比革命前的俄羅斯還要落後。這些國家的革命，主要是反對殖民地剝削、是針對民族隸屬以及普遍貧窮現象的「反帝、反封建」鬥爭，與馬克思提出將在資本主義高度發達地區展開階級鬥爭的預言，大異其趣。對這些國家而言，社會主義的魅力並不在於釋放被資本主義生產關係所禁錮的社會生產力，而在於能夠將這些國家從「低度開發」、「極度貧窮」和「無知」的深淵中拯救出來。因此，革命勝利後的首要目標不在於解放生產力，而在於消除落後——不僅僅是在經濟上，同時也是在社會、文化上消除落後。

　　這就與馬克思在經典中所展現的歷史法則大相逕庭。這樣就產生了一個根本性的問題：為什麼西歐資本主義國家沒有發生社會主義革命？為什麼社會主義政權都建立在經濟相對落後的地區？我們如何解釋這一現象？

　　歷史的實際發展，證明了正統馬克思主義者的盲點：他們高估了資本主義無產階級的革命性，同時低估了殖民地及被壓迫民族人民大眾對西歐資本主義的顛覆性。蘇聯、中國等「既存」的社會主義政權，都號稱信奉馬克思主義，並且以建立社會主義社會為目標，為此，他們必須提出種種理論解釋，以說明他們並沒有違背馬克思主義；同時，他們又必須在實踐中配合現實條件，調整發展策略，以維持社會主義政權的存在；並且還要進一步發展，以對抗資本主義國家。這樣，在理論上和實踐策略上他們都要面對一大堆難題。

　　社會主義同情者、但本身並不信奉馬克思主義的英國經濟學者 Joan Robinson 認為：「既存」的社會主義體制乖離了馬克思主義理念，並非馬克思主義所謂的社會主義。這種社會體制「…不是資本主義『後』的階段，而是資本主義的替代物。也就是說，是沒有經過產業革命的國家模仿產業革命的技術或成果的手段；是在不同的比賽規則之下達成迅速積累的手段」。換言之，她認為「既存」社會主義並非資本主義「後」的秩序，而是發展中國家的資本主義替代物。[2]

　　這個說法等於是否定了既存社會主義國家的社會主義性質，認為蘇聯、東歐等國家所實行的並不是馬克思所謂的社會主義，而是「以建設社會主義物質基礎為目標」的過渡性國家。也就是說，進入社會主義社會的各種條件都尚未成熟的發展中國家，正處於著手建設的階段，並不是資本主義「後」的

階段，而是一種「特殊過渡階段」，是過渡時期「前」社會主義階段。

　　Joan Robinson 這個說法相當簡明，但接下去的問題是：這個所謂的「發展中國家的資本主義替代物」，這個「前社會主義階段」的下一步是什麼呢？蘇聯和東歐社會主義政權相繼崩潰，是否證明這個「替代物」或「前社會主義階段」的失敗？目前存在於世的社會主義政權，就只剩下中國、北韓、古巴和越南。其中的中國，自從執行改革開放政策，採取「社會主義市場經濟」後，現在已成為全世界矚目的對象，因為它的經濟成長一直很驚人，它的綜合國力蒸蒸日上。中國政府聲稱他們現在還處在「社會主義初級階段」，和 Robinson 的說法可謂相近。就此而言，中國經驗成為全世界關心這一議題的人注意的對象，一點也不奇怪。檢討中國經驗，並且詢問中國經驗的下一步將如何發展，其重要性不言可喻。

　　再說，在越南，由於日內瓦協定被分裂為北、南兩個地區。北越從 1958 年開始推行社會主義改造，其所採用的模式是，從 1930 年代的史達林時代所形成而從 50 年代到 60 年代之間被社會主義陣營認為具有普遍性的模式——即為了後進的農業國家快速達成社會主義工業化，(1)推行農業集體化以便從農民手上吸收廉價農業剩餘，(2)為抑制工業部門勞動者的工資，以低價配給糧食等生活必需品。兩者並行，從而形成「分享貧窮的社會主義制度」。這種制度在戰爭時期具有充分合理性，因而終於驅逐美帝，建立獨立國家。但戰爭結束後再也無法滿足人民希望提高生活水平的要求，因此從中越戰爭後，越南已面臨經濟停滯的危機。經過一段時間後，在 1986 年 12 月的共黨第六屆大會開始實施被稱為 Doimoi 的改革，正式與「分

享貧窮的社會主義」告別。

另外，古巴人的生活水平雖然比多數發展中國家的「貧困層」高很多，卻由於國營部門主導的社會主義經濟建設陷入困境，因此以中國的社會主義市場經濟和越南的 Doimoi 為參考，大幅引進市場經濟機制，建立「不破壞自然環境，抑制不必要的天然資源和物資的消費，公平且貧富差距小的有人性的社會主義」，即確立「古巴經濟模式」（MEC）。

由此可知，「列寧新經濟政策──新民主主義──社會主義初級階段論」已成為開發中國家（落後國家）走向社會主義道路的主流思想。

在討論中國之前先討論蘇聯也是理所當然的，因為蘇聯是第一個既存的社會主義政權，它的種種經歷具有「實驗」性質，而且在很多地方，成為中國「模仿」或據以改造的依據。因此，只有以蘇聯經驗作為比較對象，才能充分說明中國所走過的道路的特殊性。當然這種討論也只能是一種「探索」──我個人一生奉獻於追求社會主義理想這一個目標，這種「探索」是我行動之餘的一點自我總結，對我來講是絕對必要的。希望我這種「探索」，對其他人也會有一種參考作用，這樣，我就很滿足了。

1　馬克思，《關於自由貿易的演說》，馬恩選集，第一卷，中共中央編譯局，208 頁。

2　Joan Robinson：Marx, Marshall and Keynes』, in Collected Economic papers, vol.2（Basil Blackwell, oxford, 1960, p.15）

【第一章】
蘇聯經驗

第一節　馬克思關於俄羅斯社會主義革命
　　　　可能性的討論

　　如前面所說，馬克思「世界無產階級革命」是以西歐資本主義社會作為基礎來構想的。馬克思學問淵博，關懷的問題非常廣泛，他也注意到英國對愛爾蘭的壓迫、注意到俄、奧、德三國對波蘭的壓迫，同時他還留心於印度問題和中國問題。但他有關的討論，出發點還是對於西方資本主義的思考。他所以討論愛爾蘭、波蘭、印度、中國，還有其他被壓迫民族，都是為了闡明西歐資本主義的特質，並據以思考世界無產階級革命的各種可能性。他從來沒有設想過，世界範圍的革命可以發生在非西歐地區，或者在非西歐地區發生社會主義革命的可能性。

　　馬克思的革命構想，第一次遇到的真正的挑戰來自於俄羅斯。

　　俄羅斯在克里米亞戰爭失敗後發生了大變動：戰前，尼古拉一世為了遂行戰爭，承諾在戰後解放農奴。1861年，農民起

17

來暴動、迫使繼位的亞歷山大二世履行承諾，給予農奴法律上的人身自由權利。從此，地主不能再任意買賣農奴，也不能再干涉農奴的家庭生活及結婚的自由。這就是馬克思所說的「在反革命堡壘中發生的龜裂」。對於農奴解放，列寧評價說：「1861 年 2 月 19 日標誌著從農奴時代中成長起來的新的資產階級的俄國的開端」。

俄羅斯在以農奴解放作為開端的社會變遷中，產生了許多不同思想傾向的革命家，各自摸索著社會革命的戰術和方向。部分亡命於西歐的社會革命家開始接觸到馬克思主義思想，並將其介紹到俄羅斯國內，因此，當 1872 年俄文版《資本論》在聖彼得堡發行時，除了革命家之外也深受知識份子的關注，大家都希望從中找到俄羅斯社會革命的道路。然而，馬克思在《資本論》序言中提到「問題本身並不在於資本主義生產的自然規律所引起的社會對抗的發展程度的高低。問題在於這些規律本身，在於這些以鐵的必然性發生作用並且正在實現的趨勢。工業較發達的國家向工業較不發達的國家所顯示的，只是後者未來的景象。」「一個社會即使探索到了本身運動的自然規律……它還是既不能跳過也不能用法令取消自然的發展階段。但它能縮短和減輕分娩的痛苦。」[1] 這似乎暗示說，俄羅斯這個還是以農業為主要產業形態的社會必先經歷西歐的產業革命和資本主義革命，才能談到社會主義革命，這些話讓俄羅斯革命家和知識份子感到困惑。

由於農奴的解放，俄羅斯農村雖然進入解體的過程，但是廣大的農民還是受制於「村社制度」，農村地區還普遍殘存著農村共同體。因此，對於當時的俄羅斯社會而言，是否必然要經歷《資本論》所描述的原始積累和新的剝削階級（資產階

級）？是否也和德國一樣註定要走上英國的道路？或者可以跳躍過這個階段直接進入馬克思所描述的社會主義的更高階段的社會？這是俄羅斯革命家讀過《資本論》之後自然會產生的疑問。

關於這個問題，馬克思於 1877 年 11 月左右，在寫給《祖國雜誌》編輯部的信中說「我在關於原始積累的那一章中，只不過想描述西歐的資本主義經濟制度從封建主義經濟制度內部產生出來的途徑」，如果將我「關於西歐資本主義起源的歷史概述徹底變成一般發展道路的歷史哲學理論，一切民族，不管他們所處的歷史環境如何，都注定要走這條路」。這樣做「會給我過多的榮譽，同時也會給我過多的侮辱」，「因為極為相似的事情，但在不同的歷史環境中出現就引起了完全不同的結果」。²

問題在於，假如西歐的歷史發展進程並不具有普遍性，那麼不屬於布爾喬亞世界的俄羅斯，其社會革命的展望又將如何？1881 年 2 月 16 日，俄羅斯民粹派成員查蘇利奇代表他們的同志寫了一封信給馬克思，針對俄羅斯未來的展望，尤其是俄羅斯農村共同體的命運，質疑是否世界上所有國家都必須經過資本主義階段？查蘇利奇當年所提起的問題，即使在今天還是非常有意義。

馬克思在 3 月 8 日寫給查蘇利奇簡短的回信中說：「在《資本論》中所作的分析，既沒有提供肯定俄國農村公社有生命力的論據，也沒有提供否定農村公社有生命力的論據，但是，我根據自己找到的原始材料對此進行的專門研究使我深信：這種農村公社是俄國社會新生的支點；可是要使它能發揮這種作用，首先必須排除從各方面向它襲來的破壞性影響，然

後保證它具備自然發展的正常條件。」[3]

馬克思在 2 月底、3 月初為回信所起草的初稿中,更明白的指出俄羅斯走向非西歐、非布爾喬亞發展的可能性:「俄國是在全國範圍內把農業公社保存到今天的唯一的歐洲國家。它不像東印度那樣,是外國征服者的獵獲物。同時,它也不是脫離現代世界孤立生存的。一方面,土地公有制使它有可能直接地、逐步地把小地塊個體耕作轉化為集體耕作,并且俄國農民已經在沒有進行分配的草地上實行著集體耕作。俄國土地的天然地勢適合於大規模地使用機器。農民習慣於勞動組合關係,這有助於他們從小地塊勞動向合作勞動過渡;最後,長久以來靠農民維持生存的俄國社會,也有義務給予農民必要的墊款,來實現這一過渡。另一方面,和控制著世界市場的西方生產同時存在,就使俄國可以不通過資本主義制度的卡夫丁峽谷,而把資本主義制度所創造的一切積極的成果用到公社中來」。[4]也就是說,馬克思認為俄羅斯之所以存在著不同於西歐先進資本主義國家發展道路的可能性,除了根據俄羅斯傳統的農村共同體的內部條件之外,還要考慮到外部因素(俄國社會要給農民墊款、還要考慮同時存在的西方生產)。

關於這個問題,在寫給查蘇利奇回信的一年後(1882年),馬克思和恩格斯在〈共產黨宣言〉俄羅斯第二版的序文中,針對「俄羅斯的農民共同體,是否能夠直接移植到共產主義公有制這種更高層次的型態,或者是,相反地走上與西歐歷史同樣的解體過程?」做了如下的回答:

在俄國,我們看見,除了迅速盛行起來的資本主義狂熱和剛開始發展的資產階級土地所有制外,大半土地仍歸

農民公共佔有。那麼試問：俄國公社，這一固然已經大遭
破壞的原始土地公共佔有形式，是能夠直接過渡到高級的
共產主義的公共佔有形式呢？或者相反，它還必須先經歷
西方的歷史發展所經歷的那個瓦解過程呢？

對於這個問題，目前唯一可能的答覆是：假如俄國革
命將成為西方無產階級革命的信號而雙方互相補充的話，
那麼現今的俄國土地公有制便能成為共產主義發展的起點。

這就是說，俄羅斯的非西歐、非布爾喬亞發展的可能性，
是以俄羅斯革命和西歐無產階級革命相結合做為條件。

相對於馬克思的觀點，恩格斯更重視西歐無產階級革命成
功的條件。他認為，俄羅斯要迴避資本主義制度的痛苦，「第
一條件是從外而來的衝擊。首先是資本主義國家中的資本主義
崩潰從而顛覆了西歐經濟體制」，「西歐無產階級戰勝布爾喬
亞從而資本主義生產方式由社會管理的生產方式所取代。這就
是俄羅斯共同體能夠提高到西歐同一階段所必須的提前條
件」；「剛剛進入資本主義生產的後進國家，因為還留存著氏
族制度及其殘餘，必須等到在西歐的無產階級，在資本主義誕
生的故鄉和最繁榮的國家中獲得勝利後，以社會主義西歐為模
範並在其積極支援的條件下，才能夠縮短道路走向社會主
義。」而且這種過程不僅僅是適合於俄羅斯，也適合於現在還
處於前資本主義階段的所有國家。

由此可知，馬克思、恩格斯（馬克思較含蓄、恩格斯講的
更顯白）並不認為：處於前資本主義階段的後進國家，可以依
靠自己的力量走向共產主義的道路。他們認為，後進國家走向
非資本主義發展的可能性，完全依靠西歐無產階級革命的勝

利，以勝利後的西歐共產主義為模範、受其積極援助才能成功。

關於非西歐地區的社會主義革命的可能性問題，馬克思、恩格斯在這裡的討論遠比其他地方詳盡。由此可見，他們一貫堅持西歐社會主義革命的優先性和重要性。他們在論述世界革命時，基本上是「歐洲中心」的。以回顧的眼光來看，不論馬、恩的歷史眼光多麼深邃，我們不能不說，在這個問題上，他們的看法是錯了。

第二節　列寧的帝國主義論、特殊過渡階段論與新經濟政策

一、帝國主義論

19 世紀後半葉，資本主義世界體系的核心從產業資本轉移到金融壟斷資本（帝國主義時期）的各種條件已經逐漸成型，支配性國家與從屬性國家之間的對立也尖銳化到瀕臨爆發。但是，這種轉移實際上完成於 19 世紀末到 20 世紀初，當時馬克思和恩格斯已經去世，因此進一步發展馬克思主義的世界革命理論和社會主義實踐的責任，就落在新一代的革命家——列寧身上。

列寧除了關注支配性資本主義國家的社會主義革命之外，還注意到從屬性後進資本主義國家，包括民族解放革命、以社會主義為目標的社會革命，並將兩者加以結合。19 世紀的共產主義運動以「團結全世界的無產階級」為口號，但 20 世紀卻以「團結全世界的無產階級和被壓迫民族」為口號。這種表現

在口號上的改變，實際上反映出前後兩個世紀國際共產主義運動在基本課題上的差異，也就是說，19 世紀以《共產黨宣言》為代表的馬克思主義的世界觀和關於變革主體的認識，在 20 世紀發展為以列寧的《帝國主義論》為代表的世界觀和變革主體的認識。

列寧說：

> 現在數千萬、數億人民——事實上是地球人口的壓倒性多數——表現為自主的、積極的革命要素。在世界革命的將要來臨的關鍵性戰爭中，過半數以上的地球住民以民族解放為目標的運動，將會把矛頭指向資本主義和帝國主義，可能扮演比我們所期待的更為偉大的革命角色。20 世紀就是在先進國內無產階級對布爾喬亞的內戰，與在未發達地區的、後進的被壓迫民族中，包括民族解放運動在內的一連串的民主主義革命運動互相結合的時代。

列寧這種論述，把「後進的被壓迫民族」的解放運動和革命運動提升到與「先進國無產階級對布爾喬亞的內戰」同等重要的地位，實際上已突破了馬克思世界革命論的框架，是列寧對反資本主義社會革命運動的重大貢獻。證之於後來的歷史發展，未發達地區的民族解放運動的重要性越來越超過先進國的無產階級革命運動，就可以證明列寧敏銳的歷史眼光。西方有些學者常說，列寧最大的長處是在靈活的政治策略，而不在理論，這只能說是「胡說」，因為他們不能體會「被壓迫民族的解放運動」後來已超過「先進國的無產階級運動」，成為 20 世紀世界史最重要的潮流。

　　當俄羅斯十月革命勝利，蘇維埃社會主義共和國誕生時，以考茨基（K. J. Kautsky）為首的正統馬克思主義者，就以「像俄羅斯這樣的後進國是無法進入社會主義建設」，「俄羅斯不具有實現社會主義的客觀經濟前提，還沒有到達實行社會主義的發展階段」，「俄羅斯的生產力發展水平還沒有到達足以實現社會主義」…等等理由，批評列寧與布爾什維克的社會主義建設政策。針對這些批判，列寧反駁道：「世界史，就其全體而言，必然依照一般規律來進行發展。但是，這種發展不僅不會排除它自身發展的特殊型態，也不會排除發展階段的特殊順序，反而是以此做為前提的」，「既然建立社會主義需要有一定的文化水平（雖然誰也說不出這個一定的文化水平究竟是什麼樣的，因為這在各個西歐國家都是不同的），我們為什麼不能首先用革命手段取得達到一定文化水平的前提，然後在工農政權和蘇維埃制度的基礎上趕上別國人民呢？各位到底在哪一本書上看到不可以，或不可能變更普遍的歷史順序呢？」[5] 列寧在這裡提到建設社會主義的文化水平，自然也包括經濟發展的水平，任何把馬克思主義的理論當成僵化的教條的人絕對回答不了列寧的這個提問。

　　當時的正統派馬克思主義者，固執於以歐洲為中心的世界觀，緊緊抱住 19 世紀馬克思學派的教義，認為只有先進資本主義國家的社會主義革命，才是在世界範圍上轉型到共產主義的唯一動力，從而嘲笑俄羅斯勤勞大眾的社會主義建設方針。然而，列寧卻明確指出：後進資本主義國家的民族解放革命和以社會主義為目標的社會革命，是可以做為推進世界革命的另一種力量。20 世紀世界資本主義的變化，證明列寧主張的正確性，從屬性資本主義國家的勞動大眾，從世界資本主義中學會

了訓練、教育和組織方法，紛紛爲自身民族的解放革命、爲以社會主義爲目標的社會革命、或者爲同時以兩者爲目標的社會革命進行鬥爭。支配性先進資本主義再也無法像 19 世紀那樣絞殺從屬性後進資本主義國家人民的社會革命。

世界資本主義已產生關鍵性的巨大變化。

二、特殊過渡階段論與新經濟政策

列寧反駁德國社會民主黨、第二國際的多數理論家並做出驚人的論斷：在 20 世紀，以社會主義爲目標的社會革命勝利後，才創造出建設社會主義的各種前提，這種顛倒的歷史發展是可能的。他說：

> 蘇維埃社會主義共和國的表現，並不是承認新的經濟秩序就是社會主義，而是意味著實現「走向社會主義」的蘇維埃權力的決心。[6]

列寧在共產國際第二屆大會的民族、殖民地委員會上也說：

> 如果勝利了的革命無產階級對落後民族進行系統的宣傳，而各蘇維埃政府以其所擁有的一切手段去幫助它們，那麼，說落後民族無法避免資本主義發展階段就不對了…共產國際還應該指出，還應該從理論上說明，在先進國家無產階級的幫助下，落後國家可以不經過資本主義發展階段而過渡到蘇維埃制度，然後經過一定的發展階段過渡到共產主義。[7]

　　這裡所說的「一定的發展階段」，就是能夠替代資本主義而完成資本主義歷史任務的階段。更正確地說，是在不經過資本主義私人佔有生產資料的經濟制度和資產階級專政的國家制度的情況下，完成本來應在資本主義條件下實現高度發達的社會生產力和現代化，也就是說，「一定的發展階段」和「資本主義階段」這兩個發展階段之間是並列和替代的關係，而不是發展的前後順序。以中國的例子來說，半封建、半殖民地的中國不必經過資本主義階段，而是經過「新民主主義階段」和「社會主義初級階段」之後就能進入社會主義社會，「新民主主義階段」和「社會主義初級階段」是「資本主義階段」的替代階段，所以「新民主主義社會」、「社會主義初級階段」和「資本主義社會」之間的關係是並列，而不是前後關係。

　　由於蘇維埃政權的建立，也由於正統馬克思主義對新建立的蘇維埃政權的敵視，列寧面對這種新的歷史現實，被迫進行理論思考，從而提出後進國可以用「一定的發展階段」來代替西歐先進國的「資本主義階段」，這再度證明，列寧是社會主義革命運動具有先見之明的理論家。「一定的發展階段」的提法，和「民族解放運動」一樣是列寧對社會主義革命運動的偉大貢獻。

　　所謂的「過渡階段」，與馬克思在《哥達綱領批判》中所提的「過渡時期」（或過渡期）有所不同，我們可稱之為「特殊過渡階段」。《哥達綱領批判》中的「過渡時期」，指的是先進國家在進入社會主義社會之前，必須經過一個實行「無產階級專政」的「過渡時期」，來消除階級對階級的剝削關係；而「特殊過渡階段」指的是從屬性後進國家必須先經過一個替代資本主義的「特殊過渡階段」，來獲得高度發展的生產力和

現代化，再通過無產階級專政的「過渡期」而進入社會主義社會。《哥達綱領批判》的「過渡期」是先進國家為了進入社會主義社會所需要的生產關係作準備，列寧的「特殊過渡階段」是後進國家為了進入社會主義社會的物質條件作準備。兩者相互比較，我們可以表列如下：

先進國　資本主義階段——過渡期——社會主義社會

後進國　特殊過渡階段——過渡期——社會主義社會

依此而言，中國自 1949 年革命以來，都還一直處在「特殊過渡階段」。我們不能因此批評，中國現在推行的不是社會主義。社會主義怎麼可能在短短幾十年內就實現呢？所以中國共產黨才會說，現在的中國還是處於「社會主義初級階段」。

1917 年，以俄羅斯革命為先行者而展開的世界革命，就俄羅斯的勞動者而言不僅沒有先例，也沒有先進國家的積極援助。此外，蘇聯還被先進資本主義國家所包圍、攻擊，阻礙了建設社會主義各種條件的準備工作。不幸的是，列寧在著手於建設蘇聯社會主義前提的最困難時期過世（1924 年），因此，列寧的「特殊過渡階段」理論是在極度不充分的條件之下構築的，可以說是未完成的理論。列寧本身非常瞭解這種情形，因而才在 1920 年的共產國際第二屆大會上懇請同志們來發展「特殊過渡階段」理論。列寧的「特殊過渡階段」理論是：

1. 論證「特殊過渡階段」在從屬性後進資本主義國家的必然性；

2. 指出「特殊過渡階段」的長期性和階段性；

3. 指出「特殊過渡階段」的第一小階段是多種經濟成

分制;

4. 指出「特殊過渡階段」的第一小階段的基本任務是,在工農聯盟為基礎的無產階級專政下,強化、發展社會主義經濟成分,同時應慎重實施資本主義經濟成分、小商品生產經濟成分等非社會主義經濟成分的養成、利用、改造政策等。

列寧這一理論的特色是:強調「特殊過度階段」雖然是階段性的,但這個階段是相當長的,而且,在這個階段的第一小階段,除了發展社會主義經濟成分,同時還應慎重實施資本主義經濟成分、小商品生產經濟成分等非社會主義經濟成分。事實上,這就是他在蘇聯內戰結束後所實行的「新經濟政策」。關於列寧的「新經濟政策」,薄一波曾經這樣評述:

在一個小生產占優勢的落後的農業國要實行社會主義,必須採取與這種國情相適應的特殊辦法。在這方面,列寧為我們留下了不少遺訓。十月革命後的蘇維埃俄國,曾試圖直接過渡到純社會主義的經濟形式和純社會主義的分配。幾年以後感到這不是力所能及的,從 1921 年以後不得不轉而實行『新經濟政策』。

列寧從實踐中認識到:『在一個小生產者占人口絕大多數的國家裡,實行社會主義革命必須通過一系列特殊的過渡辦法』。列寧所謂的『特殊的過渡辦法』,簡言之就是從餘糧收集制到糧食稅。這一政策的轉變,其實質在於要把政策建立在引導人民『對個人利益的關心』的基礎之上,發展商品經濟、

允許自由貿易，利用資本主義經濟成分來發展經濟。列寧說：
『既然我們還不能實現從小生產到社會主義的直接過渡，所以
做爲小生產和交換的自然產物的資本主義，在一定範圍內是不
可避免的。所以我們應該利用資本主義（特別是要把它引導到
國家資本主義的軌道上去）作爲小生產和社會主義之間的中間
環節，做爲提高生產力的手段、道路、方法和方式』。他還
說：『我們必須同資本主義經濟成分並存一個時期』。爲了發
展大工業，列寧還主張實行租讓制，搞國家資本主義。他認
爲：『國家資本主義就是我們能夠加以限制、能夠規定其活動
範圍的資本主義。只要國家政權和主要經濟命脈掌握在無產階
級手中，國家資本主義也同樣不可怕，只會對無產階級有
利』。

　　列寧的這些論述，實際上是提出了在經濟、文化落後的國
家裡，搞社會主義革命和社會主義建設，應該注意的一個帶有
普遍性意義的重大問題，就是如何更加重視和利用資本主義已
經創造的物質技術管理和文化條件的問題……

　　其實，列寧早在 1905 年革命中論到社會民主黨的戰術時
就說：『…在俄羅斯，勞工階級與其說苦於資本主義不如說是
苦於資本主義的不足』。『…必須先徹底掃除舊時代的遺制，
完全確保資本主義的更廣範、更自由、更迅速的發展等變革才
是無條件符合無產階級的利益…』。可見列寧本來就認爲發展
中國家（落後國家）不能直接進入社會主義，必須先通過一系
列特別的過渡辦法——應該利用資本主義作爲小生產和社會主
義之間的中間環節，做爲提高生產力的手段、道路、方法和方
式。只不過由於十月革命後的內戰和帝國主義國家的干涉，不
得不暫時採取戰時共產主義政策。到了 1921 年以後，戰時共

產主義實在走不下去了，而且也打勝了內戰和外國的干涉，才回到原來的想法——實行新經濟政策。」[8]

薄一波這一段話充分說明了，列寧「特殊過渡階段」理論對所有「既存」社會主義國家而言，具有原則性的意義。由於先進資本主義國家並沒有如馬克思預言的實現「社會主義化」，而「既存」社會主義的各個國家的社會生產力又相對落後，「既存」社會主義國家一旦脫離列寧「特殊過渡階段」理論，在建設社會主義的各種前提上，馬上面對嚴重的困難，內部的各種社會矛盾也不可避免地被強化、被扭曲，甚至還會增加各種新的矛盾。例如，在史達林時期，工農聯盟的瓦解、從無產階級專政變質為個人獨裁，不但嚴重打擊了國民經濟尤其是農業生產，也助長了勞動人民的虛無主義以及對政治、思想問題的冷漠。

同樣地，在中國，逾越了「特殊過渡階段」後，使中國（包括共產黨內）變成「一言堂」，進而引發文化大革命。「過渡時期」和「特殊過渡階段」理論的混淆，在文革時期造成經濟建設產生大混亂，打擊了整個經濟，也助長了勞動人民對政治的不信任。因此，文革後不得不在「社會主義初期階段論」中承認，經過 30 年建設社會主義的實踐後，「沒有實現其他國家在資本主義條件下所實現的國家工業化和生產商品化、社會化和現代化。社會主義經濟制度還不完善、不成熟，建設高度社會主義民主政治的經濟文化條件還不充分，封建主義、資本主義腐朽思想和小生產習慣勢力還有廣泛影響力。」[9]

因此，可以說，「特殊過渡階段論」的重大歷史意義，一直到中國改革開放初期，才被中國第一代革命家充分意識到。經過蘇聯的史達林體制，經過毛澤東的大躍進與文化大革命，

經過這兩個「大折騰」時期，「特殊過渡階段論」的光輝才更充分的顯現出來。這也就是說，改革開放後中國的各種靈活政策，是在實踐中徹底發揮列寧「特殊過渡階段論」的基本精神。

　　誕生於 20 世紀的「既存」社會主義國家，在世界史上的地位不是經典馬克思主義所說的「共產主義社會的第一階段」（社會主義階段），而是在進入社會主義之前的一個階段，是社會生產力不高的開發中國家爲了轉型到社會主義，而有目的、有意識地建設進入社會主義前提條件的歷史階段。也就是說，這是「既存」社會主義國家，使用國家權力，有目的、有意識性地創造社會主義各種物質與文化前提的「特殊」的社會主義形式，這就是「發展中國家的社會主義」。

　　「發展中國家社會主義」就其政治本質而言，是在共產黨領導下的「國家資本主義」。在發展中國家社會主義的整個階段中，國家在經濟過程中扮演著積極性的角色，其政權在本質上是勞工階級的權力，但由於勞工階級在政治上尙處於弱勢，而且民主主義在體質上仍然相當脆弱，因此國家權力是由勞工階級的「先鋒隊」，也就是共產黨所代行。開發中國家社會主義隨著帝國主義的衰退（譬如現在美國勢力的衰退）和本身社會主義的發展階段（譬如中國在改革開放二十餘年後，政府必須逐步調整工、農政策，就是基於廣大工農大衆的壓力），將會逐漸喪失國家資本主義的性質，進而顯現並強化勞工階級權力的本質。

　　就經濟本質而言，「發展中國家社會主義」是以創造出社會主義社會物質前提爲基本課題的「特殊過渡時期社會主義」。「既存」社會主義國家由於「過早」跳過「特殊過渡時

期」，因而在建設社會主義的各種前提上面臨了嚴重的困難，其根本的原因就在於將「以社會主義為目標的社會革命」誤以為是「社會主義革命」所導致。就開發中國家社會主義的發展階段而言，第一個階段開始於「以社會主義為目標的社會革命」的勝利，經過了以發達社會主義物質前提為目標的「特殊過渡時期」，最後以進行「非社會主義經濟成分」的改造和生產手段所有制的改革，以其成功為終止的時期。

前蘇聯的「新經濟政策」時期、中國的「新民主主義」時期和「社會主義初級階段」，就是屬於「特殊過渡階段」這個範疇。所以，中國的現狀（無論稱之為「社會主義初級階段」或「新民主主義」階段）並非是對資本主義的回歸，也不是已經變質為資本主義社會，而是充分利用多種經濟成分的社會優勢，來建設並發展社會主義社會所需具備的基礎條件的階段。假如充分理解列寧的「特殊過渡階段理論」，中國就不會「過早」的執行社會主義改造，這也許就可能避免文化大革命的發生。

第三節　社會主義原始積累論與工業化論爭

一、社會主義的原始積累

「社會主義的原始積累」這一個在落後的農業國家用來建立社會主義工業體系的概念，其理論的根源是從馬克思有關資本「原始積累」的概念類推而來。馬克思在《資本論》第一卷第二十四章中論述作為資本主義生產方式起點的「原始積累」時說，「創造資本關係的過程，只能是勞動者和他的勞動條件

的所有權分離的過程，這個過程一方面使社會的生活資料和生產資料轉化爲資本，另一方面使直接生產者轉化爲雇佣工人。因此，所謂原始積累只不過是生產者和生產資料分離的歷史過程。」在這種條件下，雇佣工人不論在形式上還是在實質上都從屬於資本，從而限制了社會生產的全面發展以及人的全面發展。因此，走向社會主義的「過渡期」（指《哥達綱領批判》中的「過渡期」），首先應該要揚棄的是資本主義的生產關係。也因此，「勞動的解放」——讓勞動者從人剝削人的生產關係中解放出來，就是社會主義的第一個課題。

「社會主義的原始積累」的意義與此完全不同。蘇聯在內戰、反革命力量的殘存以及資本主義國家的包圍、封鎖和策反等大氣候和小氣候之下，首先要考慮的是社會主義政權的生存、生產力的發展、以及工、農大衆的溫飽問題，也就是如何自力更生的問題。

「社會主義原始積累」和馬克思在「資本論」中所說的「原始積累」的差異在於：無論在蘇聯或中國，都在革命成功後立即將農地分配給農民，使他們成爲「小生產者」，而不是失去生產手段的無產階級。另外，從農民手中取得的剩餘農作物不是交給資本家手裡，而是交到國家手裡，讓國家用於建設工業。

但在同一個時期，蘇聯和中國這兩個剛建立的新國家同時還需要面對帝國主義侵略或可能受到侵略，因此不得不做抵抗準備而採取「備戰體制」。也就是說，在蘇聯和中國，其「社會主義原始積累」時期和形成「備戰體制」的時期是重疊的，因此從農民手裡取得的農業剩餘，本來該用於建立工業體系，現在卻「主要」用於建立重工業和軍需工業，使得人民生活無

法提高，不得不採取「配給」制度，將生活必需品分配給人民，人民不得不排隊購物，呈現了「短缺經濟」的現象。

因此我們該瞭解：儘管「社會主義原始積累」和形成「備戰體制」的時期重疊而無法劃分，但兩者卻是不同的概念，不可混淆。

就是因為面臨了這種具體的問題，布哈林首先提出了「社會主義原始積累」的概念。布哈林在《過渡時期經濟學》中說，資本主義原始積累的「生產性本質」是「布爾喬亞的政治權力……強奪住民，使他們轉化為無產階級，從他們身上創造出資本主義社會的基本生產力…」反之，「從廢墟中成長的社會主義，也要開始動員有生命的生產力，這種勞動的動員就是否定資本主義原始積累的社會主義原始積累的基本契機。社會主義原始積累的階級本質，並非創造出剝削過程的前提條件，而是依據廢除剝削的經濟復甦…」。布哈林明確指出：「在資本的統治下，生產是剩餘價值的生產，是為利潤進行的生產。在無產階級的統治下，生產是為了滿足社會的需要而進行的生產。整個生產過程的不同職能意義是由不同的所有制關係和國家政權的不同階級特點所決定。」[10] 按布哈林的講法，資本主義的生產完全是為了滿足資本家追求利潤的需要，而在無產階級統治下，生產是為了滿足社會的需要，因此兩者的「原始積累」本質上是不一樣的。

在「戰時共產主義」的時代背景，托洛斯基也使用「社會主義原始積累」這個概念，並訴求「勞動者的自我積累」。他在 1922 年 10 月的共產主義青年團大會上說：「我們繼承了破產的國家。我們不能以使用 1914 年以前的生產設備就感到滿足。那些設備已經破壞，我們必須依靠勞動者的努力，一步一

步的重建起來。」為了達到這個目的，托洛斯基強調「社會主義原始積累」的必要性。他說，「我是向勞動者提出要求，要為了勞動者本身的利益而出力。我所說的意思如被惡意的解釋為要求勞動者『自我剝削』而受到攻擊，也是沒辦法的事。」在這裡，托洛斯基實際上是號召無產階級為了自己政權的生存，必需「自我剝削」，他以最顯豁的方式陳述了新生的蘇維埃政權必需在刻苦努力下自我更生。這種想法受到革命後的狂熱氣氛所支持。在中國革命後，這種熱情表現得更為激切，並形象地表現在「不要褲子，只要核子」這一句話上。

二、工業化論爭

內戰時期，處在外國勢力的軍事干預下，蘇聯政府不得不實行「戰時共產主義」，全面控制國民經濟。內戰結束，列寧決定終止「戰時共產主義」，轉而推行「新經濟政策」（1921年），允許多種所有制並存，重視市場原理，考慮農民利益，並採取漸進性的工業化方式，這是一種混合式的經濟。在這種政策的推行下，蘇聯經濟逐漸復甦。到了 1920 年代中期，如何進一步工業化，就成為蘇聯政府的中心議題，「工業化論爭」由此產生，其論爭的焦點在於：

第一、落後農業國家的工業化路線應該是從重工業，或是輕工業開始？

第二、在工業和農業之間，應該是以哪一個部門為優先？

第三、是否應該等待歐美革命成功後，依照國際分工而開始建設？或是追求一國社會主義的建設？

革命前的俄羅斯主要是一個農業生產國，和歐洲各國形成經濟上的互補。但是由於革命後這種互補關係被切斷、經濟上

被封鎖,所以如何建立一個自主的工業體系就成為迫切的問題。同時,快速的工業化並非只是考慮到國民經濟的發展,發達的重工業更是軍事生產所必需,雖然這種選擇必然導致工業結構的畸形化,但是等待中的歐美無產階級革命並沒有發生,而西歐資本主義國家的封鎖卻長期持續,在這種情形下,蘇聯只能被迫將重工業做為優先目標來進行發展。當然,假如能夠更加重視輕工業或農業,也許可以使後來的情況有所改變。但是,重工業優先的政策隨著其後的歷史發展,更趨向極端,「一國社會主義」的強化使蘇聯國內經濟一直陷入緊張狀態,可以說,這是蘇聯政權不得不面對的歷史命運。

重工業建設並非只是建設幾個工廠就可完成,要將為數眾多的相關部門一併完工,必須長期地投入龐大的資金並忍受在建設期間毫無產出。因此,在輕工業部門尚未建設起來的前提下,如果無法得到外國的援助,唯一的途徑就是轉移國內農業部門的剩餘。問題的核心就在於以剝削農民、農業的剩餘作為手段的「社會主義原始積累」,這種原始積累對落後的農業國加速工業化改造起非常大的作用,但是由於農民利益嚴重受損,農民對新政權沒有認同感,導致原本就已經很脆弱的「工農聯盟」瀕於瓦解。

以「社會主義原始積累」成名的葉・普列奧布拉任斯基(E. Preobrajensky)認為,在整個從資本主義到社會主義的過渡時期,始終都貫穿著體現社會主義計劃性的社會主義原始積累規律同反映市場自發性的價值規律的鬥爭。當社會主義原始積累規律最終完全取代價值規律的時候,也就是過渡時期的結束和社會主義徹底勝利的時候。因此,普列奧布拉任斯基在他的主要著作《新經濟》一書中主張:實現「社會主義原始積累

的主要辦法是社會主義國家運用預算、信貸以及貨幣價格等手段，重新分配國民收入，急劇改變國民經濟各部門的比例關係，把資金從農業方面抽調到工業方面，以保證工業的高速發展。」[11] 他認為這是一條客觀規律，社會主義國家應自覺利用它來籌集社會主義工業化所必需的資金。

普列奧布拉任斯基並非將農民視為敵人。他認為在商品經濟仍然佔國民經濟的主要成份的情況下，作為社會主義助產士的國家，如何籌措龐大的資金將是一場激烈的鬥爭。「社會主義原始積累論」本來意圖以市場為前提，透過農作物和工業產品之間的交換來轉移價值。但是當時的蘇聯政府由於工業生產力很低，無法提供足夠的工業產品與農產品進行交換，因而無法透過工農產品「不等價交換」來進行積累。他說：「社會主義國家的課題，並非比資本主義更少的向小布爾喬亞生產者徵收，而是以國家的工業化和農業的集約化（細耕化）為基礎，使包括小商品生產者在內的國民經濟合理化，從而從小商品生產者手中更多的所得之中徵收更多的東西」。

在進行快速工業化的過程中，以國家做為媒介進行從農業到工業的價值轉移，並非沒有前例，在日本的近代化過程中，我們也可以看到這種「積累構造」。但是，其中的差異在於：在社會主義的原始積累中，「勞動者國家」的社會主義部門，成為剝削以農業為首的非社會主義部門的「主體」（說得明白點，就是社會主義國家，為了更高的目的，不得不剝削它的農民）。

站在普列奧布拉任斯基的對立面的是布哈林的「富農育成論」。布哈林繼承了列寧新經濟政策的精神，主張：社會主義工業化的路線，應該重視共產黨與農民的聯盟，以農村經濟富

裕化而增大的積累爲基礎，進行漸進的、平衡的工業化。他認
爲，將農村和城市連結起來的市場關係，在工業化過程中扮演
著重要的角色。因此，工業的發展必須依靠農村消費市場的擴
大──農民的購買力越大，工業化的速度就越快。

　　根據後來學者的研究，布哈林的看法可能是較妥當的。
1954 年，英國諾貝爾經濟學家路易斯（A. W. Lewis）在曼徹斯
特大學學報上發表了〈勞動力無限供給條件下的經濟發展〉一
文，首次提出了完整的二元經濟發展模型，試圖打破這種農村
與城市之間、農業與工業之間「雙重構造」。他認爲，發展中
國家經濟是由兩個不同性質的部門所組成的，一個是傳統部
門；另一個是現代部門。如果一個社會不存在現代部門，那麼
全體勞動力只能生存在最低生活水平的「馬爾薩斯陷阱」之
中，只有發展現代生產部門，才能吸收農村剩餘勞動力，並使
全體人民的生活水平持續提高。現代部門的擴張在其他條件不
變的情況下，是以吸收傳統部門的剩餘勞動力爲主要特徵，因
此經濟發展的一個最顯著的標誌就是勞動力從傳統部門向現代
部門的轉移。一旦傳統部門的剩餘勞動力已被現代部門吸收完
畢，現代部門要進一步擴張就必須與傳統部門爭奪勞動力，導
致實際工資持續上升。同時，傳統部門在競爭的壓力下也會開
始質變，傳統的共同體趨於解體，取而代之的是資本積累的規
律，從而也帶動生產技術的現代化。傳統部門的技術特徵和經
營特徵逐漸消失，整個經濟體系變成現代經濟體系，國家從不
發達經濟變成發達經濟。[12] 他的觀點不僅受到美、日以及開發
中國家經濟研究者的高度評價，也受到中國農村工業化研究者
杜海燕的重視。

　　日本拓殖大學教授渡邊利夫以路易斯的方法論爲基礎，進

一步說明如下：「在人口過剩的低所得農業國家，其經濟發展的途徑應該是將有限的資源優先用於開發農業，以『多期化』、『多毛化』提高產能，開發高產量品種，進行與農業相關的基礎建設藉以提高農業生產力。如此，一方面農業生產力的上昇將創造出從事於非農業部門的勞動力；一方面，因爲農村收入增加，農民所得提高，創造出對工業產品的需求並擴大工業用生產資源的供給，從而促進了農村工業化。農村工業的主要項目是以生產區域性市場所需的成衣、食品加工、雜貨、肥料、農業機械、建築材料等勞力密集工業爲主，這些在各地分散存在的農村工業，逐漸連結而形成一個有機的市場網絡，從而產生對於農村工業資本財（生產財）的市場需求，創造出『後方連帶』的產業體系，增大重工業部門在一國工業中的比重。如此，以農業生產力提升爲起點所展開的工業化，自然而然的產生『農業／農村工業／重工業』部門之間的互相依存、互爲條件的有機聯繫，以阻止雙重構造的發生。」[13] 依照這個邏輯，渡邊利夫肯定中國鄉鎮企業在工業化過程所扮演的角色。他認爲中國大陸的農、工部門由於鄉鎮企業的形成而產生了有機聯繫，產生了新的積累和循環機制。

以上兩位學者的看法，和布哈林頗爲相近，證明了布哈林的遠見。歐美學者如 W. Brus、M. Levin、S. Cohen 等人都認爲，1920 年代蘇聯在「工業化論爭」中，未能採行布哈林的政策，是蘇聯政權所患的重大錯誤。1980 年夏天，在羅馬的葛蘭西（Gramci）研究所主辦的「重新評價布哈林國際研討會」上，布哈林的觀點重新獲得肯定，並成爲大會共同的見解。W. Brus 進一步在大會中指出，中國經濟改革的實踐具有重大意義，是布哈林理論能夠「繼續適用」的證明。

1925 年前後的「工業化論爭」，主要是托派經濟學者普列奧布拉任斯基和布哈林之間的對立。當時，史達林採取中立，一直要到 1928 年後才實質上贊成普列奧布拉任斯基的「重工業優先的發展方針」（那時候托派在蘇聯國內已經完全被打倒）。1928 年，史達林公然承認以不等價交換剝削農民的剩餘，他辯稱說：「這是爲了發展農業而向農民課徵的追加稅金」。

史達林的農業集體化促使國家完成全面性的經濟統制，但是這種經濟統制並未減少社會主義原始積累的成本，反而在過程中付出了血腥的代價。蘇聯共產黨在廣大農民中並沒有深厚的群衆基礎，終於因爲糧食問題而與農民之間陷入戰爭狀態。同時，全面性的經濟統制，更導致國家形成了集權的官僚化的經濟管理。史達林體制雖然一時獲得成功，但最後還是成爲蘇聯政權崩潰的主要因素。

第四節　一國社會主義與備戰體制

史達林體制的核心理論是「一國社會主義論」，這個理論由兩個主要命題構成：其一是，可以在蘇聯一個國家的範圍內組織社會主義生產，完成社會主義建設；其二是，全面阻止外國干涉（即資本主義復辟）的企圖就是社會主義的最後勝利。

關於前者，老布爾雪維克黨人卡米涅夫早在 1925 年的第14 屆黨大會上就說過：「像蘇聯這樣的農業國家是無法建設社會主義的，只有像美國那樣的先進資本主義國家，社會主義的組織才能夠順利地進行」。托洛斯基也從世界經濟的觀點否定在一國之內能夠建設社會主義社會的看法。他認爲，由於世界

的分工，蘇聯在工業上依賴外國技術，歐洲先進國家的生產力依賴於亞洲的原料等等，世界上的任何一個國家都無法「獨立地」完成社會主義建設。至於後者，想要在蘇聯復辟資本主義的企圖，必須建立在從外部提供龐大援助之後，也就是有了國際資本的援助之後才可能夠產生。因此，對於史達林而言，像蘇聯這種在周圍都被先進資本主義國家所包圍，在內部又缺乏直接過渡到社會主義的條件的落後國家，敵人意圖顛覆蘇維埃體制、搞資本主義復辟的危險是經常存在的。也正因為存在著這種隨時會遭受敵人攻擊的危機意識，從而產生了要經常保持戰爭警戒以及維持「備戰」的總體戰體制的要求。所以，「一國社會主義」必然包涵了「備戰體制」。

簡要來講，1920 年代中期，蘇聯政權的困境是這樣的：他們所期望的歐美資本主義國家的無產階級革命，或者沒有發生，或者一發生就被消滅。在此情況下，很難寄望於托洛斯基派的國際路線，這是托派在蘇聯內部鬥爭中很快落敗的根本原因。那麼，就只能寄望於這個世界上唯一的社會主義政權繼續生存下去。所以，史達林才會認為，蘇聯政權的存在就是社會主義的勝利。但是，蘇聯政權如何生存下去呢？那就必須依靠一種極為特殊的體制，歷史發展的結果就是史達林體制。史達林體制惡名昭彰，但有沒有另一種體制可以代替呢？也許我們只能從這個角度來辯護史達林體制的「歷史貢獻」。當然，一開始就希望蘇聯政權覆滅的人，對史達林體制就只能是全然負面的評價。

史達林體制的出現，跟二〇年代中期國內、外的緊張情勢有著密切的關係。1927 年初，蘇聯國內出現了可能發生戰爭的社會恐慌，食鹽、燈油等生活必需品從店頭消失（社會發生囤

積行爲）；4月12日，蔣介石發動清黨的反動政變，切斷了蘇聯和中國之間的聯繫；5月，英國搜查在倫敦的「英蘇合併公司」事務所並與蘇聯斷交。戰爭的恐懼從想像成爲現實，市民們拼命購買小麥粉、餅乾進行囤積。到了秋天，農民開始拒絕把穀物賣給政府作爲戰爭準備的囤積，促使史達林重新啓動內戰時期的「非常措施」，強制徵收糧食。1928年初「非常措施」在全國實施。同年，爆發所謂「沙赫特」案件，改變了蘇共對布爾喬亞專家的融合政策。

在新經濟政策時期，列寧主張必須繼承資本主義留下來的全部文化，同時要「珍視」舊的知識分子和專家，要爭取他們，對他們進行重新教育。列寧指出：「任何一個專家都應當視爲技術和文化的唯一財產，沒有這份財產，就不可能有甚麼共產主義」。而所謂「沙赫特」案件，就是在頓巴斯煤礦區的德國技師、蘇聯技師與外國勢力掛鉤，針對該地的黨組織和產業發動有系統的破壞活動而遭到起訴。1928年3月，蘇聯國家政治保安總局以蓄意破壞、製造事故、爆炸礦井、同住在國外的前企業老闆秘密保持罪惡的勾結等罪名，逮補了大批專家和工程師，其中11名專家被判處死刑。

「沙赫特案」不過是眾多同類性質「案件」的開端。史達林在4月說：「我們有內部的敵人，也有外部的敵人。同志們！我們絕不能忘記這件事情。『沙赫特』事件是國際資本和其在我國內部的爪牙對蘇維埃政權的新的重大的出擊…。」於是，以清洗「沙赫特份子」爲名義，包括著名農業科學家 A・V・察葉安諾夫和 G・多伊阿倫柯在內的一大批老一代科學家和工程師被宣佈爲反蘇維埃的「資產階級分子」而遭到聲討、逮捕、審判和處決。1929年夏，蘇聯科學院被指控爲「進行反

對蘇維埃政權的反革命活動中心」。不久，包括 3 名院士在內的 200 多名高級研究人員被逮捕，數以百計的人被開除。

史達林體制「從上而下的革命」就是在這種氣氛下展開的。「從上而下的革命」的核心，是從 29 年下半年開始的農業全盤集體化和消滅富農運動；另一個核心是以外銷穀物來進口機械等工廠設備所推行的「強制性的工業化」。史達林體制正是通過農業集體化和五年計劃的推行而日漸形成高度集中化的計劃經濟體制。同時，伴隨著政治經濟的「大轉變」，史達林也在意識形態領域展開了所謂「大轉變」，透過一連串的大批判和大清洗，逐步確立了文化專制主義，從而實現了經濟一元化，黨國家和社會團體一體化，以及國家和社會一元化的新體制。

「從上而下的革命」帶有「備戰體制」的性質，隨時準備著要與周圍敵人戰爭，或者迎接世界大戰。所以，1931 年 2 月，史達林在全蘇社會主義產業工人第一次代表大會上說：「延緩速度就是落後，而落後者是要挨打的。但是，我們不願意挨打。不，我們絕對不願意！舊俄歷史的特徵之一就是它因為落後而不斷挨打。蒙古的可汗打過它、土耳其的貴族打過它、瑞典的封建主打過它、波蘭和立陶宛的地主打過它、英國和法國的資本家打過它、日本的貴族打過它。它所以挨打，就是因為它落後。因為它的軍事落後，文化落後，國家制度落後，工業落後，農業落後……」，「過去我們沒有，而且不可能有祖國。但是現在，當我們已經推翻了資本主義，而政權掌握在我們手裡、掌握在人民手裡的時候，我們就有了祖國，我們要保衛它的獨立。你們願意讓我們的社會主義祖國被人打垮而喪失獨立嗎？如果你們不願意，那麼你們就應當在最短期間

消滅它的落後狀況，並且在它的社會主義經濟建設方面展開眞正的布爾雪維克的速度……我們比先進國家落後了 50 年至 100 年。我們應當在 10 年內跑完這一段距離。或者我們做到這一點，或者我們被人打倒。」

蘇聯的計劃經濟體制建立於 1928 年，從 1928 年至 1975 年大約 50 年時間，蘇聯經濟發展的速度是非常快的。不管我們用蘇聯官方的統計數字，還是西方資料，都可以證明這一時期蘇聯經濟發展的速度超過除日本以外的所有資本主義國家。特別是在 30 年代大蕭條時期，由於資本主義社會急於脫出大蕭條，蘇聯的「計畫經濟」和「五年計畫」，影響了資本主義國家，促使資本主義社會引進「計畫」的要素，並促使其再生。1933 年 3 月羅斯福就任美國總統，三個月後他著手於其 New Deal（新政）的立法。無可否認的，他的 New Deal 是受到蘇聯計劃經濟的影響，而蘇聯經濟發展的前提是「實現最大的社會公正」，在這一點上，資本主義國家更做不到。因此，英國的費邊社會主義者威柏夫婦（Sidney & Beatrice Webb）1932 年訪問蘇聯之後，於 1935 年出版《蘇維埃共產主義—新文明》一書。在該書的結語中，他（她）倆舉出蘇維埃的八項新文明—1. 廢止追求利潤；2. 爲社會消費而做的生產新計劃；3. 社會平等與普遍主義；4. 新代議制度；5. 集體領導；6. 崇拜科學；7. 無神論；8. 爲實現更好生活的新良心。由此可見，「從上而下的革命」之後，蘇維埃國家已成爲外界難於觀察的社會，因此更提高其烏托邦色彩。也因此，30 年代當西方經濟陷入困境時，還一時興起了「蘇聯熱」。

1931 年日本開始侵略中國東北，1933 年德國成立希特勒政權，由於受到 1929 年大蕭條的衝擊，兩國都面臨社會危機，

從而轉向「否定自由主義」、「採取軍國主義和排外主義」、「攻擊性帝國主義」的方向找出路。因此,蘇聯面臨了納粹德國和日本兩面夾擊的恐懼。史達林在 1934 年共產黨第十七屆大會上說:「事態明顯地向新戰爭的方向進行」,指出德國法西斯主義的危險性。

同年八月的蘇維埃作家大會成為「反法西斯鬥爭」、「國內和諧團結」的一個大表演。但年底的基洛夫暗殺事件成為致命性事件。1935 年夏天的第三國際第七屆大會發佈了反法西斯鬥爭的宣言,呼籲結成「人民戰線」……從此,蘇聯成為反法西斯的要塞,變成全世界反法西斯勢力的「希望之星」。這一個「反法西斯的鬥爭」、「德日夾擊的恐懼」、「對新戰線的準備」和基洛夫暗殺事件以後對國內「舊反對派」的不信任,種種因素結合起來從而產生了大整肅(暗殺基洛夫的犯人是屬於季諾維也夫派的人)。儘管迄今為止基洛夫暗殺事件的真相眾說紛紜,但是,史達林利用了基洛夫謀殺案這一事實,對自己思想上和假想中的反對者進行了鎮壓,這一點卻是沒有爭議的。

1937 年 7 月,史達林在中央委員會總會上說:「…當資本主義繼續包圍蘇聯時,外國會繼續送進妨害者、間諜、謀略者、殺人者等人,而當社會主義建設越前進,與被打倒的剝削階級殘餘份子的鬥爭也會更激烈,而這些殘餘份子也會與布爾喬亞諸國家結合…」也因此,為揭發與法西斯主義有關的人及「人民敵人」而發生的大量恐怖流血事件,卻因基於外敵侵透的恐懼反而以加強了蘇聯體制本身而結束。

第二次世界大戰可以說是開始於 1939 年。1939 年 5 月,日軍和蒙古軍在偽滿洲國和蒙古人民共和國邊境的諾門罕軍附近

發生衝突，當日軍自認爲哈拉哈河是國境線而侵入時，蘇聯軍也出動反擊，形勢轉變成爲日蘇之間的戰爭。當時，日本軍大本營有鑒於中日戰爭正在進行，不希望戰事擴大，但駐守當地的關東軍拒不服從，並在 7 月下旬發動在東北的機械化部隊、新銳的第 23 師團採取全面攻勢。蘇聯在新任司令官朱可夫的指揮下阻止其攻勢，隨後在 8 月 20 日以黨軍部隊和精銳戰車部隊對日軍發動全面反攻，日軍全面潰滅。這是蘇聯在內戰結束後首度與外國打戰並獲得勝利，蘇聯人民重新獲得自信。

史達林認爲事態的發展相當嚴重，要求外相推行和英法的反德國聯盟卻無法獲得理想的進展。但另一方面，德國卻積極提出兩國和議，因此 8 月 23 日蘇聯和德國之間締結「蘇德互不侵犯條約」。可是，兩國的同盟並沒有維持多久——1941 年 6 月 22 日，德國對蘇聯發動閃電式的奇襲攻擊。對德國的奇襲，史達林在事前就獲得大量的警告和情報，但卻認爲是英美企圖讓德蘇兩國互戰的陰謀而沒採取必要的警戒措施。因此，當德國空軍開始空襲蘇聯時，在前線的蘇軍卻不知可否應戰而產生混亂，導至蘇聯軍隊在緒戰時潰滅和全面性敗退。開戰二個月後，蘇聯在歐洲過半的領土被德軍佔領，而德國大軍也迫近到首都莫斯科郊外。史達林在開戰時雖然受到很大衝擊，但在 7 月 3 日便迅速向全體人民提出徹底抗戰的呼籲。緒戰時的大敗，以及在 10 天左右無人領導的空窗期中，每一個國民卻自動地站起來應戰。與人民的自發性抵抗同樣發揮力量的是蘇聯的國家體制——史達林就任最高總司令官，成立國家防衛委員會（GKO），掌握推行戰爭的全部權力。從某種角度看來，史達林體制和一次大戰時德國所謂的「戰爭社會主義」具有幾乎同樣的構造，當這個體制與人民的自發性抗戰意識相結合

時，終於獲得了勝利。

1941 年冬天蘇聯軍隊在莫斯科保衛戰中贏得勝利，從 1942 年 8 月開始，蘇、德兩軍在史達林格勒展開寸土必爭的巷戰。經過激烈攻防戰之後，11 月蘇軍反守為攻，最後迫使 30 萬德軍投降被俘。史達林格勒戰役是第二次世界大戰東部戰線的轉捩點，單從傷亡數字來看，該戰役也是近代歷史上最為血腥的戰役，雙方傷亡估計約 200 萬人。

1943 年夏天，蘇軍在庫爾斯克（Kursk）的坦克大會戰中贏得全面勝利，開始向退卻的德軍進行追擊戰。從此，蘇軍完全奪得戰略主動權，德軍被迫轉入全面防禦。8 月，蘇軍在長達 2000 多公里的戰線上展開反攻，到 11 月為止，收復近一半失地。1944 年 1 月，蘇軍完全解放列寧格勒，5 月將德軍從蘇聯領土全數趕出。在這個時候，聯合國的諾曼地登陸才開始。由此可知，使希特勒德國戰敗的主力是，擊潰數量龐大的納粹部隊的蘇軍。1945 年 4 月中旬，蘇聯軍開始攻擊柏林，4 月 30 日希特勒自殺，5 月 8 日德國元帥凱特爾在蘇聯朱可夫元帥面前簽署投降文書。

蘇聯雖然勝利了，但犧牲實在太多——除了戰場上戰死的士兵之外，被捕的 500 萬名士兵中歸還的只有 100 萬人，被殺的民間人也多得數不清，而毫無例外地，被德軍處死的都是共產黨員。

蘇聯在日本投降中也扮演了重要角色——日本海軍大將米內光政後來說：「就某一種意義來說，原子彈和蘇聯的參戰對日本而言是天佑」；與東鄉外相一起推行終戰工作的外務省次官松本俊一在 1952 年也說：「對決定日本投降的因素是原子彈或蘇聯參戰，也許各有各的說法，但我認為兩者共同促進日

本的投降」。輔佐天皇的內大臣木戶幸一 1967 年在他的回憶錄中也提到：「原子彈和蘇聯的參戰都有利於日本的投降」。

總的來說，二次大戰的勝利證明了史達林「構築強力的新總體戰體制就等於是社會主義建設的完成」的論點具有一定的說服力，因此，蘇聯的國際地位決定性的提高，同時也提高了蘇聯式社會主義思想的正確性和道義性權威，蘇聯的建設模式就成為中國及其他二戰後成立的社會主義國模仿的對象。也因此，史達林所總結，並寫入蘇聯經濟研究所編纂的政治經濟學教科書中的社會主義三大特徵：「公有制形式」、「計畫經濟」與「按勞分配」，就成為各國推行社會主義制度的判準。

然而，前面已經說過，蘇聯在革命以前，經濟遠遠落後於西歐。史達林只是實行一種特殊的體制，讓蘇聯能夠在短時期內，提高生產力，特別是提高軍事工業的生產力，讓它能夠暫時與西歐對抗。實際上，蘇聯經濟的整體水平，還沒有達到西歐資本主義的地步。「實踐是檢驗真理的標準」，經過數十年的實踐，證明把史達林模式作為社會主義的標準，是錯誤的。

馬克思在〈政治經濟學批判序言〉中說：「無論哪一個社會形態，在它所能容納的全部生產力發揮出來以前，是決不會滅亡的；而新的更高的生產關係，在它的物質存在條件在舊社會的胎胞裡成熟以前，是決不會出現的。所以人類始終只提出自己能夠解決的任務，因為只要仔細考察就可以發現，任務本身，只有在解決它的物質條件已經存在或者至少是在生成過程中的時候，才會產生。」馬克思認為，從資本主義向社會主義過渡，從世界規模來看已經構成人類歷史的主要內容。資本主義是人類歷史上最後一個對抗性的社會型態，因為在它的腹中就已孕育成熟最後克服生產資料私有制、人剝削人的現象以及

社會分裂爲階級的的一切物質條件。資本主義所創造的強大的生產力已經在社會生活的各個領域與資本主義生產關係，與資本主義社會的整個結構發生日益尖銳的衝突。這種強大的生產力爲了自身的發展，將合乎規律的要求向共產主義社會型態過渡。

按照馬克思的說法，眞正的社會主義必須在它從迄今爲止的全部歷史中，特別是從資本主義中接受過來的物質條件的基礎上，開始它自身的發展。所以，社會主義作爲新的社會型態的第一個發展階段（共產主義初級階段，史達林體制屬於這一階段），它在經濟、社會、精神和道德的各個方面，不可避免的還帶著舊社會的痕跡，還不能實現完全的社會平等、消滅階級；也還不能創造出能夠滿足一切需要的富裕的物質財富，不能夠克服城鄉之間、體力勞動和腦力勞動的根本區別。馬克思也曾經說：「我們這裡所說的是這樣的共產主義社會，它不是在它自身的基礎上已經發展了的，恰恰相反，是剛剛從資本主義社會中產生出來的，因此它在各個方面，在經濟、道德和精神方面都還帶著它脫胎出來的那個舊社會的痕跡。」史達林體制根本還未達到這個階段。

換句話說，在社會主義社會中實現「計畫經濟」、「公有制」及「按勞分配」並非錯誤，但是什麼時候能夠實踐，通過什麼條件來實踐這才是問題。從這個意義上來說，史達林是太過急於求成了。在蘇聯當年那樣相對落後的條件下強行實施社會主義，結果並沒有給經濟發展帶來很大幫忙，而史達林體制卻提前結束。中國模仿蘇聯，新中國成立後僅僅經過了七年便自稱跨入了社會主義社會，迫不及待的引進這三個原則來建設社會主義經濟，其結果也僅僅維持了一段時間，卻給國民經濟

帶來巨大的災害。從現在看來，史達林體制以及解放後毛澤東
所採取的體制，並非馬克思設想下，在資本主義大工業高度發
達的基礎上所脫胎出來的社會主義體制，而是在資本主義國家
的包圍與威脅下所被迫採取的「備戰體制」。所以日本蘇聯史
權威學者和田春樹教授就說：「就史達林而言，構築強力的新
總體戰體制就等於是社會主義建設的完成。」

　　後史達林時代的蘇聯領導人，未能認識到這一點，一直沈
迷於史達林體制的成功，等到他們意識到需要改革時，已經太
晚了。相反的，毛澤東去世後，鄧小平完全了解到改革的必要
性，立即改弦更張，贏得了改革開放之後的繁榮發展。就此而
言，鄧小平可謂深具遠見卓識。

1　馬克思，《資本論》序言，人民出版社，2001。

2　馬克思，《給祖國雜誌編輯部的信》，馬恩全集，第二十五卷，人
　　民出版社，2001。

3　馬克思，〈給維・伊・查蘇利奇的覆信〉，馬恩全集，第二十五卷，
　　人民出版社，2001。

4　馬克思，〈給維・伊・查蘇利奇的覆信初稿〉，馬恩全集，第二十
　　五卷，人民出版社，2001。

5　列寧，〈論我國革命〉，《列寧選集》中文版，第 4 卷，人民出版
　　社，1995 年。

6　列寧，〈左傾幼稚病〉，《列寧選集》中文版，第 1 卷，人民出版
　　社，1995 年。

7　原文載於 1920 年 8 月 7 日《共產國際第二次代表大會通報》第 6
　　號，中譯文選自《列寧全集》第 2 版，第 39 卷。

8　薄一波，《若干重大決策與事件的回顧》，人民出版社，1996 年。

9　趙紫陽，〈沿著有中國特色的社會主義道路前進〉，在中國共產黨
　　第十三次全國代表大會上的報告，1987 年 10 月 25 日。

10　布哈林，《過渡時期經濟學》譯者：余大章／鄭異凡，北京，三聯書店，1981。

11　葉・普列奧布拉任斯基，《新經濟學》，三聯書店，1984。

12　A. W. Lewis,「Economic Development with Unlimited Supplies of Labour」The Manchester School of Economic and Social Studies, May 1954.

13　渡邊利夫・加藤弘之・白砂堤津耶・文大宇著『圖説中國經濟第 2版』，日本評論社（1999 年）。

【第二章】
中國革命：從新民主主義到過渡時期總路線

第一節　新民主主義

　　1940 年 2 月毛澤東發表了《新民主主義論》。他認爲，中國是一個經濟落後的半殖民地、半封建社會，這就決定了，中國實現社會主義的道路必須分兩步走，先進行新民主主義革命，才能轉入社會主義革命。新民主主義革命和舊民主主義革命的最大不同是，舊民主主義革命，以資產階級民主爲目標；但現在的歐美資產階級已淪爲帝國主義，而蘇聯的社會主義政權已經建立，新民主主義的主要目標，就是和蘇聯的社會主義聯盟，以打倒帝國主義爲目標。因爲現在中國還不具備實行社會主義的條件，所以中國的無產階級，必需聯合國內其他反對帝國主義的階級，共同努力，以期打倒侵略中國的資產階級帝國主義，以及和帝國主義合作的國內封建官僚階級。因此，毛澤東主張中國的無產階級（工人階級），要和農民階級、知識分子和其他小資產階級、民族資產階級聯合起來，爲了這個目標共同奮鬥。

　　當時正處於抗戰最高潮的時候，中國大半國土淪陷，國難

深重，絕大部分中國老百姓都深受日本侵略之苦，而且還看不
到中國未來的前途。毛澤東的《新民主主義論》，好像一盞明
燈，給中國指示了一條道路，因此，一發表之後即風靡一時，
影響甚大。我在序言裡面提到，一九五〇年代一個政治難友在
就義前跟我說，他是看到《新民主主義論》才決定參加革命
的。因此我們必需提醒，一九四九年的革命，不是社會主義革
命，而是新民主主義革命，五〇年代參加地下黨的台灣人，也
都是這樣認識的。

　　1949 年 3 月 5 日，革命將取得全國性勝利，在共產黨的工
作重點由鄉村轉移到城市的情況下，毛澤東在河北省平山縣西
柏坡召開的「中國共產黨第七屆中央委員會第二次全體會議」
上說：

　　　　中國的私人資本主義工業佔了現代性工業中的第二
　　位，它是一個不可忽視的力量。中國的民族資產階級及其
　　代表人物，由於受到帝國主義、封建主義和官僚資本主義
　　的壓迫或限制，在人民民主革命鬥爭中常常採取參加或者
　　保持中立的立場。由於這些，並由於中國經濟現在還處在
　　落後狀態，在革命勝利後一個相當長的期間內，還需要儘
　　可能地利用城鄉私人資本主義的積極性以利於國民經濟的
　　向前發展。在這個期間內，一切不是於國民經濟有害而是
　　於國民經濟有利的城鄉資本主義成分都應當容許其存在和
　　發展。這不但是不可避免的而且是經濟上必要的。但是中
　　國資本主義的存在和發展，不是如同資本主義國家那樣不
　　受限制任其泛濫的。它將從幾個方面被限制——在活動範
　　圍方面，在稅收政策方面，在市場價格方面，在勞動條件

方面。

　　我們要從各方面，按照各地、各業和各個時期的具體
狀況，對於資本主義採取恰如其份的有伸縮性的限制政
策。孫中山的節制資本的口號，我們依然必須用和用得
著。但是為了整個國民經濟的利益，為了工人階級和勞動
人民現在和將來的利益，決不可以對私人資本主義經濟限
制得太大太死，必須容許它們在人民共和國的經濟政策和
經濟計畫的軌道內存在和發展的餘地。對於私人資本主義
採取限制政策，是必然要受到資產階級在各種程度和各種
方式上的反抗的。特別是私人企業中的大企業主即大資本
家。限制和反限制，將是新民主主義國家內部階級鬥爭的
主要形式。

　　如果認為我們現在不要限制資本主義，認為可以拋棄
「節制資本」的口號，這是完全錯的，這就是右傾機會主
義的觀點。但是反過來，如果認為應當對私人資本主義限
制得太大太死，或者認為簡直可以很快地消滅私人資本，
這也是完全錯誤的，這就是「左」傾機會主義或冒險主義
的觀點。[1]

　　在這裡，毛澤東明確的表達了他對中國私人資本的政策和
評價，指出了對資本主義的正確利用和限制的原則，並批評右
傾機會主義和極左冒險主義的觀點。這就充分說明，他和共產
黨準備信守「新民主主義」的承諾，並以此作為建國的方針。

　　1950年年初共產黨召開第七屆三中全會，目標是國內改革
和經濟復興。毛澤東在會中說：「有些人認為可以提早消滅資
本主義實行社會主義，這種思想是錯誤的，是不適合我們國家

的情況的」[2]。不久，毛澤東在政治協商會議的全國委員會中，就當前的變革和將來的社會主義之間的關聯進一步說：「只要戰爭、土改關鍵關都過去了，剩下的一關就容易過去的。那就是社會主義的一關，在全國範圍內實行社會主義改造的那一關。只要人民在革命戰爭中，在革命的土地制度改革中有了貢獻，又在今後多年的經濟建設和文化建設中有貢獻，等到將來要實行私營工業國有化和農業社會化的時候（這種時候還在很遠的將來），人民是不會把它們忘記的，它們的前途是光明的。我們的國家就是這樣地穩步前進，經過戰爭，經過新民主主義的改革，而在將來在國家經濟事業和文化事業大為興盛以後，在各種條件具備以後，在全國人民考慮成熟並在大眾同意了以後，就可以從容地、完善地走進社會主義的新時期。我認為講明這一點是有必要的」。[3]這就再一次確認了未來以「新民主主義」的精神來治國的原則。

不久之後，《中國人民政治協商會議共同綱領》（相當於臨時憲法）就是根據這一精神訂定的。《共同綱領》包括了前文和由 60 個條目所構成的綱領，其目標是：

保護工人、農民、小資產階級和民族資產階級的經濟利益和私有財產，發展新民主主義的人民經濟，逐漸使農業國家成為工業國家。

即非常清楚的表現了「新民主主義」的原則。其中關於經濟政策是這樣說的：

國家調整國營經濟、合作社經濟、農民及手工業者的

個人經濟、私人資本主義經濟以及國家資本主義經濟，在
國營經濟領導下使各種經濟成分分工合作，各盡其長，以
便促進整個社會經濟的發展。[4]

可以看出，這是一種混合式的經濟政策。整部文件中，除
了在涉及國營經濟和合作社經濟的性質問題上提到了「社會主
義」這個概念之外，並沒有提及「社會主義化」的問題。也就
是說，在各種經濟成份並存中實現工業化，才是當前的新民主
主義變革的首要目標；而未來將透過國家資本主義（由國家資
本和民間資本所合作的）逐漸將民間資本吸收於國家資本內，
將手工業和小資本組織為合作社；農村方面，經過土地改革，
農業也逐漸組織成合作社，如此就可過渡到將來的社會主義。

《共同綱領》在提到國家資本主義時，還說，「在必要且
可能的條件下」可以獎勵私人資本向國家資本的方向發展；至
於合作社，則根據「自願與互助」的原則來進行組織。這就表
明了，《共同綱領》要在較長的時間內以民主主義的方式來進
行社會改造，但並沒有明示在不久的將來要進行社會主義化。
同時，在政治體制上，《共同綱領》也強調：

> 新民主主義即是人民民主主義的國家，是由勞工階級
> 領導，以工農聯盟為基礎，結合民主資產階級和國內各民
> 族實行人民民主專政。

綱領中也沒有明示由共產黨來領導（雖然共產黨自認是勞
工階級的先鋒隊，而民主黨派也承認由共產黨領導，但在這裡
可明顯的看出要實施某種程度的民主）。這一切都說明了，

《共同綱領》完全遵守「新民主主義」的原則。

1951 年 1 月 17 日，《人民日報》的社論〈正確發展私營企業之路〉，引用毛澤東〈論聯合政府〉、〈當面的情勢和我們的任務〉（1947 年）、〈論人民民主專政〉等文獻以及《共同綱領》的有關規定，強調私人資本主義在當時中國的重要性。然後說：「整個資本主義所獲得的利潤，當然是勞工階級創造出來的剩餘價值。但爲刺激布爾喬亞生產投資的積極性，新民主主義的經濟制度也承認布爾喬亞對勞工階級的這種有限度的剝削」。國家的政策、法令反映無產階級的領導性，而在這條件下保障利潤的合法性。這種勞資兩利的政策被認爲是有利於勞工階級現在和將來利益的基本政策。

綜上所述，共和國初建時，中國共產黨的民族資本論有如下特徵：

1. 把握民族資產階級的兩面性，因而主張利用與限制合理結合。

2. 把新民主主義階段視爲長期的階段，因而反對迅速消滅資本主義的主張，將它視爲極左的機會主義。

以上就是建國初期「新民主主義」所呈現的社會建設路線。

第二節　毛澤東：從新民主主義到過渡時期總路線

1952 年末中國面臨了新的形勢，也出現許多新的問題。在當時，抗美援朝戰局早已穩定，和談在主要問題上已達成協議，戰爭在不久就可望結束；民主革命還留下來的任務，主要是土地改革，已在全國範圍內基本完成；恢復國民經濟的工作

進行得比較順利，本來設想要「三、五年恢復」，現在三年就
實現並超過預計的目標。種種的跡象顯示，中國已經取得了有
計劃地進行經濟建設的條件。於是，黨決定從 1953 年開始實
行發展國民經濟的第一個五年計劃，以推動國家工業化作爲計
畫的目標。與此同時，社會生活中也出現並積累了一些新的矛
盾：在農村，土改後分散、落後的農村個體經濟，難以滿足城
市居民和工業生產對糧食和農產原料不斷增長的需要，也開始
出現農民的貧富分化；在城市，在工人階級、國營經濟和資產
階級之間，「限制和反限制」的鬥爭時伏時起，大規模的工業
化發展加劇矛盾的尖銳化。加上，美蘇冷戰構造使得東西兩大
陣營矛盾激化，導致中共擔心繼續執行新民主主義政策將可能
招致深刻的政治危機。也就是說，在新民主主義「限制」政策
下，國內資產階級可能爲國際資本主義市場原理所滲透，從而
與國外資本主義陣營相結合，進行全面復辟資本主義的反革命
運動。「三反、五反」運動的展開，就是基於這個危機意識而
針對城市資產階級的鎮壓運動，產生了加緊和擴大農村的互助
合作運動和城市限制資本措施的念頭。

在這個背景下，1952 年 9 月毛澤東在中央書記處提出「從
第一次五年計畫開始進行社會主義工業化建設，並對農業、手
工業、資本主義工商業進行社會改造」的問題。毛澤東的說法
是：「從新民主主義到社會主義是一個「漸變」的過程，需要
採取逐漸推進的社會主義改造的步驟和政策，一步一步地向前
過渡，使社會主義因素一年一年地增加，爭取用 10 年到 15 年
或更多一點時間完成這一過渡，而不是等到 10 年到 15 年以後
才採取社會主義政策，實行向資產階級全線進攻的「突變」。
大眾都沒有認識到或沒有深刻認識到：新中國成立後繼續在全

國範圍內進行的新民主主義建設本身就是過渡性質的。也就是說過渡時期就是新民主主義的時期，也就是逐漸地過渡到社會主義的時期，也就是社會主義成分在國民經濟中的比重逐漸增加的時期…」。

這種構思，顯然已不同於剛進城時他本人和其他中央領導人的設想。於是，在黨內以劉少奇為首，重視新民主主義社會相對獨立性和長期性的人，便和主張「過渡時期總路線」以便向社會主義儘早過渡的毛澤東等人產生矛盾。1953 年 6 月 15 日，毛澤東在政治局會議上發表〈批判離開總路線的右傾觀點〉講話，批判劉少奇等人所提出的「確立新民主主義秩序」；由新民主主義走向社會主義；確保私有財產，是「右傾機會主義」觀點。

1954 年 2 月 10 日，黨的七屆四中全會通過決議，正式批准了中央政治局提出的〈黨在過渡時期的總路線〉。9 月，中華人民共和國第一屆全國人民代表大會第一次會議在北京舉行。毛澤東在開幕詞中指出：「這次會議是標誌著我國人民從 1949 年建國以來的新勝利和新發展的里程碑。這次會議所制定的憲法將大大地促進我國的社會主義事業。這次會議通過的『中華人民共和國憲法』，把黨在過渡時期的總路線作為國家在過渡時期的總任務寫入『總綱』，反映了億萬人民群眾為建設一個偉大的社會主義國家而奮鬥的強烈願望」。

從 1950 年初通過《中國人民政治協商會議共同綱領》，到 1954 年 2 月黨的七屆四中全會通過《黨在過渡時期的總路線》，只有短短四年的時間，毛澤東的想法就發生了重大的改變。著名的波蘭籍經濟學者，也是社會主義市場經濟學者 W. Brus 和 K. Laski 在其合著《From Marx to the Market》中說：

「馬克思認爲到達社會主義以及其進一步發展的必要條件是經濟、社會以及文化構造的成熟。換言之，現代化之後才進行社會秩序的轉換過程。但是在「旣存」社會主義各國實際上所進行的過程是剛剛相反，也就是在現代化之前或在現代化的初期階段就轉換社會秩序──以生產手段的國有化和中央計畫化做爲替代市場的主要調整機制。」⁵ 因此，「過早」的社會主義改造，也就是經濟、社會、文化等的成熟度尙未到達進入社會主義社會的必要條件之前，就進行社會主義改造，必會導致內部矛盾的深化，甚至導致理念和體制之間的乖離。毛澤東在1954 年明顯已走上了這種錯誤的道路。

第三節　劉少奇的思想：堅持新民主主義

劉少奇並不是第一位提出「毛澤東思想」的人。早在 1942年 7 月王稼祥在〈中國共產黨與中國民族解放之路〉（中共成立 22 周年紀念論文）一文中，就談到了毛澤東思想是「馬克思、列寧主義在中國的發展」，從而率先提出了「毛澤東思想」的概念。事實上，「毛澤東思想」這一個概念，在抗日戰爭勝利前就經常由黨內上層領導不約而同的概括使用。黨史的專家們認爲：從 1935 年 1 月的遵義會議到中共第七屆黨大會的十年間，是中國共產黨渡過難關而成長、屢次獲得勝利的十年。根據這個事實，在黨內形成「毛澤東之路是中國革命勝利之路，毛澤東思想是中國革命勝利的思想」的全黨共識，而其眞正的含意就在於「馬克思主義的中國化」。毛澤東本人也於1938 年 9 月～11 月在延安召開的第六屆中央委員會第六次全體會議中提倡「馬克思主義的中國化」。

　　劉少奇的功勞是將毛澤東思想寫進黨的第七屆代表大會的綱領中，將毛澤東思想視爲是完整的體系來進行認識、解釋及宣傳。劉少奇的本意是，經過數十年的革命後，黨的指導思想已經成熟，推崇毛澤東思想有助於確立黨的權威。所以，1947年，當劉少奇到晉察冀邊區視察工作，看到當時邊區群衆寫了「毛主席是人民的大救星」、「飲水時不要忘記挖井的人」等標語，邊區下級黨組織的某些文件也有類似個人崇拜的詞句時，就嚴肅的指出；「人民貼出這樣的標語，是人民對毛主席的深厚感情，我們黨內的文件有這樣的詞句，也是表現了幹部樸素的階級感情，這是很可貴的。但是應該認識到，救星不是哪一個人，而是我們整個黨。那種提法是不科學的，不是馬克思主義。世間沒有超人的聖人，在共產主義事業中，任何領袖和英雄只能做一部分工作，盡一部分責任，共產主義事業是億萬群衆長期集體創造的事業，任何個人也不能包辦」。[6] 由此看來，劉少奇高舉「毛澤東思想」是爲了黨的事業，而不是提倡個人崇拜。

　　第八屆大會時，劉少奇認爲：全黨的中心任務是社會主義建設，但共產黨對經濟建設只有數年的摸索過程，尙沒有成熟的經驗，更沒有成熟的指導思想，也沒有形成經濟建設時期的毛澤東思想。這就是說，「革命時期」的毛澤東思想已經確立，但「建設時期」的毛澤東思想尙未成熟，所以也就沒有將「毛澤東思想」五個字寫進綱領中。這再一證明，劉少奇是從全黨的觀點來看待「毛澤東思想」，同時，也表現了當時全黨對「如何建設社會主義」並沒有共識，是可以在黨內公開討論的。

　　劉少奇一再提出：消滅封建，消滅黨內的封建，徹底消滅

封建、半封建的路線。他認為，中國存在著數千年的封建社
會，也受百年以上的半封建、官僚資產階級的統治。加之，中
國革命是由地域性游擊武裝割據和白區的嚴密秘密組織來發展
的，所以山頭林立、派系錯綜。因長期、深遠的社會根據以及
革命的地方割據性，容易形成君臨在人民頭上的官僚主義，所
以他特別擔心國家的領導者變成特殊的統治階級和新的「貴族
階層」。因此，劉少奇強調：「官僚主義和宗派主義會產生人
民和官僚主義集團之間的矛盾。當這種矛盾成為敵對性矛盾
時，人民會起來推翻這種上層構造」。所以，在黨的第八屆二
中全會中，劉少奇強調：擴大社會主義民主，反對幹部的官僚
特權思想；限制領導者的權利，強化對領導者的監督，批判特
權思想、站在人民頭上的思想。

劉少奇從實際的「政治地位」和「經濟利益的分配權」來
弄清楚社會的階層分化，而不用傳統上從生產關係來做階級分
析，是值得注意的。因為他所用的概念頗類似於九〇年代末以
來所盛行的以專門技術者、經營經裡、私營企業主等「中間階
級」或「新階層」概念，而不是傳統的「兩個階級，一個階
層」（勞工階級、農民階級和知識階層）。當時黨內廣泛存在
著對民主革命的單純看法，認為已經奪取了政權，所以民主革
命也已經完成；已經分配了土地、消滅地主、消滅買辦⋯等，
所以反封建的任務也完成了。但劉少奇認為那不過是萬里長征
的第一步而已，在一個農民人口占絕對多數的國家，社會經濟
的改造需要一段很長時間。

在落後的、半封建的基礎上不能立即建立社會主義社會，
必須經過新民主主義階段，做為一個馬克思主義者，劉少奇試
圖將馬克思理論結合中國的實情。但是，共產黨取得政權後的

實情是：實施人民公社，使農民更加隸屬於土地並放棄「商品」的生產，這就切斷了農民自由發展的可能性；同時，城市住民從屬於特定單位，形成了身份上的新的依賴關係，失去了做為人的自由和獨立性；更由於身份制的存在，城市和農村的差距非但沒有縮小反而是不斷擴大。這在在的都證明了，反封建的任務不僅尚未完成而且還任重道遠。

早在 1949 年，劉少奇就認為在大規模的戰爭和如暴風雨的階級鬥爭結束之後，如何恢復以及建設中國的經濟是中國共產黨所面對的問題的核心。新民主主義革命是具有資產階級性質的革命，為了工人、農民以及全體人民的永遠利益，為了實現歷代志士仁人所夢想的富國強兵，就必須和資產階級一起完成使命——快速、順利地通過不能逾越的自然的發展階段。

平心而論，從整體上來看，在劉少奇的主張中利用資本主義比限制資本主義較多。60 年代之前，劉少奇仍認為小資產階級的生產方式是國家公有制的必要補充物，他也提倡用資本主義的大生產體制和經驗來建設國家。劉少奇認為中國曾存在過三種敵人：帝國主義、封建主義和官僚資本主義，同時擁有四種友人：工人、農民、小資產階級和民族資產階級。1949 年 4 月 24 日，劉少奇在對天津工作所作的指示中說：「三種敵人已不存在之後，我們將子彈打入資本家的頭中，但這是錯誤的…我們是把友人當做敵人打的。我們的目的是四個階級互相尊重，互相做自己的工作。如此才能使秩序安定化，有利於大眾一起進行建設工作」，又說「社會主義建設是無法在半封建、半殖民地的基礎上進行的。在半封建、半殖民地的歷史階段中，資本主義的生產方式是進步的。新民主主義革命是為資本主義清掃道路，所以革命勝利後讓資本主義發展一個階段是馬

克思、恩格斯所說的『不能逾越的、不能以法律取消的自然發展方式』」。

劉少奇也說，平均主義不是社會主義，更不是共產主義，讓部分人先富可刺激生產。當然，由此必然產生階級的分化，但這是生產力快速發展過程中的正常現象，「因此需要慎重的社會主義改造——通過和平競爭和勞動股份合作制，確認按資本分配之同時也確認按勞分配的權利，然後一步一步擴大其比率使勞工的權利增大而實現改造，以便減少並消滅資本主義的罪惡」。人爲地強行消滅各種所有制，在落後的生產力基礎上進行公有制，還是逾越階段，是危險而且錯誤的。

劉少奇並不認爲資產階級的存在會成爲政治上的威脅。他說：「在民主革命中，我們和資產階級之間並沒有產生矛盾。在中國歷史上也從沒有資本主義的發展階段。中國的資產階級從未掌握過政權，所以不必打倒它。尤其是在農村，資本主義成分幾乎不存在。所以不要說資產階級的統治，連其『復活』也談不上」。

1956年的中國是公有制的國家，所以根本不存在生產領域的經濟剝削，也無法產生階級分化。現實情況，包括毛澤東所列舉的事實，都是幹部脫離群眾，依靠權力、依靠地位而腐敗墮落的事實。這是典型的封建性官僚資產階級的階級分化。換言之，可怕的並不是階級分化，而是非經濟或超經濟的階層分化——是人民公僕變質而成爲惡僕，成爲群眾的統治者。因此，劉少奇一貫主張：新中國應以經濟建設做爲各種工作的中心，儘力發展生產力。

早在1949年6月，劉少奇慎重向中央提醒：今後的中心問題在於如何使中國經濟恢復並發展。新中國成立的次年，劉

少奇再強調必須完成兩項工作：其一是徹底推翻舊制度，解放城市和農村的生產力；其二是，發展對人民有益的所有生產及其他經濟事業以便發展生產力。他說，生產才是基本的，是永遠必要的。即使發生抗美援朝戰爭後，他還是說，現在經濟建設是我國和人民的中心任務，除非發生第三次世界大戰，經濟建設的任務是不變的，一切以經濟建設為中心。1956 年，在過渡時期總路線的指導下，中國共產黨基本上已經完成了生產手段的社會主義改造，劉少奇在中共第八屆黨代表大會的政治報告中說：「中國社會的主要矛盾是：先進的社會主義制度和落後的社會生產力之間的矛盾（隨著經濟文化的急速發展而來的人民需要的增加和當前經濟文化無法滿足其需要的情況之間的矛盾，即先進的生產關係和落後的生產力之間的矛盾）所以必須努力推進經濟建設以便解決這個矛盾」。[7]

　　新中國成立初期，基於他對中國國情和生產水平的瞭解、掌握，他認為中國尚未擁有走向社會主義階段所需的物質基礎，所以不能逾越發展階段來建立社會主義，必須經過發展新民主主義經濟的階段。他認為在半封建、半殖民地的基礎上，資產階級的生產方式可以說是相對進步的，發展資本主義是不可逾越的自然發展的階段。所以他主張多種所有制的並存，鼓勵多種經濟成分共同發展，充分發展資本主義經濟以及其他非社會主義成分；應該留下競爭，活用價值法則來組織生產；更提倡利用資本主義的舊形態發展商品經濟，以自由市場來補充計畫經濟的不足；鼓勵土地改革後的農村富裕起來。大躍進後的三年經濟困難時期，劉少奇明白的支持「包產到戶」，他說：中國的經濟建設不能模寫書本，不能模仿蘇聯或東歐國家，必須探討自己的路。

劉少奇所以有這種認識，是跟他的留蘇經驗有關係。1921-22 年他停留在蘇聯，正是列寧新經濟政策開始實施的時候，因此，他對新經濟政策有深刻的印象，薄一波說：

> 看來（劉）少奇同志的有些想法，是從列寧的這些論述中受到了啟發。回想起來，應該說當時在我們黨內注意學習和深入研究、領會到列寧這些論述的同志還不是很多。到了後來，隨著社會主義建設實踐的發展，特別是經歷了一些曲折之後，大家才愈來愈感到列寧在新經濟政策時期的這些思想的重要性和深刻性。

這就說明，劉少奇所以堅持新民主主義的原因。歷史會發展，社會會進步。今日所實踐的改革開放必然會比劉少奇所說的更為豐富，但其最重要的基本原則和構想，實際上是來自劉少奇的思考。引導中國走上改革開放之路的鄧小平思想也和劉少奇思想有密切相通，因為鄧小平 1925-26 年停留在蘇聯，也正是新經濟政策時期，他們經歷了相同的歷史經驗。

根據劉少奇兒子劉源的說法，在新中國成立後不久，毛澤東、劉少奇兩人針對中國國情所做的基本判斷就時常產生嚴重的分歧。兩人的分歧、矛盾，不管是公開的或非公開的，都呈顯在以後的各個時期——反對冒進、中共第八屆大會路線的爭執、大躍進、廬山會議、三年的經濟調整等等，都只是這種認識上的分歧在不同時期的表現，而文化大革命就是這種分歧、矛盾的必然結果。劉源認為，兩人之間的首次公開分歧發生於毛澤東提出「過渡時期總路線」。毛澤東在理論上最傑出的貢獻之一是提出「新民主主義論」，他論證新民主主義屬於共產

主義思想體系,是超越了傳統社會主義和傳統民主主義。但,
當劉少奇等人提出「確立新民主主義秩序」時,毛澤東卻批判
那是妨礙社會主義事業發展的右傾觀點。[8]

1   毛澤東,《在中國共產黨第七屆中央委員會第二次全體會議上的報
    告》,1949年3月5日。

2   毛澤東,《為爭取國家財政經濟狀況的基本好轉而鬥爭》,在中國
    共產黨第七屆中央委員會第三次全體會議的報告,1950年6月6日。

3   毛澤東在中國人民政治協商會議第一屆全國委員會第二次會議上的
    致詞,1950年6月14。

4   〈中國人民政治協商會議共同綱領〉第26條。

5   W. Brus, Kazimierz Laski,〈From Marx to the Market: Socialism in Search of
    an Economic System〉, 1991.

6   引自,徐世杰,〈論劉少奇的文風特色〉,《當代中國史研究》
    1998年第5期。

7   劉少奇,〈在中國共產黨第八屆全國代表大會的政治報告〉,1956
    年9月15日。

8   毛澤東,〈批判離開總路線的右傾觀點〉,1953年6月15日。

【第三章】
新中國前三十年的原始積累

第一節　新中國原始積累的一般問題

　　如前所述，社會主義原始積累就是落後的農業國家建立工業體系的過程，也就是有關爲建立其工業體系所需資金的來源問題。在中國，工業基礎大致上可以說是從第一個五年計畫（1953）開始，經過大躍進後，在1960年前半段的「調整期」內確立下來。

　　蘇聯共產黨在廣大農民中並沒有深厚的群衆基礎，蘇聯的農業集體化實際上造成了政府與農民的對立，因此生產的降低是必然的結果。反之，以農民爲基礎進行革命戰爭的中國共產黨，經過土地改革，在全國農村奠定了深厚的權力基礎。因此，在農民的壓倒性的支持下，中國共產黨所推行的快速重工業化並沒有引發嚴重的矛盾。但是，因爲中國的農業生產力比蘇聯低落許多，也不得不以農民的直接動員來強化農業基礎而過度強調人的主觀能動性（也就是所謂的「勞動積累」）。

　　中國一方面是比蘇聯更落後的農業國，一方面又不可能從外國取得工業化所需的資金。因此不能不求之於農村、農民。

有些人認為，在中國的社會主義建設上，農業和農民只提供了
廉價的原料和糧食，因此農業對工業化的貢獻並不大。但是，
正是這種廉價的原料和糧食的供應，才使得輕工業部門能夠獲
取龐大的利潤並維持勞動者的低工資，其貢獻不能輕視。而
且，國家以低價集中農產品，對工業化的發展具有決定性的意
義。因為在 1979 年以前，中國的貿易結構是以農產品、農產
加工品的對外輸出來交換生產財的進口，重工業產品和工礦原
料佔對外輸出總額不及三成。

　　中國在工業化的初期階段，從蘇聯引進 156 項計畫，以
煤、石油（27 項）、電力工業（25 項）、鋼鐵及非鐵金屬工
業（18 項）、化學工業（7 項）、機械工業（24 項）等基本產
業為主，都是以農產品以及農產加工品來償還債務。可見，中
國的工業化主要是依賴農業來完成積累──透過對外貿易，將
農業產品轉換為國內無法或難以製造的工業產品以建立工業體
系──因為如果農民擁有直接貿易權，大部分的資金一定被用
來進口消費財而不是生產財。另外，在建設農業基礎上所謂的
「勞動積累」，就是農民貢獻於社會主義原始積累的另一個重
要形態。農業的基礎建設（如水利等），主要是依靠農民本身
的勞動來進行，工業發展對農業的回饋並不多。

　　就「價格剪刀差」或不等價交換的問題來說，中國的價格
政策，一貫是以提高農產品的收購價格，取消工農產品剪刀差
為方向，因此看起來似乎是朝向實現「等價交換」。但如果仔
細考察，中國是以政治權力來控制市場，但卻沒有相應地建立
分配勞動力的機構，在這種情況之下，無法透過市場交換來確
立「社會必要勞動」，因此是否存在著所謂的「合理價格」頗
有疑問，當然也就難以肯定是否有「等價交換」的存在。

　　所謂「價格剪刀差」的一般定義是：「具有壟斷性的產業部門和非壟斷性的產業部門之間，由於其勞動產品作為商品在市場上實現其價值的能力有所差異，因此在一定的時間內，兩者的商品價格指數出現差距的情況。」首先將「價格剪刀差」當作政治經濟學概念，用來說明工、農產品之間的價格差異的是托洛斯基。他在 1923 年 4 月蘇共第 12 次代表大會中指出，由於蘇聯與歐洲的市場被切斷，產生工業產品的價格飛騰與農業產品的價格下降的嚴重情況。此後，這個概念也被用於描述資本主義各國在農業恐慌時期的工、農產品的價格差。工業產品以其壟斷力量，擁有「產量彈性化和價格強制性」的優勢。反之，農產品一方面受制於自然條件，難於在短期間內調整產量，對於總產量和市場價格缺乏影響力；另一方面，由於貧困，農民被迫必須出賣手頭上的農產品，加上中間剝削的存在，在恐慌時期農產品的市場價格降幅很大。

　　本來價格剪刀差的概念是用來描述短期現象，如要用於長期分析，必須考慮到「工、農部門在提高勞動生產力時，兩個部門之間價格下降率的差異以及壟斷性超額利潤因競爭而消滅的問題」。一般認為，中國在過去一直採行縮小價格剪刀差的政策。因此，以戰前（1930-1936 年）為基準的價格剪刀差在 1958 年已被消除。但是，事實上如考慮到在這段期間內工、農部門勞動生產率的變化，所謂工、農產品的「等價交換」是有疑問的。而且新生產的工業產品的價格是否合理，也有問題。從價格指標來說，農產品的收購價格一直有提高，而工業產品也一直在下降。但就勞動生產率的上昇而言，工業當然比農業高。因此，如以價值為基準，「價格剪刀差」依然不利於農產品──農業的勞動生產力並沒有顯著的提高，而工業的勞動生

產力則有大幅度的提高。所以在價格面，政府雖不斷的改善農產品的交易條件，但實際上農產品交換條件是逐漸的在惡化當中。

價格剪刀差的解決，本來就不該以調整價格為手段，應該是以提高農業的勞動生產力來解決。在中國，價格剪刀差的產生，也就是從農業到工業的價值轉移，主要並非透過商品交換來進行，而是透過強制收購糧食和原料來完成。因此，工業勞動者並沒有分配到工業部門的利潤，而是國家透過抑制國民經濟的消費來進行最大的積累。

另外，工業部門勞動生產力的提高，當然不僅僅來自於勞動要素，資本財的形成大都來自於農民的貢獻。要消除「價格剪刀差」，必須提高農業的勞動生產力，因此需要農業生產財的適度供給。但是中國一直抑制農業生產財的價格，導致工業部門基於盈虧的考慮，並不積極生產農業部門所需要的生產資料。這顯示出政府缺乏發展農業的整體政策，也沒有考慮到農業和工業生產之間的協作關係。

價格剪刀差之所以成為問題，是以中國共產黨第十一屆三中全會為契機，在那一次會議中提出，農產品的收購價格長期固定而生產成本不斷提高，因而在各地都形成「增產不增收」或者產生赤字的狀況，為此在會議中決定提高農產品的收購價格，同時降低工業產品售價的政策。這樣，才結束了中國社主義建設的原始積累時期。

第二節　新中國所面對的經濟問題

新中國從舊社會繼承下來的經濟資產非常有限。輕工業方

面，全國大約有一半的紡織、食品加工和雜貨工業集中在上海，其餘則分佈在天津和青島等地。化學工業只有火柴、肥皂和鞭炮，勉強可以稱得上是近代工業的，只有在南京對岸製造碳酸鈉（蘇打）的永利寧化學工廠。

在重工業方面，日本在「滿州重工業五年計畫」中所建設的鞍鋼製鐵所（原大昭和製鐵所）、大連化工廠（原滿州化學）、豐滿水庫等等大部分在戰後被蘇聯搬走（大約50％～70％）。根據杜魯門總統所派遣的「波列調查團」（日本殘存資產調查團）的推估，蘇聯從中國東北搬走的工業資產以當時的價格來計算，大約是 20 億美元。該調查團也說，如果東北的生產力要恢復到日本戰敗時的水平，則需耗費日本對全滿州投資總額的三分之一，而蘇聯對中國卻完全沒有支付任何代價。假如，東北的重工業設備沒有被搬走，中國農民在工業化過程中所遭受的痛苦必會緩和不少。

另外，從勞動者的教育水平來說，當時的中國人民有90％是文盲（80年前的明治維新時期，日本男性的識字率是20％，女性為 10 ％），而新中國卻要依靠這些文盲來進行工業化。在生活水平方面，根據部分地區的調查，城市居民的平均壽命是三十多歲，而佔全國人口總數 90 ％的農民，卻有 60 ％生活在飢餓線下。由此可見，解放後的新中國的確缺乏現代化建設的條件，中國必須進行工業化積累。

在經濟發展初期所遇到的諸多難題之中，以資金不足、商品化糧食不足和外匯不足等三項最為嚴重。因此，如果能夠獲得外國借款，就可以疏緩資金和外匯不足的問題。但是，相較於其他開發中國家，新中國所獲得外國援助非常之少。例如，印度在獨立後的第一個五年計畫（1951-55 年）期間，所借到

的外國借款是國家財政的四分之一，而中國卻只有 3 ％。再
如，美國為了利用台灣作為反共基地，自 1952 年起，每年以
「美援相對基金」的形式提供台灣 1 億美援的經濟援助（到
1965 年美援停止為止，美國總共提供台灣 45 億美元的軍事援
助和 14.8 億美元的經濟援助）。但是，擁有 6 億人口的新中
國，從蘇聯取得的借款非但少得可憐，而且在 1956 年後還必
須以美元形式來還債。因此，中國被迫對外輸出農產、成衣和
雜貨等民生物資來換取外匯和償債。

再者，由於新中國採行重工業優先政策，其所需要的資金
本來就遠遠大於從輕工業入手的工業化。又因為美國的威脅和
封鎖，中國的工業建設的地點選擇在內陸地區，從第一次到第
三次五年計畫期間，工業化建設的重點地區為東北，其次才是
華北和內蒙；第三次五年計畫以後，才將建設重點轉移到華中
地區。問題是，在內陸地區興建大型工廠，除了要籌措公路、
鐵路、工業用水和通信等基礎建設資金之外，還要負擔職工住
宅、商店、學校等建設基金，這些都成為重工業建設的不利因
素。

最後，要談到「商品化糧食」的不足。所謂「商品化糧
食」就是從農家以商品形式出售給都市的糧食。工業化必定會
帶來城市人口的增加，而城市人口就是依靠這些商品化糧食來
生活。因此，商品化糧食的供給就成為決定城市勞動者數量的
重要因素。由於土地改革廢除了剝削制度，解放後的中國農村
大部分的農民都成為自耕農，生活水平取得大幅度的改善。更
由於沒有戰亂，死亡率開始遽減，年均人口以 2.0～2.5 ％的比
率遽增，也就是每年增加 1200 萬～1300 萬的人口。加上，解
放前農民經常餓著肚子，解放後農民為了自用和防災不願意出

售糧食。假如人民政府有足夠的外匯,就可以進口糧食來解決城市糧食不足的問題。但是新中國為了建設重工業,不得不將為數不多的外匯集中來進口機械設備,無法用來進口糧食。這些,都可以看到解決「商品化糧食」的困難。

新中國經過三年的復興期後,採取重工業優先政策,從1953年開始實施第一個五年計畫。新中國採取這種路線的理由有二:

1. 蘇聯的成功經驗的影響:蘇聯在1930年以後,因為採行重工業優先政策,成功的阻止了納粹德國的進攻。蘇聯成功的歷史經驗,影響了二次大戰以後獨立的民族國家和社會主義國家,各國以蘇聯經驗為模範,紛紛採行重工業化優先的政策。

2. 國際對峙的影響:重工業優先政策,換一個說法就是「資本財進口替代」政策,也就是原料、中間材料和機械設備的自給化政策。新中國當時所面臨的國際形勢,一方面是淵源於國共內戰的「中美對峙」;一方面是由於1956年蘇共代表大會的史達林批判而突顯出來的「中蘇對立」。面對與世界兩大超極強國之間嚴屬的政治、軍事緊張,中國領導人認為,唯有經由重工業化的途徑將中國建設為一個現代化強國,才能夠保住革命的成果。

但是,在農業生產仍然佔國民經濟壓倒性比重的初期條件下,新中國想要迅速並且大規模的進行重工業化建設,其所需的資源還是不得不依靠勞動生產率低落的農業部門。

第三節　農產品的統制

　　爲了進行重工業建設，中國政府於 1953 年開始推行糧食「統一收購、統一販賣」的政策。隨後，在 1954 年更進一步將經濟作物也納入政府的統制之下。在這個制度之下，禁止農民將糧食出售給私營商人，而是將扣除口糧、種籽、飼料、儲備糧食和農業稅之外的糧食，以國家規定的統一價格出售給國營商店，國營商店再以統一價格出售給城市居民。也就是說，國家透過閉鎖糧食市場將糧食剩餘轉化爲「工資基金」。

　　其次，是以經濟作物爲中心建立的工農產品「價格剪刀差」體系。國營商業部門以國家規定的價格向農民低價收購棉花、油料作物（油菜籽）、糖作物（甜菜）等經濟作物，然後再出售給國營輕工業部門進行加工。輕工業部門將加工產品（如成衣、糖和食用油等）以較高的指定價格出售給農民、城市勞動者和居民。最後，國營的工商部門再將所享有的利潤上繳國庫，成爲國家財政收入的重要組成部分，並轉化爲國家基本建設（設備投資）基金。這就是重工業部門的積累來源。也就是說，重工業部門擴大再生產的積累來源，是以工農產品「價格剪刀差」體系爲手段，從農民身上轉移來的農業剩餘。

　　根據日本學者山本恆人在《中國工業化的歷史——近、現代工業發展的歷史和現實》一書中的研究指出，中國農民在「出售農作物時少得的部分」和「購買工業產品多付的部分」以及繳交的農業稅等三個部分的總和，在 1952 年、1959 年和 1977 年，分別佔國家財政收入的 44.7～55.9 ％、59.5～72.2 ％和 41.6～55.2 ％。[1]

　　1953 年所實施的農業統制，意味著政府以「流通部門」控制農產品，因而出現手工業的倒產——紡紗、織布等手工業者、以黃豆為原料的肥皂業、以甜菜為原料的製糖業，以及使用油菜籽來煉油的食用油工業等都受到重大的影響。根據 1954 年的工業調查，主要城市有一半左右（甚至是 90％）的手工業者都因為原料不足而倒產。這就是說，在土地改革解放了農民的消費之後，為了重工業化而再一次的抑制了農民的消費。

　　到了 1956 年，為了鞏固這個政策，更進一步將自耕農納入合作社。在此之前，人民政府只從「流通部門」來進行農產統制，而 1956 年的合作社化意味著政府的統制直接涉及到「生產過程」——政府向合作社發出生產指令。合作社收成之後，先扣除上繳給國家的份額，再扣除合作社所需的部分，最後再將剩餘的產品依照農民的「工分」（勞動份額）進行分配。這就是說，由於政府控制了直接生產過程，從而取消了農民對農產品的支配權。

　　毛澤東在 1940 年發表的《新民主主義論》中指出，從 1840 年的鴉片戰爭到 1919 年的五四運動是舊民主主義的時代。舊民主主義是新興的資產階級推翻封建地主的封建制度的革命。但是在中國，由於國內的封建階級從 19 世紀開始受到帝國主義列強的支配，限制了內發性的新興資產階級的成長，也因此不具有推翻封建主義的力量，所以不得不由「以勞動者、農民和知識份子為主體的革命勢力」來執行這個歷史使命。這就是「新民主主義革命」，而由此成立的社會就是「新民主主義社會」。新民主主義社會的經濟是由五個不同的成分所構成，即革命後沒收帝國主義列強和買辦官僚資產階級財產而組成的「國營經濟」、合作經濟、私人企業、個人企業以及政府官員

進入私人企業的公私合營企業（國家資本主義）。

新中國成立後，經過三年的復興期，毛澤東又在 1953 年提出「過渡時期總路線」，在「總路線」的藍圖裡，新中國準備從 1953 年開始實施五年經濟計畫，並透過三個五年計畫來實現社會主義工業化，並對農業、手工業以及資本主義工商業進行社會主義改造（一化三改），使中國於 1967 年成爲社會主義社會。但是，由於農業合作化的順利完成，手工業者和私人企業也被編入手工業合作社和公私合營企業。因此，原來預定要用十五年來完成的社會主義改造，在四年內就順利完成。在新民主主義經濟下允許存在的私營企業和個人營業者已經消滅，新中國的經濟結構就從新民主主義時期的五種經濟成分轉變爲「國有經濟、集體經濟和合營經濟」三種成分所組成的三元經濟。其中的集體經濟，即農業集體化，最能看出新中國原始積累的特色。

第四節　人民公社

農業合作化導致農業集體化，農業集體化的最後型態就是人民公社──將建設和擴大重工業生產所需要的原始資金求之於農業剩餘，而促使農業剩餘極大化的手段就是農業的集體化。農業集體化所追求的目標，就是將土地、勞動力和其他生產要素交由人民公社集中、管理從而取得「規模經濟」的效果。但要確保規模經濟，不僅需要生產過程的集體化，也要改善中國農業的生產基礎。中國農業生產向來以「季節雨種稻」爲特徵，傳統上一直受到水利條件的制約。所以，擴充水利設施就是擴大農業生產和改善農業生產力所不可或缺的課題。本

來，諸如水利建設等大規模農業資本的形成應該是交由國家財政來負擔，但是，如此一來將會排擠掉擴大重工業生產的資源。為了解決這個矛盾，人民政府決定由農民本身來進行水利建設，也就是將農民的勞動轉化為物質資本，這是一種「勞動積累」的形態。透過勞動積累來建設並擴充農業的生產基礎，並將藉由規模經濟而將農業剩餘極大化，用來作為擴大重工業部門的基金。如此，人民公社形成了將農業剩餘轉移到城市重工業部門，並促使農業剩餘本身持續擴大化的體系。

但是要完備這個體系，還需要另一個條件。在中國，農業人口相對於農地面積明顯過剩，如果允許勞動力的自由移動，將會有大量的人口湧向城市。一旦城市的勞動力激增，就必須擴大「工資基金」。但是以農業部門有限的農業剩餘，是否有足夠的能力來解決這個問題，還有疑問。因此，為了抑制城市勞動力規模過度膨脹，為了防止超過城市社會間接資本的負擔能力之「過剩城市化」的進展，必須阻止農村勞動力流入城市，必須形成禁止勞動力自由移動、使農村和城市相互隔離的機制，如此才能夠持續的將農業剩餘吸引到城市重工業部門，進行「強力積累」。

這個條件的形成，首先是以戶籍制度阻止勞動力的移動，再以糧食配給制度和勞動就業制度來補充。中國居民依據其出生地區，分為農民戶籍和城市戶籍，這是一種類似於與生俱來的「身份制度」，因為除了少數例外，戶籍變更通常不被承認。農民在沒有得到許可之前不得移住城市，既使擅自移住也得不到糧食配給──中國的糧食配給制度只適用於擁有城市戶籍的居民，農民的糧食必須自給自足。在人民公社時期，城市不存在糧食市場，所以從農村移住在城市的人口，實際上不可

能在城市中生活下來。城市居民不僅擁有糧食配給權，包含醫療、住宅等福利也由國家保障，所以戶籍制度被稱爲一種身份制度。其次，由於城市的就業完全由國家的勞動人事部門所掌握，個別的事業單位不擁有雇佣權限，因此擅自移住到城市的農民，不可能在城市取得就業機會。在這種勞動力處於城市和鄉村之間被隔離的狀況，農民不得不停留在農村。

勞動力的隔離政策面臨著相對過剩的農村勞動人口的壓力，爲了吸收農村勞動力，不得不形成農業以外的生產主體，於是「地方工業化」就成爲中國經濟政策的重要課題。也就是說，農村工業化是因爲勞動力的隔離政策，限制了農村／城市之間的勞動力移動而不得不採取的替代性政策。在文化大革命期間，培養農村「五小工業」（鋼鐵、農業機械、水泥、化肥和水力發電）的政策，就是代表性的例子。在 1970 年代後半期大量出現的，由生產大隊負責的「社隊工業」就成爲農村工業的核心。「社隊工業」在鄰近大都市的農村地區蓬勃的發展，吸收相當數量的就業人口，並且在 1980 年以後，成爲改變農村面貌的「鄉鎮企業」。

總的來說，從第一次五年計畫開始，一直到 1978 年爲止，中國社會主義積累機制以及支持這個機制的制度架構，基本上可以簡述如下：

全民所有制的重工業部門是支撐著中國社會主義工業化的基幹，但是在以後進農業國爲條件出發的新中國，建設並擴大重工業部門所需的資金，不得不依靠占國民經濟主要部分的農業部門。首先，爲了確保城市勞動力人口的糧食供給，必須確立國家向農民強制「統一收購、統一販售」的糧食制度，即閉鎖糧食市場。其次，爲了確保重工業部門的擴大再生產，要進

一步閉鎖經濟作物市場，以較低的價格向農民收購，再透過國營商業單位出售給輕工業部門，然後再以較高的價格將輕工業部門所生產的消費資料出售給消費者。也就是透過工農產品價格剪刀差，由國庫將所獲得的農業剩餘轉移到重工業部門，完成重工業化的目的。

再者，國家為了完全掌握並且極大化農業剩餘，必須直接支配生產過程，創造出生產手段公有制和以集體勞動為中心的人民公社。人民公社同時也是組織農民不可或缺的機制。人民公社動員農民，以勞動積累來建設水利設施，藉以擴充農業生產基礎。最後，為使農業剩餘極度擴大，必需禁止農村／城市間的勞動力移動，藉以抑制城市勞動者的工資基金。同時，為了解決這種勞動力隔離政策所帶來的農村勞動力過剩的問題，就必須在政策上推行以農民為生產主體的農村工業化。

要落實上述一連串的政策，就必須以集權的政治機構的存在為前提，而這個集權政治機構就是人民公社的另一個面貌。人民公社就是支撐中國威權主義開發體制最重要的政治基礎，而「政社合一」就是其所提出的口號。作為經濟組織的人民公社，同時也是構成國家權力的末端機構。

從政府支配農村的角度來看人民公社時，似乎可以做如下的描述：土地改革剝奪了地主的土地和農業產品支配權並將之歸屬於農民。1956 年的合作社化是從農民的手中取得農業生產的決定權和農業產品的分配權，並使其歸屬於合作社。人民公社化是從農民的手中取得對家庭的勞動力支配權，使其歸屬於人民公社的指揮下——在甚麼地方、做甚麼工作是由公社幹部決定的。

由此看來，國家把農民所得限制在僅足以溫飽的地步，而

農民又完全沒有遷徙自由，農民居然能夠長期忍受，從現在的觀點看，實在不可思議。但只要想一想在此之前的抗戰時期與軍閥混戰時期，農民備受戰爭的侵擾，時常處於飢餓邊緣，有的甚至賣妻鬻子都還不足以生存，就可以想像，他們可以接受現在的安定與溫飽。可以說，新中國的前三十年，農民對國家原始積累的貢獻是難以估計的。但這種「犧牲」不能維持太久，時機一到，必需立刻調整，所以，改革開放是勢所必至的。

第五節　毛澤東的備戰體制

新中國剛建立時，包括毛澤東在內的中共領導人都認為「社會主義」至少要 15 年以後才能夠實現，中國當前的任務是建設「新民主主義社會」而不是社會主義社會。1950 年 6 月發生的韓戰確立了東亞的冷戰體制，也促使中國加速進入「社會主義」體制。

由於人民自願軍投入韓戰，中美之間產生嚴重的對抗關係。美國除了以第七艦隊協防台灣海峽，阻止台灣解放之外，在日本也推動自衛隊重新建軍，使中國大陸認為這是日本軍國主義的復活。為了因應美國和日本可能採取對中進攻的態勢，中國大陸被迫盡早構築全力應戰的體制，因而開始推行「社會主義改造」。本來認為至少 15 年以後才能夠實現的社會主義體制，現實上卻以「總體備戰體制」的型態出現（雖然領導內部存在著重大的認識差異）。在這階段裡，所謂的「社會主義化」所指的是全面性的「國有化」和「計畫經濟」。其實 1953 年開始推行社會主義改造之前，這種改造實質上已在韓戰的過

程中在東北進行。

二戰後的內戰期間，中國共產黨一面驅逐國民黨軍隊，在另一方面則全力推動「買辦資本」和「官僚資本」的國有化。日本在佔領東北期間推行大約 15 年的重工業化──雖然其核心是「滿鐵」和「滿洲重工業」，但其他企業的經營也或多或少和日本有關。因此當時東北的領導人高崗說：「只有敵偽（日本傀儡政府）的資本，並不存在民族工商業」，因而將大多數企業的生產沒收而國有化，同時採取了立即恢復經濟的政策（國營企業的生產優先）。因此，1949 年在東北工業總生產額中，國、公有工業已佔87.5 ％。這就是說，從一開始時東北的國有化比率就占有絕對多數。

另外，韓戰成為中國政府的重大負擔，卻由於中國境內較少受到波及，反而在經濟上產生了相當數量的「需要」。由於東北是後方基地而享有「韓戰特需」，其中心當然是鞍山鋼鐵公司與國營大企業。對毛澤東而言，最可靠的當然非國營大企業莫屬，而以「利潤原則」來進行活動的「民族資本」，似乎是在非常時期也想從國家盜取利益，因此所謂民族資本的「民族性」開始受到質疑。這種想法就產生了迫使民族資本喪失其自主性的「三反五反」運動，更進而推行「社會主義改造」。

在這種情況下，東北領導人高崗因為積極主張農業集體化和社會主義化而和堅持新民主主義的劉少奇、周恩來等人對立起來。其結果是，東北的實踐經驗成為共產黨在第七屆二中全會中提出的「過渡時期總路線」這個基本方針的根據。（朱建華主編「東北解放區財政經濟史稿」黑龍江出版社，1987 年）

1953 年 7 月，韓戰締結了休戰協定。中國從這一年開始執行第一次五年計劃。第一次五年計劃的目標，根據毛澤東在 6

月的中央政治局會議上所提出的「過渡時期總路線」是要在一個相當長的時期內，逐步實現國家的社會主義工業化，並逐步實現國家對農業、對手工業和對資本主義工商業的社會主義改造。其實本來的「社會主義改造」是準備在推行三個五年計畫期間逐步實現，卻在短短的二年半就宣佈完成了。這裡所說的三個五年計劃（共 15 年），其實是以軍隊的現代化和兵器等裝備的完全自給體制為目標所設定的時間。

中共軍隊在韓戰中受到相當大的損害，從而也認識到美國的空軍、機動部隊以及現代武器的威力。因此休戰後，以指揮韓戰的彭德懷為中心，迅速推行部隊的現代化——將原先擅長於游擊戰的部隊改編為正規軍以及軍隊裝備（包括武器系統）的現代化。但是，想要建立現代化國防體制必須先建設好所需要的現代工業體系，也就是說，三個五年計劃在經濟建設上的目標，就包含著在軍事建設上的現代化、獨立的現代化工業體系和社會主義改造三位一體。而且，所謂三個五年計劃即 15 年的期間，是依據蘇聯的經驗所提出的設定，希望在三個五年計畫完成時，即到了 1967 年，能夠達到粗鋼生產量 1800～2000萬噸；發電量 730 億千瓦，煤 2.8 億噸。這就相當於蘇聯在 1940年的水平，是以蘇聯擊退德國時的軍事力和工業力為根據。

早在中共中央編制第一次五年計劃的前一年，東北人民政府已成立「人民經濟計劃委員會」（1950 年 3 月）而鞍山鋼鐵廠則做為第一次五年計劃的一個環節，從 1952 年就開始推行三大方案，也設立了負責製定五年計劃的中央機關——國家計劃委員會，由高崗就任主席，陳雲等東北有關人員都佔了重要地位。根據高崗在與劉少奇對抗期間，以「共產黨是由軍隊所建成」的所謂「軍黨論」而積極向彭德懷、林彪等人活動的事

實，「似乎」可推察集體化、社會主義化與國防建設的關係。
1953年，高崗與饒漱石等人利用當時中共中央考慮調整中央領
導機構和醞釀召開全國人民代表大會及第八次全國黨代表大會
的時機，進行篡黨奪權的分裂活動，爆發高崗、饒漱石事件。
事件被揭發後高崗下台，而劉少奇也被迫做了自我批判，但與
軍隊有關係的人都沒受到任何處分。

　　包括第一次五年計劃在內的社會主義體制期間，中國經濟
建設的特徵是以內陸地區爲重點的重工業建設——例如，在第
一次五年計劃，投資總額的38.7％是用於重工業建設，而輕工
業和農業的投入不過分別爲6.8％和7.6％而已。另外，在694
個主要建設項目中有472項集中在內陸地區，沿海地區總共只
有 222 項。值得注意的是，東北的遼寧省雖然是屬於沿海地
區，卻獲得很大部分的投資，尤其是在第一個五年計劃中扮演
關鍵性角色的蘇聯援助 156 項重點工程中，東北就分配到 54
項，特別是鞍山成爲以「鐵鋼工業集團」爲核心的重工業基地
之一，和包頭、武漢分庭亢禮；其他還包括撫順、阜新、鶴崗
的煤炭工業改造、本溪的鋼鐵工業、瀋陽的機械製造業、吉林
的電力工業的重建工程等等。另外，長春的第一汽車製造廠、
哈爾濱的三大動力廠等也是在這時期所創設的。這種對東北的
龐大投資當然與當時的防衛戰略密不可分。

　　中共推行蘇聯模式社會主義建設的前提，是蘇聯的援助和
以蘇聯做爲中國的後盾；國家防衛的最大課題也是進入蘇聯核
武的保護傘下，以蘇聯的軍事支援爲前提。但是，由於國際情
勢的丕變以及中蘇交惡，中國不但喪失了蘇聯的援助和保護，
更不得不同時面對美國及蘇聯的雙重威脅。因此，中共不得不
從根本上做檢討，也不得不走上「有中國特色的社會主義化」

的道路。

1956 年 2 月當赫魯雪夫批判史達林時，中共原先還「有點」接受的姿勢。但是，等到赫魯雪夫的「祕密報告」被美國《紐約時報》披露而引起東歐一連串的騷動；中國大陸本身也由於「百花齊放、百家爭鳴」搞過了頭，引發知識份子批判共產黨的聲浪時，針對赫魯雪夫的所謂「解凍」，中共開始以嚴厲的眼睛對待，進而將赫魯雪夫定調為屈服於帝國主義的修正主義。

這時候，中國核子武裝的問題就成為中蘇關係的重要分歧點。由於歷史的原因，亞洲社會主義者大都帶有較濃厚的民族主義意識，向來避免將本國的防衛完全假手於人。中共經由第一次五年計畫完成了社會主義改造，達成初步的重工業化之際，也想擁有自己的核子武器。當蘇聯拒絕提供核子武器的技術時，中國對蘇聯的信心更加削弱，決定自力更生來建立核子武裝。然而，這種決定對於經濟力尚為弱小的中國來說，等於是在事實上放棄傳統武器的現代化，如此一來一旦中國受到外國侵略卻又得不到蘇聯的援助時，中國勢必無法在國境線上（尤其是在沿海地區）阻止敵人侵入，因此產生「人民戰爭」的戰略構想。

其一是：師法中共在抗日戰爭時期的游擊戰戰略，即將優勢敵人引進內部使其分散，然後以運動戰使其疲勞、消耗，最後將其消滅。為了達到這個目的，就必須在各地構築既搞農業生產也做工業生產的自給自足體系，如此即使被敵人分斷也能夠打游擊戰。人民公社就是進行這種人民戰爭的基礎單位。

但人民戰爭戰略不盡於此。因為基於自力更生的游擊戰是共產黨解放區的戰略，還需要相當於抗日戰爭時期國民黨的

「大後方」，即在遠離敵人的內陸地區以國家資本建設重工業。如前所述，對內陸地區的重工業投資在依照蘇聯模式建設的時期已初步實現，但毛澤東模式的建設更為徹底，對重工業的投資超過基本建設的一半，也更向內陸傾斜。同時，毛澤東模式的建設還同時追求被稱為「兩隻腳建設」的二個目標。所謂的「兩隻腳」就是工業與農業；大型企業與小企業；中央工業與地方工業；現代技術與在地技術。基本上，前者是以內陸部為重點而由國家資本執行；而後者則由各地區以自力更生推行。明顯地這和國防戰略也有密切的關係。

　　毛澤東模式的建設開始於 1958 年的第二次五年計劃，但以「超英趕美」為目標的「大躍進」的最終失敗，招來悲慘的破綻。因此，從 1960 年下半年轉而實行由劉少奇、鄧小平所領導，承認某種程度自由化的調整政策從而帶動經濟復甦。但是，美國對越南戰場的全面性武力介入，引起東亞國際關係的更進一步緊張，也使劉、鄧的經濟政策與國防戰略之間的矛盾激化。

　　1964 年 8 月，在美國發動東京灣事件後，毛澤東開始著手於「國防三線建設」而結束劉、鄧的調整政策。所謂「三線建設」就是中共在中西部地區的 13 個省、自治區所進行的一場以戰備為指導思想的大規模國防、科技、工業和交通基本設施建設，是中國經濟史上又一次大規模的工業遷移過程，其規模可與抗戰時期的沿海工業內遷相提並論。所謂「三線」就是指四川、貴州、雲南、陝西、甘肅、青海、遼寧的七省、自治區和山西、河南、湖北、湖南四省的「西部地域」；「一線」是屬於沿海地區的國境線；而「二線」就是「一線」和「三線」之間，尤其以四川、貴州、雲南的西南三省為中心。

從 1965 年到 75 年之間，國家對「三線地區」注入大約 1270 億元（佔當時國家基本建設投資的 43.5％）；建設 2000 多個大型、中型、企業和研究機關，誕生了 45 個生產、研究基地以及 30 多個新興工業都市。在這個區域內「將天然資源變成各種軍需用品，包含在產業體系中所有產業」就成為建設對象。在軍需用品中也包含核子武器和飛彈。三線建設的目標是「即使一線、二線的工業完全被破壞，依靠三線就可以長期供給軍用品，形成繼續戰爭的能力」。簡單地說，這是抗日戰爭時期的大後方在核武器時代的再現，而其所假想的敵國，首先是美國，但也警戒蘇聯。

越戰使得中國國內的政治狀況嚴厲化。由於對美國的危機感，中國摸索過改善與蘇聯的關係，但不僅沒有結果，兩國關係更為惡化。在這種情況下，毛澤東認為必須迅速進行人民戰爭態勢的徹底化。就毛澤東而言，劉少奇、鄧小平所推行的調整政策無異是要解體人民戰爭體系，是與蘇聯的修正主義一樣，實際上是屈服於美國的路線。因此，毛澤東親自發動了以打倒「中國的赫魯雪夫」、「走資本主義道路的當權派」為目標的文化大革命。由於中國內部長期累積了社會主義建設以來的矛盾，文革使全國陷入破壞和混亂。「三線建設」也由於文革的混亂而暫時停滯。但在 1969 年以後，因為與蘇聯的一觸即發的緊張中再度推行。

由於中蘇的對立，東北的地緣學位置起了大變化，第二次五年計畫以後東北逐漸失去重點建設的優勢。尤其是文革導致與蘇聯的關係進一步緊張，到了核子戰爭一觸即發的時期，東北和內蒙古、新疆一樣，相反地成為戰略上需要警戒的地區。

在不得不採取自力更生的第二次五年計畫以後，具有戰略

重要性的油田開發開始受到重視,中央對東北地區做了大量的投資(1960 年大慶油田、61 年吉林油田、63 年大慶石油化工總廠、70 年遼河油田等)。雖然如此,但是,東北在基本建設投資方面的地位還是大不如前,在「三線建設」時期,(大約相當於第三次五年計畫時期),不僅基本建設投資的比率大幅度減少,在遼寧省等地許多機械工業、軍事工業設備、經營技術幹部、勞動者被調動到「三線」地區。即使留存的工廠,也由於文革而產生生產秩序的混亂和設備的破壞。因此,設備更新變為困難而老朽化。從日本統治以後由於戰時態勢而發展起來的東北重工業,由於國際情勢和由此產生的防衛戰略的變化而遇到困境。

資本主義制度經過了其原始積累階段後才發展起來。從經濟發展的角度看來,史達林體制雖然是「備戰體制」,就其經濟建設看來也可說屬於「社會主義原始積累階段」,因而才能使一個農業大國在短期間變成工業、尤其是重工業的大國。史達林體制在工業建設的一定階段或文化建設達到一定水平之前是推進歷史的積極要因,但當工業以及隨之而來的社會和文化的變貌達到某一階段,而沒有技術和文化的進一步創造,就無法期望社會的再一步發展,也就是當史達林體制下的生產關係(指的是備戰體制下「緊張」的生產關係)無法促使生產力再度發展時,史達林體制就成為阻礙社會發展的要素而不得不被取代了。

同樣的,建國後的毛澤東體制雖然具有「備戰體制」的一面,但在經濟面也可說是屬於「社會主義的原始積累階段」,有了這個「社會主義原始積累階段」的基礎,鄧小平的改革開放才具備了基礎條件,才能夠在短短 30 年中獲得世界上前所

未見的偉大成果。

　　由於備戰體制，毛澤東時期的GDP增長一直以重工業（包含冶金、機械、化工、基礎建設所需器材和軍需產品等）為主導，刻意壓抑農、民用工業消費品的生產。因此，不得不強制性提高全國儲蓄率來加強投資，也不得不勒緊腰帶來致力於「兩彈一星」，但也因此才能夠擺脫美蘇兩霸的挾持。鋼鐵、石油、電力、軍工業等大工業的發展為國民經濟建立了基礎框架，作為落後國家要趕上先進國家的現代化，大工業是無法按照自然的順序發展起來的。如果沒有國家的力量而完全依靠市場機制，中國永遠無法趕上先進國。以大慶油田為例來說，大慶地區展開大規模的「石油會戰」，改編了三萬解放軍官兵轉入石油系統。幾萬人到了大慶，那時還只是一片牧場，沒有地方住，有沒有東西吃，還缺乏各種設備。這種資源動員與精神動員是不可能通過市場力量就能夠在短期內到達的。通過國家的力量以及計畫經濟的方式，中國才能夠擺脫市場的看不見的手，用政府看得見的手迅速組建起規模龐大的戰略企業。

　　計畫經濟的優點在於：有利於資源在極端欠缺的情況下向工業部門集中，但其明顯的缺點也在於計畫經濟的執行單位普遍缺乏自主性的活力。企業如沒有自主性的活力就難於避免僵化，而片面發展重工業的做法使得工業發展受制於農村的購買力，無法形成以內需配套為主的民族自主市場。另外在「自力更生」的口號下，使中國在改革開放前夕基本上擺脫了兩三千年來「以農立國」的歷史背景，打破了「靠天吃飯」的歷史格局，使改革開放後工農業進一步加速增長，提供了堅實的物質基礎。

　　所以「改革開放」所代表的是承先啟後的新政策格局，並

不是對毛澤東體制的全面否定。因此就經濟發展而言，不可將
建國六十年的歷史腰斬爲毛、鄧前後兩段──因爲改革開放後
的經濟騰飛並不是平地而起的。

第六節　原始積累制的崩潰

一、增產不增收

　　根據「中國農業年鑑」〈1981 年版〉，由國家物價總局等
七個單位，分別於 1965、1976 及 1978 年就全國 3600 多個生
產隊所進行的三次調查結果，以及 1976 年以全國 1296 個生產
隊爲對象的調查結果顯示，社會主義原始積累體制帶給農村的
客觀效果是「增產不增收」。[2]

　　勞動力的過多投入是造成「增產不增收」現象嚴重化的原
因之一。

　　70 年代末以前，中國因禁止農村、城市間的人口移動導致
農村的勞動力過剩，而農村工業化所吸收的過剩勞動力非常有
限，不得不在有限的土地上投入過多的農業勞動量，加上爲了
養活龐大人口，中國政府長期採取「糧食生產第一主義」政
策，農業生產並沒有朝向多角化方向發展，抑制了勞動力投向
收益性較高的現金作物，從而制約了農民的所得上升。

　　1978 年改革開放以前，中國的土地生產率確實有所提高，
但是土地生產率的提高卻被農業勞動者人均耕地面積的減少所
抵銷，始終無法脫離勞動生產率過低的處境──從 1965 年到
1978 年之間，糧食生產的絕對數量自 1 億 9453 萬噸的年產量
增加到 3 億 477 萬噸，但國家的餘糧收購量的增長卻相當緩

慢。考察其原因，就在於中國的農業生產達到糧食產量的極大化的手段，是在稀少的土地上投入過剩的勞動力，其成果卻由於人口的增加、人均耕地面積的減少所抵銷。藉由勞動力的投入而增加的糧食產量，同時被農村所增加的人口所消費，使得國家的糧食收購量無法迅速提高。

糧食商品化的比率決定了城市勞動力的扶養量，成爲制約工業擴大速度的重要因素。由國家收購量所表示出來的糧食商品化比率的低迷，具體的影響到工業發展，因此中國雖然建立了通過人民公社吸收農業剩餘，藉以達成工業化的體制，但是在增加可供商品化的農業剩餘這個關鍵問題上，卻沒有完全的成功。

二、重工業化的成就及其問題

以社會主義原始積累爲手段，將農業剩餘轉移到重工業建設的結果，中國所實現的重工業化，在產量方面確實獲得可觀的成績。

如以機械、金屬、化學等部門的生產額在工業生產總額中所佔的比率爲「重工業化率」，在發展中國家中，南韓是以顯著的速度提高「重工業化率」的典型。但是，值得重視的是，在 1980 年以前中國的「重工業化率」卻遠高於南韓。南韓的人均所得在 1980 年是 1630 美元，中國只有 300 美元，兩者之間的發展階段有巨大的差距，而中國的「重工業化率」卻比南韓高許多，可見中國的重工業化成績是極爲可觀的。

大躍進時期，中國標榜要在 15 年內趕上英國的工業化水平；在 1978 年的「經濟發展十年計畫」中，也宣布在要上個世紀（20 世紀）內達到先進國的工業水平。由此可知，中國的

集權性計畫經濟經常以提高重工業投資規模作爲政策目標。在中國，國家部門在向企業下達生產目標的同時，也完全供給完成這個目標所需的原料、能源、機械設備和資金等等。由於這種投產資源的「無償供給制度」，使企業不受支付利息的壓力，因此企業爲了達成計畫指標通常採取擴大生產規模和新設工廠的途徑。同時，投產資源的無償供給制度容易造成企業不顧投資效率，並且對既有設備的保養和更新也失去關心——因爲企業規模的擴大或新設，比提高經營效率或充實設備使用率更易於達成。就企業而言，他們所關心的只是達成上級所指令的目標，因而只有被動心態，不具有主觀能動性。

更爲重要的是，擴大重工業所需資本是來自農業剩餘的移轉，而不是產生於企業內部的利潤，因而喪失「擴大自我維持」的動機。於是，擴大重工業部門的背後存在著嚴重的無效率。

擴大國營重工業所需的資本既然是來自低價糧食和價格剪刀差制度，從而必須將農民和城市勞動者的消費維持在低水平，於是輕工業部門也無法取得充分的發展——由於價格剪刀差，輕工業部門獲得龐大的利潤，但其所得的利潤大都上繳成爲擴大重工業資本的核心部分。根據中兼和津次在《中國的工業化和其機制》一書中的考察，輕工業部門上繳的利潤在1952、1965和1975年分別佔國家財政收入的68.1％、40.0％和46.5％，但輕工業在基本建設投資中所佔比率僅爲17.6％、7.9％和10.1％。由此可知，輕工業部門雖然生產了不少利潤，但再投資卻不多，其所得利潤大都移轉給無效率的重工業部門。

丸山佣郎在《中國經濟的矛盾》一書中也指出，在1980年

前後，中國所生產的鋼鐵有 72.8 ％用於重工業，而供給輕工業和農業（包括農業機械修理工廠）的鋼鐵只佔體總產量的 11.7 ％和 15.5 ％。就機械工業而言，所生產的產品有 80～85 ％適用於重工業部門，而用於耐用消費財的部分只佔 15～20 ％。能源方面也呈顯同樣的情況，重工業部門消費了 77.9 ％，輕工業、農業以及民生部分各只佔 6.0 ％、4.8 ％和 11.5 ％。

這就是說，鋼鐵、機械、能源等重工業部門所生產的產品大都用於重工業部門，因而形成重工業部門的「自我循環機制」，而不是藉由重工業部門的擴大，在一段期間後以豐富的消費財回饋農民和城市勞動者。依照重工業化優先的理論，對重工業部門（生產財部門）的優先投資，在其初期可能抑制消費水平，但就長期而言，比優先輕工業更會帶來更高的消費水平。但是在中國，由於重工業的非效率性和自我循環機制並沒有提高勞動大眾消費水平。因此，自從建國以後一直到 1980 年，工業部門的勞動者和全民所有制單位勞動者的實質工資並沒有提高多少。

以社會主義原始積累爲手段將農業剩餘轉移而建設重工業的政策，經過 20 多年的執行後並沒有得到理想的結果——農民的生活水平長期沒得到顯著的改善。國營重工業部門雖然達成顯著的擴大，卻由於嚴重缺乏效率，因此其再生產尙須依靠社會主義原始積累，始終無法形成自我維持的擴大機制，而勞動者的實質工資也無法提高。於是結束文革的混亂之後所召開的黨的第十一屆三中全會，決定捨棄由國家吸收農業剩餘的體制，使農業剩餘保留在農村。也就是從根本改革原始積累的舊政策。其要點是：

1. 提高國家收購農產物的價格，降低農業生產財的價格，

也就是以改善農村交易條件，使農業剩餘保留在農村。由於三中全會的決定，1979 年夏季以後糧食的統一收購價格提高 20 ％，而超過收購部分則提高 50 ％，而且經濟作物、農副產品的收購價格也逐漸提高。同時，於 1979～80 年，農業機械、化學肥料、農業等的價格降下了 10～15 ％。農村交易條件的改善究竟縮少了多少價格剪刀差，並沒有確切的統計，但收購價格的提高和生產及經營承包制度的普及，強烈的刺激了農民的增產意願，再加上人民公社時期的水利建設和肥料生產的增加，使得 1978 年以後的農民所得提高到建國以來的最高水平。

2. 不僅在三中全會中提高農產品的收購價格，更在 1985 年由國務院公佈新價格、流通政策，以政府的契約收購制度替代統一收購制度，逐漸地減少收購項目和數量。這就是說，農民增加了在自由市場中以較高價格的出售農產品的種類和數量，而蔬菜、肉類等副食品則完全採取自由流通制度。

3. 1982 年 12 月的第五屆全國人民代表大會第五次會議，批准了新憲法，規定人民公社「政社分離」的政策，也就是廢除人民公社的政治機能而使其成為集體所有制組織；1983 年全國農家的 93 ％採用「包產到戶」、「包幹到戶」的承包制度，而到了 1984 年末，全國 98 ％的人民公社解體，最後於 1985 年，所剩下的西藏自治區的公社也解體。

上述三個要點，不僅使農業剩餘留存在農村，誘發農民的增產意願，從而提高了勞動生產率並擴大了農業剩餘，使農民擁有可投資於非農部門的剩餘資金。從此以後，中國就結束了原始積累期，而進入改革開放的新時代。

1 山本恆人，《中國工業化の歷史》（共著），日本，法律文化社，
1982。

2 〈人民日報〉，1978 年 10 月 25 日。

【第四章】
改革開放時期的理論探索

第一節　從繼續革命論到社會主義階段論

　　1977 年 8 月，華國鋒在中共第十一屆黨代表大會上的政治報告中，宣佈「文化大革命」結束。一場爲期十一年，波及千萬，影響了整整一代中國人生命經驗的政治運動，終於以四人幫被逮捕爲謝幕劇，正式退出歷史舞台。報告中說：「歷史會記上我國的無產階級文化大革命是無產階級專政上的一件偉大壯舉。」隨後，人民日報在以〈偉大的里程碑〉爲標題的社論中，也宣稱：「歷時十一年的我國第一次無產階級文化大革命，就以粉碎四人幫爲標志，宣告勝利結束，我國的社會主義革命和社會主義建設進入了新的發展時期。」也就是說，文革結束初期，在公開的場合對文革還是採取肯定的態度，只是將文革的亂象與負面，歸咎於先後以林彪、四人幫爲代表的黨內野心份子對革命的篡奪。此後，中共有關對文革的評價，就一路從折衷性的評論轉變爲否定性的評論。

　　1978 年 12 月十一屆三中全會的決議說：「對於文化大革命，也應當歷史地、科學地、實事求是地去看待它。毛澤東同

志發動這樣一場大革命，主要是鑒於蘇聯變修，從反修防修出發的。至於實際過程中發生的缺點、錯誤，適當的時候作爲經驗教訓加以總結，統一全黨和全國人民的認識，是必要的，但是不應勿忙地進行。這既不影響我們實事求是地解決歷史上的一切遺留問題，更不影響我們集中力量加快實現四個現代化這一當前最偉大的歷史任務。」[1]。決議文的本身反應出中共黨內對文革的評價尚未統一，以華國鋒爲首的黨內領導階層（文革右派）和以鄧小平爲代表的舊「當權派」，雖然在打倒文革左派（以四人幫爲代表）的立場上一致，但對文革評價卻有不同。因此，三中全會接受華國鋒的提議，爲適應國內外情勢的發展，應「及時地、果斷地結束全國範圍的大規模的揭批林彪、四人幫的群衆運動，把全黨工作的著重點和全國人民的注意力轉移到社會主義現代化建設上來」，並「要求全黨、全軍和全國各族人民同心同德，進一步發展安定團結的政治局面，並且立即動員起來，鼓足幹勁，群策群力，爲在本世紀內把我國建設成爲社會主義的現代化強國而進行新的長征」。[2] 也就是說，爲了鞏固黨內團結，集中力量搞好經濟建設，全會決定擱置爭議，暫時不對文革做出總結。

在這一個階段涉及到有關文革功過的問題，一般都採取折衷性評價，也就是說：肯定文革的目的，但否定文革的實踐成果。例如，1979 年 9 月在建國 30 周年的慶祝會上，黨的副主席葉劍英一方面肯定文革說：「文革本來是爲反對修正主義，防止修正主義而發動的」，但在另一方面又說：「由於林彪、四人幫的破壞活動，我國人民遭受一大災難，我國的社會主義事業受到建國以來最大的挫折……。」。也就是說，葉帥認爲文革的目的很好，但結果不好，這就是折衷性評價的典型。

　　但是，要推行現代化路線，就不能不重新採用在文革中被徹底批判、打擊的各種政策，也必須全面審查和解決一些重大事件和重要領導人的功過是非，只有堅決地「平反假案、糾正錯案、昭雪冤案」才能夠鞏固黨和人民的團結。因此，繼 1977 年 7 月鄧小平在十屆三中全會中復出之後，1978 年 12 月彭德懷、陶鑄獲得平反（十一屆三中全會），1980 年 2 月劉少奇也獲得平反（十一屆五中全會）。另外，在文革中以當權派的名義被打倒的黨、政各階層幹部的平反工作，也廣泛地在進行。也就是說，只要認眞地推行現代化建設路線，對文革有肯定也有否定的妥協性評論就不符合實際的需要。於是，1981 年 6 月，第十一屆六中全會中通過了《關於建國以來黨的若干歷史問題的決議》，其中第五章〈文化大革命的十年〉開宗明義就說：「1966 年 5 月至 1976 年 10 月的『文化大革命』，使黨、國家和人民遭到建國以來最嚴重的挫折和損失」…「歷史已經判明，『文化大革命』是一場由領導者錯誤發動，被反革命集團利用，給黨、國家和各族人民帶來嚴重災難的內亂」。從此，中共中央對文革的評價就正式定調爲全面否定。

　　《歷史決議》除了認爲文革是「使廣泛人民遭受痛苦的內亂」而予以否定之外，也批判毛澤東關於「社會主義社會階級鬥爭理論」和「無產階級專政下繼續革命」的理論，認爲這是錯誤解釋馬克思列寧主義，是「明顯地脫離了作爲馬克思列寧主義普遍原理和中國革命具體實踐相結合的毛澤東思想的軌道」。

　　所謂「社會主義社會階級鬥爭」和『繼續革命』理論是說：新中國在完成新民主主義革命和土地改革之後，國內的主要矛盾已經轉爲工人階級和資產階級之間、社會主義道路和資

本主義道路之間的矛盾。因此，革命後的中國「要在一個相當
長的時期內，逐步實現國家的社會主義工業化，並逐步實現國
家對農業、對手工業和對資本主義工商業的社會主義改造」。
所以，毛澤東在 1958 年提出「社會主義建設總路線」，貿然
發動「大躍進」和農村人民公社化運動，誇大了主觀意志和主
觀努力的作用，忽視了客觀的經濟規律。同時，毛澤東也把社
會主義社會中一定範圍內存在的階級鬥爭擴大化和絕對化，不
但強調在社會主義建設時期階級矛盾仍然是主要矛盾的觀點，
更進一步斷言在整個社會主義歷史階段，資產階級都將存在和
企圖復辟，成為黨內產生修正主義的根源。他說，

> 在無產階級革命和無產階級專政的整個歷史時期，在
> 由資本主義過渡到共產主義的整個歷史時期（這個時期需
> 要幾十年甚至幾百年）存在著無產階級和資產階級之間的
> 階級鬥爭，存在著社會主義和資本主義兩條道路的鬥爭。
> 被推翻的反動統治階級不甘心於滅亡，他們總是企圖復
> 辟。同時，社會上還存在著資產階級的影響和舊社會的習
> 慣勢力，存在著一部分小生產者的自發的資本主義傾向，
> 因此，在人民中，還有一些沒有受到社會主義改造的人，
> 他們人數不多，只佔人口的百分之幾，但一有機會，就企
> 圖離開社會主義道路，走資本主義道路。在這些情況下，
> 階級斗爭是不可避免的。這是馬克思列寧主義早就闡明了
> 的一條歷史規律，我們千萬不要忘記。[3]

　　具體地說，毛澤東指控劉少奇等黨內當權派是走資本主義
復活路線的新生資產階級，他們和勞動者、農民之間的矛盾是

敵我矛盾，因此文化大革命的任務就是要打倒資產階級，從他們手裡奪取權力，在實現共產主義高級階段以前必須「繼續革命」，以消滅在「社會主義建設」時期天天產生的像劉少奇這樣的資產階級。

有鑑於此，中共中央要糾正文化大革命所犯的歷史錯誤，主張走社會主義現代化道路，就必須要提出一個新的社會主義理論。從 1979 到 1980 年展開的有關「中國社會的性質和發展階段」的討論，就是爲了構築替代理論而展開對「社會主義社會階級鬥爭」論和「繼續革命」論的批判。因此，在 1979 年 3 月召開的理論工作務虛會上，馮蘭瑞等人明確提出了「社會主義發展階段」劃分的問題。一方面，他們認爲把從資本主義到共產主義高級階段這樣一個很長的時期，看作是一個不分階段的、完整的歷史時期，既不符合科學社會主義原理，也不符合社會主義實際。另一方面，他們還從中國生產力落後的現狀出發，提出「不發達的社會主義」和「發達的社會主義」的階段劃分，指出中國「還處在不發達的社會主義階段」。

此後，在 1979-1980 年間，以最高領導部門的交替作爲背景，中國社會科學的主要學術期刊集中刊載了有關社會主義論爭的多篇論文，探討關於社會主義發展階段劃分的問題。例如：

1. 蘇紹智、馮蘭瑞：〈無產階級取得權力後的社會發展階段問題〉，《經濟研究》1979，NO.5。

2. 朱述先：〈談無產階級取得權力後的社會發展階段問題——與蘇紹智、馮蘭瑞的討論〉，《經濟研究》1979，NO.8。

3. 王瑞蓀、宋養琰、秦燕士：〈談社會主義社會的性質與特徵〉，《經濟研究》：1979，NO.10。

4. 劉建興、鄭開：〈過渡期與社會主義社會〉，《經濟研究》：1979，NO.11。

5. 馬積華：〈社會主義社會是不是過渡期〉，《經濟研究》：1980，NO.1。

6. 林雨華：〈過渡期的一般特徵和其一般類型〉，《社會科學》：1980，NO.1。

這一場論爭，主要是由馮蘭瑞等人發表的《無產階級取得政權後的社會發展階段問題》一文所引起的。該文明確提出了：「說我們是社會主義國家是完全可以的。但是，還不能說我們已經建立了馬克思列寧所設想的共產主義社會的第一階段（社會主義社會）。我們還存在資本主義，甚至封建主義的殘餘，小生產還佔相當地位，小生產者的習慣勢力和心理還泛濫著。這說明我們還處在不發達的社會主義社會，還處在社會主義的過渡時期，不能認為我們的經濟制度已經是發達的或者完全的社會主義。」[4]

另外，1979 年 10 月 30 日～11 月 6 日，大約 150 名理論家在無錫市召開「有關社會主義社會發展法則的問題」討論會，並發表在《新華月報》（1980 年，NO.2）。參加論爭的學者們認為馬克思主義的社會發展階段是：「從資本主義社會到共產主義社會第一階段的『過渡期』→共產主義社會第一階段（即社會主義社會）→共產主義社會高級階段」。從而全面否定1962 年以後的「社會主義社會＝過渡期」的觀點，以及「社會主義社會＝兩個階級的激烈鬥爭時期」的「繼續革命論」。例如，蘇紹智等人說：「將從資本主義到共產主義的極長時期視為一個歷史階段時，易於導致歷史階段的混淆，也使人們不可能認識以及把握社會主義的發展法則，因而產生錯誤的政策，

帶來嚴重的結果。我國 20 年來的實踐已證明這件事情」。

不過與會者認為，中國社會的發展階段需要再分幾個「小階段」，而「多數人」則認為如下的分期較為適當，並認為現在的中國是屬於第二期的「未發達的社會主義社會」：

1. 從無產階級革命勝利後，到生產手段所有制的社會主義改造完成時期的社會；

2. 未發達的社會主義社會；

3. 發達的社會主義社會；

4. 共產主義社會。

產生爭議的焦點在於：像中國這種生產力落後的國家應以何種指標來認定「社會主義社會已確立（過渡期的結束）」這個問題。朱述先、王瑞蓀、劉建興、馬積華、吳樹青、劉佩弦、董輔礽等多數派的學者認為，應以「生產手段社會所有制的確立（即社會主義改造的基本完成）」為過渡期的結束（他們的主張被稱為「小過渡論」）；蘇紹智、馮蘭瑞等人認為：在工人、農民等一切階級差異都消滅的「無階級社會」確立之後，過渡期才算結束（所以馮蘭瑞等人把未發達的社會主義社會納入「過渡時期的第二小階段」，他們的主張被稱為「中過渡論」）；林雨華等人則主張社會主義社會的「過渡性質」（非過渡期），而被稱為「大過渡論」。

總之，在有關「過渡期」的範圍上，雖有各種不同的見解，但與會者一致認為中國現在正處於「未發達的社會主義」這一個新發展階段。換言之，中國向世界宣示：現在的中國還沒有實現馬克思、列寧的「共產主義第一階段」或「社會主義」的條件。這才是重視中國社會發展的長期性和階段性，選擇需要長期的社會主義現代化建設路線的實事求是的態度。

第二節　「社會主義初級階段論」的提出

　　1980 年，中共中央開始起草有關黨的歷史問題的決議，對建國 30 年的經驗進行全面總結。對於決議的起草，鄧小平明確提出：「要充分研究如何搞社會主義建設的問題」，並強調：「第一，不要離開現實和超越階段採取一些『左』的辦法，這樣是搞不成社會主義的。我們過去就是吃「左」的虧。第二，不管你搞什麼，一定要有利於發展生產力。」[5]

　　在鄧小平、胡耀邦等人的親自指導下，以胡喬木爲代表的歷史決議起草小組成員起草了一個歷史決議初稿，後經過黨內四千人的討論修改和中央高層領導 52 人的討論，1981 年 6 月最終形成了在黨內外影響深遠的〈關於建國以來若干歷史問題的決議〉。〈歷史決議〉中首先提出來的「社會主義初期階段論」，就是繼承「未發達的社會主義論」而來的。社會主義初期階段論首先指出，「我國正處在社會主義初期階段」，這個論斷包括兩層含義：

　　1. 中國社會已經是社會主義社會…必須堅持不能離開社會主義；

　　2. 中國的社會主義社會還處在初期階段，必須從這個實際出發，而不能超越這個階段。

　　　在近代中國的具體歷史條件下，不承認中國人民可以不經過資本主義充分發展階段而走上社會主義道路，是革命發展問題上的機械論，是右傾錯誤的重要認識根源；以爲不經過生產力的巨大發展就可以越過社會主義初級階

段，是革命發展問題上的空想論，是左傾錯誤的重要認識根源。

　　社會主義初期階段論強調：「在中國這樣落後的東方大國中建設社會主義，是馬克思主義發展史上的新課題。我們面對的情況，既不是馬克思主義創始人設想的在資本主義高度發展的基礎上建設社會主義，也不完全相同於其他社會主義國家。照搬書本不行，照搬外國也不行，必須從國情出發，把馬克思主義基本原理同中國實際結合起來，在實踐中開闢有中國特色的社會主義道路⋯」。更進一步說：「社會主義初期階段⋯不是泛指任何國家進入社會主義都會經歷的起始階段，而是特指我國在生產力落後、商品經濟不發達條件下建設社會主義必然經歷的特定階段。⋯從五十年代生產資料私有制的社會主義改造基本完成，到社會主義現代化（社會主義高級階段）的基本實現，至少需要上百年時間都屬於社會主義初期階段⋯」。[6]

　　其實，「我國社會已經是社會主義社會」這一個論斷，並不符合馬克思主義經典中所說的「人們以共同的生產手段勞動，而且有意識地使個別勞動成為社會勞動的自由人的聯合體」（資本論）或「每個人自由發展成為一切人自由發展的條件」（共產黨宣言）這種意義的社會主義（即資本主義成熟後，經過社會主義革命而成立的社會主義）。因為據馬克思主義「社會發展階段論」，社會主義是建立在生產社會化和商品化、現代化的基礎上的；高度發展的社會生產力和現代化是不可逾越的。

　　馬克思針對俄羅斯民粹主義者查蘇利奇所提問題的最後回答是：落後國家「非布爾喬亞發展」（不經過資本主義階段的

發展）的可能性，是以先進國家革命和落後國家革命的相結合作為條件。即，資本主義先進國家獲得社會主義革命勝利後，落後國家以革命後的社會主義國家作為模範，並接受其積極援助才有可能。列寧晚年，由於先進國家的社會主義革命並沒有發生，不得不依靠自己力量，克服從小生產過渡到社會主義社會的難題，從而體悟出一個「顛倒」的歷史過程：落後國家在以社會主義為目標的社會革命（如蘇聯的十月革命及中國的新民主主義革命等）勝利後，以國家的力量（在共產黨的領導下）有目的、有意識地創造實現社會主義的主、客觀條件。所以他說：「『蘇維埃社會主義共和國聯邦』中的『社會主義』，並不是承認蘇聯現在是社會主義國家，而是意味著為實現『走向社會主義』的決心。」

由此可知，「堅決為實現社會主義而努力」的中國社會，就是列寧所定義的這種社會主義社會。這就是說：在「初期階段論」中「我國社會已經是社會主義社會」的論斷是根據列寧的這種定義。回顧「新民主主義論」（按其社會性質，基本上依然是資產階級民主主義；它的客觀要求是為資本主義的發展掃清道路；也為將來的社會主義的發展清掃更廣大的道路）就可知，「初期階段論」並非「新民主主義論」的單純的復辟。

「初期階段論」說：「從五十年代後期開始，由於『左』傾錯誤的影響，我們曾經急於求成，盲目求純，以為單憑主觀願望，依靠群眾運動，就可以使生產力急激提高，以為社會主義所有制形成愈大愈公愈好。我們曾經把發展生產力的任務推到次要地位，在社會主義改造基本完成後還『以階級鬥爭為綱』。許多束縛生產力發展的，並不具有社會主義本質屬性的東西，或者只適合於某種特殊歷史條件的東西，被當作『社會

主義原則』加以固守；許多在社會主義條件下有利於生產力發展和生產商品化、社會化、現代化的東西，被當作『資本主義復辟』加以反對。由此而形成的過份單一的所有制結構和僵化的經濟體制，以及同這種經濟體制相聯繫的權力過份集中的政治體制，嚴重束縛了生產力和社會主義商品經濟的發展。這種情況教育我們，清醒地認識基本國情，認識我國社會主義所處的歷史階段是極端重要的問題」[7]。就是說，中國之所以形成「社會主義初期階段論」，主要起因於認識上的兩個轉變。即：

1. 深刻認識生產力發展水平的巨大制約性和生產力發展階段的不可逾越性。中國可以逾越資本主義發展階段而進入社會主義，但這種逾越只是逾越資本主義占有生產資料的經濟制度和資產階級的國家制度。沒有、也不可能逾越本來應在資本主義條件下完成的工業化和生產的商品化、社會化、現代化。從前習慣於單純地只從生產關係上來界定社會主義，因而離開生產力發展水平，盲目去追求一大、二公、三純粹的社會主義生產關係，發生「超越階段」，急於過渡的錯誤。

2. 深刻認識到社會主義必須「揚棄」資本主義文明成果的基礎上得到鞏固發展。從前習慣於把社會主義和資本主義絕對的對立起來，用對於資本主義的簡單排斥和消滅的程度去衡量社會主義的堅持和進展，結果使中國的社會主義經濟成為一種「短缺經濟」。因此必須吸收資本主義的有用方法發展生產力。

於是，1987 年 10 月 25 日，趙紫陽在中國共產黨第 13 次全國代表大會上的報告中提出「社會主義初期階段論」。江澤民 1997 年 5 月 29 日也在中央黨校的報告中重新提出「社會主

義初期階段論」，又在中國共產黨第 15 次全代會上面再次肯
定「社會主義初期階段論」的重要性。此後一直強調社會主義
初期階段論是「建設有中國特色的社會主義」理論的重要基礎
和制定路線、方針、政策的根本出發點。不過，趙紫陽所提出
的「初期階段論」說：「我國從五十年代生產資料私有制的社
會主義改造基本完成到社會主義現代化的基本實現，至少上百
年時間都屬於社會主義初期階段」。如此對「初期階段」做出
時間定位時，可能產生如下的問題：

1. 是將 1953 年「過渡期總路線」（1953-56 年）開始以前
的新民主主義階段排除在外，但新民主主義階段是「爲資本主
義的發展掃清道路，也爲將來的社會主義發展清掃更廣大道
路」的階段。在這個階段中，中國完成了土地改革（建國前在
華北、東北等舊解放區、半解放區大約 1.2 億的農民獲得土地；
而在 1952 年以前在華中、華南爲中心的地區，大約 3 億農民
獲得了 7.4 億畝農地，免繳 2350 億斤的田租），因而大大地提
高農民的積極性，農業生產額也達到史上最高額。「土地改
革」是落後國家走上社會主義之路的前提，而新民主主義也是
屬於開發中國家走向社會主義的階段，將其排除在「社會主義
初期階段」之外是極不合理的。

2. 馬克思認爲：從生產資料的所有制形態來規定社會型態
的性質，純粹是「法哲學或形而上學的幻想」──因爲，我們
一旦採取了這種幻想的形式，便不能不做出這樣的結論：以爲
只要國家在法權上廢除了生產資料的所有制，就可以改變舊的
生產關係，這是「企圖藉由國家法令來廢除舊社會的謬誤」。
而中國在 1953 年開始的「過渡期總路線」中所採取的社會主
義改造（以及史達林強制性的農民集體化）就是犯了這種謬誤

的。

更何況,「初期階段論」是在「新民主主義論」軌道上的進一步發展和深化。所以「初期階段論」認為:其所有制結構是以公有制為主體的前提下「多種經濟成分」共同發展的市場經濟,其分配方式是以「按勞分配」為主體的前提下實行「允許和鼓勵資本技術等生產要素參加收益分配」的多種分配方式並行,在「共同富裕」的目標下,鼓勵「部分人先富起來」。根據這種規定性,中國從 1953 年到 56 年的社會主義改造就顯得是「多餘的」了。因此,將「初期階段」的開始時間定於「五十年代生產資料私有制的社會主義改造基本完成」並不合理,應該是從 1949 年新中國建立之後就開始的。

「初期階段」認為其基本路線的內容是:「一個中心,兩個基本點」。

「一個中心」是以經濟建設為中心;兩個基本點是:「堅持四項基本原則」(共產黨的領導、社會主義道路、人民民主專政、馬克思列寧主義和毛澤東思想)和「堅持改革開放」。同時強調:「不能以僵化的觀點看待四項基本原則,否則就會懷疑以至否定改革開放的總方針。也不能自由化的觀點看待改革開放,否則就會離開社會主義軌道…排除僵化和自由化這兩種錯誤思想干擾和影響,將貫串社會主義初期階段的全過程」。

正如「初期階段論」中所說:「由於『左』的積習很深,改革開放的阻力主要來自這種積習,所以從總體來說,克服僵化思想是相當長時期的主要任務」。例如,在 1983 年 10 月到 84 年初的「清除精神污染」運動中,連婦女的「整髮」、「化粧」也被認為是精神污染而加以反對。其次,就「不能以自由

化的觀點來看待改革開放，否則就會離開社會主義軌道」這一點來說，「初期階段論」也說：「在初期階段，在我們未擺脫不發達狀態之前，否定社會主義制度，主張資本主義制度的資產階級自由化思想，將會長期存在」。事實上改革開放後，受到歐美思想影響的學生、青年及知識份子再三主張資產階級的「民主化、自由化」而受到鎮壓。

對於「民主化、自由化」問題，由共產黨領導的中國的看法如下：

馬克思在《政治經濟學批判》序言中說：「…這些生產關係的總和構成社會經濟結構，即有法律的和政治的上層建築豎立其上並有一定的社會意識形式與之相適應的現實基礎。不是人們的意識決定人們的存在，相反是人們的社會存在決定人們的意識…」。資本主義體制是一種生產方式，因而制約著整個資本主義體制下的社會生活、政治生活和精神生活。因此在資本主義社會裡，「民主」「自由」等社會意識畢竟是與資本主義的經濟結構相適應而有利於資產階級的價值，並不具有所謂的「普世價值」，也不屬於「眞正的民主」、「社會主義社會的民主」。例如，著名的資產階級經濟學者熊彼得（Joseph Schumpeter）對資產階級民主的詮釋是：民主政治只不過是一個選擇候選人的程序，它沒有任何重要的內涵。因此選舉的結果並不能代表選民的眞正利益，只是反映了由大衆媒體所打造出來的共識（Manufacture consensus）。他認爲大衆媒體在選舉中所扮演的角色和市場中吸引消費者購買商品的廣告一樣，資產階級民主不過是一種手段和一種合法的程序而已，除了虛假的形式外，並沒有眞正的內涵。至於台灣經常所標榜、誇耀的選舉，任誰都知道那是選「錢」而不是選「賢」；美國的選

舉，尤其是總統選舉，更是一場燒錢的戰爭。

　　當然，「真正的民主」、「社會主義民主」並不是對資產階級民主的單純的否定，而是資產階級民主的「揚棄」——保留資產階級民主中為實現更高度的民主所需要的要素，而廢棄成為桎梏的要素。這就是說，民主要貫徹在社會生活的全面。雖然自由主義者只以「政治」的概念（尤其是政府的組織方法和其營運原則）敘述民主，但真正的社會主義的民主認為：所有的人民都該享有在社會生活的所有面向「參與、安定」的平等權利。因此，經濟民主、社會民主和文化民主和政治民主一樣，享有同等重要性。真正的社會主義民主是將停留於「自由平等」的民主擴大到社會、經濟以及文化領域，即現實的人民生活的全部領域。所以要實現真正的民主，不僅需要政治制度的改變，更需要改革社會的生產方式。

　　在中國，現在是處在社會主義初期階段，是為進入社會主義社會而重視和利用資本主義來創造其物質基礎和文化條件的階段。因此，在這階段中，尤其是希望「盡快」走過這個階段以減少人民在這個階段中所遭受的痛苦。中國認為它需要的民主並不是歐美資本主義國家的「資產階級民主」，而以「個人利益服從於集體利益；局部利益服從於全體利益；當前利益服從於長期利益」為內容的民主，是將民主與集中、民主與法制、民主與規律、民主與黨的領導相結合的，從落後國家走向社會主義社會所需要的符合中國實情的民主。

　　在這個認識之下，中國堅持基本原則，認為在安定的基礎上才能夠保證實現社會主義的現代化建設。因此，在 1987 年中國共產黨第 13 次黨代表大會上決定：在社會主義初期階段中，黨的基本路線的內容是「一個中心、兩個基本點」，而以

黨的領導做為基本原則的核心——因為基於「常識」，沒有掌握政權就無法實現其理想，而在中國只有共產黨在其黨綱中明示要走向社會主義社會。

這就是說，在現階段中國的民主是被限制在「四個堅持」的框架之內，而這個框架是由建設社會主義社會所需諸條件的「歷史階段」所規定。因此誰要跨越過這個框架（也就是踩到這條紅線）就要對他執行「人民民主專政」。例如：鄧小平在「對起草〈關於建國以來黨的若干歷史問題的決議〉的意見」中說：「1957年反右派鬥爭還是要肯定。三大改造完成後確實有一股勢力、一個思潮是反社會主義的，是資產階級性質的。反擊這個思想是必要的。我多次說過，那個時候有的人確實殺氣騰騰，想要否定共產黨的領導，扭轉社會主義的方向，不反擊，我們就不能前進。錯誤在於擴大化…。統戰部寫三個報告給中央，提出錯劃的要改正，沒有劃錯的不能改正。但是對於沒劃錯的那幾個重要民主黨派的著名人士，在他們的結論中也要說幾句：在反右派鬥爭前，特別是民主革命時期，他們曾經做過好多。對他們的家屬應該一視同仁，在生活上、工作上、政治上加以妥善照顧…」。[8]

又例如，改革開放後，從歐美進來的反社會主義、主張資本主義思想，中國共產黨屢次提出其反對的態度。如1983年的「清除精神污染」以及1987年的「反對資產階級自由化」等等都是。所以，六四天安門事件中，以及鎮壓後，鄧小平說了幾次「因為沒有好好地搞「反對資產階級自由化」才會發生這種事件」。2008年6月8日的《聯合報》登了中國駐美大使周文重的說話。周文重指出中國政府無意平反六四，他說：六四出動解放軍，只為了維持法律和秩序。周大使的發言意味

著：六四天安門事件踩到了紅線，不得不執行人民民主專政。

　　總之，社會主義初期階段論，是總括了列寧的「國家資本主義論」和中國共產黨「新民主主義論」的「開發中國家社會主義論」，也就是說，「社會主義初期階段論」是中國的「開發中國家社會主義論」。前一陣子，英國《金融時報》前駐北京記者 Richard Mcgregor 在美國《外交政策》雙月刊發表文章，其中就說，如果列寧在 21 世紀的中國復活，他會立刻發現，中國共產黨正在複製他所設計的體制。再借用馬克思主義同情者，英國經濟學者 Joan Rotimson 的話來說：中國的「社會主義初期階段論」（即開發中國家社會主義論）是資本主義的替代物，是沒有經過產業革命的落後國家，模仿產業革命的技術或成果，也就是在不同比賽規則之下達成迅速積累的手段。因此，社會主義初期階段和資本主義階段這兩個階段是並列關係，而不是發展的先後順序。所以「初期階段論」才說：「在近代中國的歷史條件下，不承認中國人民『可以不經過』資本主義發展階段而走上社會主義道路，是革命發展問題上的機械論，是右傾錯誤的重要認識根源。以為不經過生產力的巨大發展可以越過社會主義初期階段，是革命發展問題上的空想論，是『左』傾錯誤的重要認識根源」。「中國的崛起」證明了「初期階段」在較短時間內能夠迎頭趕上資本主義先進國家，將來也「可能」後來居上超過資本主義先進國家。

　　同時，晚近中共中央總書記胡錦濤所提出的「和諧社會」，「似乎」可證明初期階段是能夠減少社會主義市場經濟給人民所帶來的痛苦的。例如，以前講「一部分先富起來」，現在強調「大家都要富起來」；以前談到經濟，只看 GDP，而現在則強調「以人為本」，要重視各種人類發展和安全指標。

這些與時俱進的概念，就是要逐步實現社會公平與正義，激發全社會的創造活力和促進社會和諧的。

1　〈中國共產黨第十一屆中央委員會第三次全體會議公報〉，1978 年 12 月 22 日通過。

2　同上

3　〈中國共產黨第八屆中央委員會第十次全體會議公報〉，1962.9.27

4　蘇紹智、馮蘭瑞：〈無產階級取得權力後的社會發展階段問題〉，《經濟研究》1979，NO.5。

5　鄧小平，《鄧小平文選》第 2 卷，人民出版社，1994 年。

6　趙紫陽，〈沿著有中國特色的社會主義道路前進〉——在中國共產黨第十三次全國代表大會上的報告。1987 年 10 月 25 日。

7　趙紫陽，〈沿著有中國特色的社會主義道路前進〉——在中國共產黨第十三次全國代表大會上的報告。1987 年 10 月 25 日。

8　鄧小平，《鄧小平文選》第 2 卷，人民出版社，1994 年。

【第五章】
中國新型積累機制的核心：
鄉鎮企業

第一節　鄉鎮企業在中國經濟轉型中的作用

在先進國家的現代化過程中，隨著城市工業化的進展，大量的從農村吸收其所需要的勞動力，同時也促進農業生產力的提高。但是在發展中國家，工業化的過程通常無法順利進行——城市的工業部門很難發展到足以充分的吸收農村剩餘勞動力的規模。因此，大量從農村湧入都市的勞動人口，因為無法取得就業機會而成為都市貧民階層，形成所謂的「非正式部門」（informal sector）。有鑑於此，改革開放後，特別是80年代初期以後，在中國農村迅速成長的「鄉鎮企業」採取「離土不離鄉」、「進廠不進城」的方針，直接在農村內部將勞動力從農業部門轉移到非農業部門。

「鄉鎮企業」就是在農村地區經營的、國營企業以外的所有非農業企業的總稱。在人民公社時期，由公社或生產大隊經營的工業或其他小型企業被稱為「社隊企業」。人民公社解體後，社隊企業改制為由鄉、鎮管理的集體所有制企業，成為農村地區企業的主要組成部分。此後陸續又出現從村營到個體經

營的各種企業形式。因此在 1984 年 3 月以後,「鄉鎮企業」就成爲上述各種農村企業的總稱。

社隊企業不過是人民公社的附屬品而已,不可能擁有自主的市場經濟發展性。反之,鄉鎮企業可以說是農村市場經濟的產物,不受政府投資計畫、生產計畫的制約,依靠銀行融資、集體或個人資金而自由創立。由於規模小,可利用老舊設備、低水平技術和當地資源等等,因而可以發揮其有利條件而取得發展。尤其鄉鎮企業可以在農村內部吸收剩餘勞動力,解決普遍存在於發展中國家的雙重結構,成爲擁有龐大剩餘勞動力的開發中國家工業化的一個「新模式」。

由於,在國際條件上,勞動密集產業有從新興工業化國家(NIC's)轉移到勞動力成本更低的地區去的趨勢;同時,在國內條件上,中國大陸沿海地區的鄉鎮企業已經達到相當程度的發展;因此,1988 年 1 月趙紫陽發表新的對外經濟發展戰略,也就是「國際大循環發展戰略」或「沿海地區經濟發展戰略」——在以東亞爲中心的經濟圈「可能」達成迅速發展的條件下,中國要積極參與這個發展並發揮重要角色的戰略。

在這個經濟戰略中,鄉鎮企業、尤其是沿海地區的鄉鎮企業,可能發揮相當重要的角色。當然,這種新戰略不一定能夠順利的達成,但重要的是,新戰略是以鄉鎮企業這種勞力密集企業的發展爲基礎的「出口導向」戰略。因爲根據 NIC's 的經驗,如不經過勞力密集產業的發展和出口導向戰略相結合的階段,包括農村剩餘勞動力的吸收和移動在內的雙重構造,是不容易解決的。就中國的實際情況來說,利用外國資金、技術來建設資本密集產業(如上海寶山鋼鐵廠)固然有其必要,但如果僅僅推行這類建設,並不能眞正解決雙重構造的問題。因

此，從經濟發展戰略來看，發展鄉鎮企業有其必要性。

當然，除了農業剩餘變成「資本」以外，鄉鎮企業還可以產生另一個重要作用：那就是可以與這個資本相結合的勞動力也可以自由移動。1978 年新農業政策實施、人民公社解體以後，使從前被迫擠在公社內而無法「市場化」的「剩餘勞動力」突顯出來，使其能夠和資本結合，產生替代社會主義原始積累以外的另一個積累體制。

1978 年以後，因農業部門勞動生產力的提高，使農村的人口過剩的程度更顯現，因而難於使他們留存在農村。同時，政府採用新農業政策以後，大大地修正了 1978 年以前的糧食生產第一主義，獎勵糧食以外，包括林、牧、漁業的農業的全面發展。隨著農業的多樣化，農村勞動力市場也開始流動化。更由於政府注重專業戶的養成，有意願的農民以剩餘資金和剩餘勞動力專心從事於經濟作物、養殖業、食品加工業、農機耕作、運輸業、建築業、飲食業等各種專業，因而加速了農村勞動力市場的流動化。

於是，政府限制勞動力移動的政策也不得不緩和下來——如 1984 年，國務院終於准許在一定保留條件之下，也就是不配給糧食的條件下，在鄉鎮從事工業、商業、服務業的農民和其家屬可以移住到城鎮。但是由於農業生產力的提高和自由市場的普及，這個保留條件幾乎不曾發揮抑制人口移動的作用。同時，糧食的自由市場也創造了促使農民到中、大城市從事勞動的條件。

總之，隨著社會主義原始積累體制的解體，農民開始擁有可投資於收益性較高的非農業部門的資本剩餘，更由於農村和鄉鎮之間的勞動力可以移動，使「市場化可能」的資金和勞動

力迅速結合而興起鄉鎮企業。鄉鎮企業就替代社會主義原始積累體系而成為在中國形成新的積累體系的契機;也就是說,鄉鎮企業是中國體制改革所產生的新的經濟主體:以前處在糧食生產第一主義的政策下、經常缺乏輕工業產品的農村,現在脫離人民公社的拘束而自由生產並出售商品,因而形成新企業單位。又由於鄉鎮企業的生產率和收益性比農業高很多,因而吸引農業部門的資本剩餘和勞動力剩餘而產生爆炸性的擴大。

從 1983 年出現鄉鎮企業之後,到 1988 年,鄉鎮企業實現增加值 2 兆 2186 億元,佔當年國民生產總值的比重達 27.9 %;上交國家稅金達 1583 億元,佔當年全國稅收額的 20.4 %。鄉鎮企業生產的產品產量年年增加,1998 年鎮企業原煤產量 6 億 4218 萬噸,佔全國的比重由 1978 年的 16 %上升為 51.4 %;水泥產量 2 億 3025 萬噸,佔全國的比重由 5 %上升為 43 %;造紙產量 1 億 232 噸,佔全國的比重由 10 %上升為 58 %。

據統計資料,經濟體制改革後,農業生產比率急減,而農村工業生產比率則有顯著的增加。加上由於建築、運輸、商業部門的增加,中國農村在較短時間內以顯著的速度實現多樣化,而這種多樣化的中心就是鄉鎮企業。1978 年鄉鎮企業產值佔農村社會總產值的比重不到 1/4,經過 10 年的快速發展,到 1987 年則首次超過了農業總產值達 52.4 %,已成為農村經濟的半壁江山。此後,鄉鎮企業除了自身獲得發展之外,還大力支援了農業生產。1998 年,僅集體工業企業上交的支農資金就達 64 多億元,成為農業生產投資的重要經濟來源之一,對改善農業生產條件,增加農業發展的後勁,保持農業生產穩定持續發展,起到了積極的促進作用。

另外,鄉鎮企業的發展對拓寬農村就業門路,提高農村居

民生活水平，作出了重大貢獻。1998 年鄉鎮企業從業人員 1 億 2537 萬人，比 1978 年的 2827 萬人增加 3.4 倍，解決了近 1 億多農村剩餘勞動力的就業問題。鄉鎮企業在拓展了農村勞動力就業門路的同時，也大大增加了農民的收入。1978 年鄉鎮企業從人員人均工資僅為 300 多元，到 1998 年已達 4000 多元，比 1978 年翻了 4 翻。1998 年全國農民人均從鄉鎮企業獲得的收入已達 700 多元；農民收入的增加有 1/3 是通過鄉鎮企業職工工資收入而實現的。由此可見，鄉鎮企業已成為解決中國農村過剩勞動力就業的最有力的新主體。

再者，鄉鎮企業外向型經濟在短短幾的時間內迅速打開局面，成為創匯的重要來源。1990 年鄉鎮企業出口創匯的企業達到 5.6 萬家，出口產品外貿收購總額達到 485 億元，比 1985 年增長 10 倍，佔全國出口產品收購總額的四分之一。到 1995 年，全國鄉鎮企業出口創匯企業發展到 12 萬家，出口交貨值增加到 5395 億元，比 1990 年增長 10.7 倍，平均每年增長 43.5 ％。1998 年鄉鎮企業出口產品交貨值再度翻升為 6854 億元，比 1995 年又增長 27 ％，佔全國出口的 34.8 ％，其產品已在國際市場佔據了一席之地。[1]

鄉鎮企業當然不是在全國一起發展的，是集中於大城市圈以及大城市圈附近，且擁有豐富的農業地帶的幾個沿海省。其中典型例子就是近於上海經濟圈的江蘇省南部。

鄉鎮企業之所以能夠如此擴大，起因於勞動生產率的差異，而使每人的所得、收益率能有所增加。以 1989 年為例，鄉鎮企業每一個勞動力的生產額是 7931 元，而同年的農業只有 2016 元（相差 3.9 倍）。非農業收入在農民收入中所佔比率，從 1978 年的 7.0 ％增加到 1988 年的 27.3 ％。這就是因為

農民減少對農業的投資而將剩餘資金和勞動力投資於以鄉鎮企業中心的工業部門的結果。

鄉鎮企業的技術大多是屬於傳統性的具有高度勞動密集性質，因此鄉鎮企業從農業部門強力吸收勞動力，因而緩和人口對農地的壓力，提高農業生產率，也造成將貨幣剩餘和勞動力剩餘再投入鄉鎮企的積累效果。

鄉鎮企業的產品直接和農村的需求要有關。因此可以說鄉鎮企業的形成是，以資本、勞動市場以及商品市場爲仲介而使農業部門和工業部門之間形成有機的連結。如黃青和、王誠德、何道峰等人在「世界經濟導報」上以「中國經濟發展階段上的農工關係」的題目發表的「鄉鎮企業是創出了因過於迅速的社會主義改造中缺於整備的農工間的聯繫關係，因而使中國成爲一個有機體的重要角色」。因此，鄉鎮企業的形成，改變了由於社會主義原始積累而扭曲的積累構造。

我們還可以從國家財政收入和工業生產總額的結構性變化，來看鄉鎮企業如何成爲新的積累機制的核心。

從第一次五年計畫到 1978 年，國營工商業部門所上繳的「企業利潤」和「工商業稅」占了國家財政收入的絕大部分，但 1978 年以後，上述二者在國家財政收入中所佔的比率，由於企業上繳利潤的遞減而開始下降。

1978 年以後，企業上繳利潤的減少是由於在城市改革的過程中所推行的「擴大企業自主權」的結果——首先是將一定比率的國企利潤留存於企業內部；然後是經過事前設定上繳利潤的額度，讓企業承包；1984 年以後更採用以納稅制度替代利潤上繳制的「利改稅」。因此，工商稅收相對地提高其比率。雖如此，企業收入和工商稅收的總和在國家財政收入中所佔的比

率，從 1978 年的 90 ％減少到 1990 年的 60 ％左右。

如上所述，企業收入和工商稅收的來源主要是經過價格剪刀差所轉移來的農村剩餘，因此其比率的降低證明將農業剩餘吸入國庫的權力體系已經弱化，也因此，財政機能對國民經濟的作用也隨著弱化──到了 1989 年，財政收入佔國民收入的比率就減少到 22.2 ％。但在另一方面，政府對城市住民的保護政策，如：保障糧食等基本消費物質的低價格配給，副食品補貼、物價補貼等等，卻一直沒有改變。於是導致了財政收支的赤字──1979 年以後，出現了經常化的財政赤字。

這個發展促進了企業自主權的擴大，以及以企業內所保留的利潤為企業擴大資本的「預算外投資」的擴大。1980 年以後，以企業保留利潤為主，以國內銀行借款和外國資金為輔的「預算外投資」迅速擴大，而預算內投資則相應減少。因此，中國設備投資的重心──即全民所有制企業基本建設投資在預算內投資中所佔比率，從 1979 年的 75.8 ％下降到 1989 年的 20.8 ％，而投資財源的顯著多樣化，也使得國家透過財政收支統治全民所有制單位的企業經營體系，不得不進行改變，也就是降低國家財政在資本積累機制中所扮角色，從而顯著擴大自我投資和銀行的角色。

1983 年以後，鄉鎮企業在非全民所有制單位中的地位迅速上升──鄉鎮企業工業生產總額在非全民所有制單位工業生產額中所佔比率，從 1978 年的 40 ％左右上升到 1989 年的 54.2 ％。這就是說，全民所有制單位在工業總生產額中的比率，從 1980 年代開始減少而非全民所有制單位則上升，且在非全民所有制單位中，鄉鎮企業的比率又佔一半以上。因此我們似乎可以說，在經濟體系改革的過程中，鄉鎮企業成為新的積累機制

的核心。

第二節　鄉鎮企業的發展與瓶頸

　　當鄉村企業產生時，被認為是中國獨特的農村工業化戰略的成功例子而受到高度評價，在當時提出的口號是「離土不離鄉」（由於農業生產力的提高而產生的剩餘勞動力由當地的非農民部門吸收）和「三本地」（使用本土勞動力和本地資源而為本地市場而生產），所強調的是以「小鄉鎮」的建設為中心的分散性產業。

　　但鄉鎮企業的發展並非全國都一樣，而是不同地域各有不同方式。

　　一、蘇南模式：所謂「蘇南」，指的是蘇州、無錫等江蘇省南部地區。蘇南模式是以改革開放之後的社隊企業發展為基礎，以集體所有制為形式，以集體所有制企業的發展為主體的地域發展模式。包含都市工業的承包企業，以及生產本地市場用品等多方面生產。

　　二、溫州模式：溫州就是浙江省的溫州市。溫州模式以私營中小企業為發展主體，是「以商代工、兩頭在外」的生產流通網路，為全國生產拉扣、拉鍊等雜貨類，及機械零件等。

　　三、珠江模式：珠江指的是廣東省珠江三角洲。珠江模式利用鄰近於香港的地理優勢，為外資企業的海外市場而生產。「Made in China」大量產品的重要供給地。

　　此外還有「山東模式」等等發展模式。上述這些模式原先的設立目的很清楚，那就是最大限度地利用各地特徵使經濟活性化，提高農民的生活水平。

1992 年初，鄧小平在南巡講話中高度評價鄉鎮企業，再度掀起鄉鎮企業發展的高潮。從 92 年到 95 年間，鄉鎮企業每年平均增加 52 %——在 1978 年鄉鎮企業數是 152.4 萬，從業人員 2826.6 萬人；生產總額 493.1 億元；到了 1995 年，企業數為 2202 萬，從業人員 1 億 2800 萬人，生產總額達到 6 兆 8915 億元。鄉鎮企業僱用大量從業人員，不僅對農村的都市化有貢獻，對社會安定也有貢獻，鄉鎮企業的大發展被稱為中國經濟的發跡而受到各國學者賞贊。但鄉鎮企業在大發展中也出現許多問題——除了大氣污染、不合理的立地點以及非法經營等等之外，還有如下幾點較為嚴重：

一、與 80 年代比較，鄉鎮企業吸收勞動力的能力大為減弱。因為鄉鎮企業已從勞動密集型（集約型）轉為資本密集、技術密集型。1992 年後，鄉鎮企業的生產額繼續迅速增加，但僱用人數並未隨著增加。在 80 年代末期，鄉鎮企業平均每年吸收 1000 多萬農業剩餘勞動力，但到了 90 年代只能吸收數百萬人。1998 年，鄉鎮企業從業人數僅 1 億 2537 萬人，在 1997 年減少 458 萬人的基礎上又減少了 513 萬人，不進反退。鄉鎮企業吸收勞動力能力的持續下降，不利於農村剩餘勞動力的轉移和農民收入水平的提高。

二、鄉鎮企業與國有企業的產業、產品同構現象十分突出，不僅不能與國有企業形成互補關系，而且往往形成資金、資源和商品市場的爭奪，又往往採用打游擊戰似的經營模式，在發展中受外部環境影響太大，難以經得起大風浪，保持良好的速度與效益關系。

三、鄉鎮企業的「小而全」，地區行業結構趨同，大量重覆建設造成資源浪費。隨著市場經濟體制的建立，勞動力價格

上昇和國有企業改革進程的加快，鄉鎮企業低成本和靈活的經營機制優勢已逐步消失，而技術和裝備水平低、職工素質差、管理不科學等問題愈加暴露出來，嚴重影響了鄉鎮企業的發展。

四、對集體企業之外的民營企業、個人企業要求加強規範化的壓力越來越大。另外，隨著企業的成長，合夥企業內部產生糾紛，顯出分裂危機。

五、鄉鎮企業擔負著支撐地方財政和補農支農的任務，據統計，某些地區鄉鎮企業除應繳國家稅金、以工補農建農和農村各項社會性支出費用外，還負擔各種基金和名目繁多的收費項目多達 100 多種，這些負擔使企業獲利能力下降，難以休養生息和開展技術革新、提高產品競爭力，嚴重影響了鄉鎮企業的生產後勁和綜合能力的提高。

六、鄉鎮企業與地域社會的關係產生變化。開始時，鄉鎮企業產權的曖昧，逐漸發展之後工廠與村的關係，經營者與勞動者的關係，本地農民勞動者與外來勞動者的關係，本地勞動者與本地農民的關係日漸複雜化，於是當鄉鎮企業無法再擔任與社區有關的機能，或當鄉鎮企業陷於經營困境時，對社區產生很大影響。

這就是說，鄉鎮企業開始顯出其負面作用。

進入 90 年代後，鄉鎮企業中，有些迅速發展而成為大企業，也出現民營企業的發展，即鄉鎮企業產生了大變化。因此為了指導鄉鎮企業，承認鄉鎮企業的地位及權利，1996 年政府公佈「中華人民共和國鄉鎮企業法」，並從 97 年 1 月 1 日開始實施。就鄉鎮企業來說，它們必須面對提高品質、安全衛生、環境等諸問題，也就是說，鄉鎮企業進入新的改革階段。

以下以蘇南模式爲中心，叙述其改革過程：

蘇南模式的改革：

97 年以後隨著市場化改革的深入，蘇南的地方政府針對自己所有或所管轄的集體企業採取制度改革，推進鄉鎮企業的制度創新。第一階段改革是將鄉鎮企業改革爲「股份合作制」，2 企業經營者和勞動者依照他們在企業內的地位、工作年資購進企業股票，同時地方對政府也持有一定程度的股票；第二階段，集體產權特別是政府產權成爲改革的目標，地方政府完全釋放其所持有的股票，而勞動者的股票也逐步集中於經營管理階層。

改革的速度因不同地域、不同企業而有所不同，但到了 90 年代末期八、九成的鄉鎮企業已完成改革；到了 2000 年底，除了小規模企業，幾乎所有鄉鎮企業都完成改革。從改革的規模和結果看來，蘇南模式的改革幾乎和舊蘇聯、東歐諸國一樣，都是「私有化」了。鄉鎮企業有相當部分完全改制爲私人企業，還有不少改制爲股份制和股份合作制等混合所有制企業。爲了擔心失業和社會不安，地方政府要求新的企業所有人儘量不要解雇員工，但不具有強制性。這一波的鄉鎮企業改革，改變了蘇南模式的所有制內涵：由集體經濟爲主的結構，變爲外資、民資和股份制企業競相發展的結構。其中佔主導的是混合所有制企業，這種企業結構成爲蘇南市場經濟和開放型經濟的微觀基礎。

蘇南模式改革的特徵是缺乏「透明性」。

理論上，執行改革制度時必須調整關係人的利害——即事實上的所有者地方政府、企業經營者、勞動者、名義上所有者即社區居民，以及包括銀行在內的債權人等。但蘇南模式改革

的實態卻是由社區（鄉鎮）領導人和企業經營者雙方所掌控，而勞動者、社區居民、銀行等有關人員都被排除在外，而且政府中能夠參與的人也限於黨書記和鄉鎮長。如此一來，缺乏透明性的制度改革其實就是企業的廉價出售，有利於購買者，即經營者和參與決定的政府官員。換言之，90 年代末期蘇南鄉鎮企業制度改革的本質是——利用農民勞動者的低廉工資所積累的集體企業資產的私有化。經營者和政府官員從中得利，而勞動者卻沒獲得任何補償，國營銀行也遭到損失。

溫州模式的改革：

相對於蘇南模式，溫州模式作是從家庭手工作坊、個體戶到加工出口的私人企業發展模式。在上個世紀 80 年代中期前后，兩種模式引起廣泛的討論，並展開一場「姓資姓社」、「孰優孰劣」的爭論；相當長一段時間內，溫州模式被視為是「資本主義復辟」的典型。1986 年 2 月中旬，中國社會科學院經濟研究所特別組織了 10 人調查團深入溫州調研。其長篇調研報告把個體私營經濟當作公有制經濟的補充，作出了溫州模式符合社會主義方向的判斷。對於與蘇南模式、珠江模式並列的溫州模式，出身溫州的自由主義經濟學家張仁壽對其基本的界定是六個字：「民營化、市場化」。他認為，溫州模式既是經濟體制改革模式，又是經濟發展模式，二者緊密結合在一起。其核心的競爭力主要是由於產權清晰和勞動力價格低等帶來的低成本優勢。其實，說到底，「溫州模式」就是放手發展民營經濟的模式。浙江大學經濟學院教授史晉川就說：「『溫州模式』是通過大膽超前的局部經濟體制改革所形成的一種區域經濟社會發展模式，其主要特點在於利用了體制外進行改革的先發優勢，率先迅速地推動了私營化和市場化的進程，由此

造成了一種區域性的經濟體制。」

　　1992 年中共十四大以後，隨著兩種模式不斷的創新和發展，人們認爲兩種模式不再是簡單的較量，更不是討論哪一個模式向另一個模式『繳械投降』的問題，而更多的是探討兩種模式的融合、整合和對接。張仁壽就指出，最近 10 年，兩種模式正逐漸趨同化。上世紀 80 年代，兩種經濟模式是兩個極端，溫州模式強調民營化、市場化；蘇南模式則強調集體經濟和政府干預。如上述，自上世紀 90 年代末期以來，蘇南模式朝著溫州模式所代表的方向進行調整，其主要做法是積極鼓勵發展民營經濟，同時大規模的引進外資，從而使企業產權結構和決策機制都發生深刻的變化，在企業制度上基本完成了從單一集體公有制到多元化產權主體的股份制改革。另一方面，蘇南在引進外資創新當地企業的制度結構、發展當地經濟上，也遠遠走在溫州前面，也溫州學習的對象。

　　在鄉鎮企業改革上，溫州鄉鎮企業則採取與蘇南在方法上不盡相同，但在所有制結構多元化方面卻日益趨同的做法。例如，相較於蘇南鄉鎮企業改革模式在私有化過程透明化不足的現象，溫州模式的改革則採用透明手段——例如，在最後決定之前，將各種改革案提交給從業人員公開進行討論，基本上獲得共識之後才進開始實施。另外，根據「工會法」，企業改革必須獲得 70 ％以上從業人員的贊成。但是在所有權體制改革方案上，大致上也是轉爲股份合作制、或企業的出租等等。

　　總之，從社隊企業到現在市場經濟時期的所謂「後鄉鎮企業」，已經過數十年的歷史。在這期間中，尤其是從 80 年代初到 90 年代初的大約 10 年期間，鄉鎮企業的發展受到世界的注意，吸收了一億人以上的農業剩餘勞動力，對社會安定有很

大貢獻。但在從計畫經濟轉變爲市場經濟，改革國有企業，容忍私有企業的環境大變化中，鄉鎮企業的矛盾日漸呈現，不得不改變其本來面貌，由股份合作制企業、有限責任公司制企業、股份制企業等多種形式來取代傳統的集體所有制企業。

這就是說，從 90 年代到現在的企業制度改革的主旋律是「民營化、私有化」。經過制度改革，地方官僚脫離企業，而鄉鎮企業也變成眞正的「企業」，但在另一方面卻解雇了大量從業人員，造成嚴重的社會問題。

第三節　新農村建設的新地標：華西村經驗

在中央計畫經濟時期，集體所有制被認爲是走向國有化的過渡型態，即集體所有制是「公有」而非「國有」，也就是說企業財產是該企業勞動者集體所有，也由勞動者集體所管理。而在改革開放的社會主義市場經濟階段，集體所有制則被認爲國有與私有的中間形態而具有特別存在意義。集體企業（及合作社），由於如下原因受到很大期待：

1. 集體所有制被認爲勞動大衆共富的重要手段——在集體所有經濟組織中，勞動者同時也是企業體的所有者，所以能夠消除生產手段所有者雇用勞動者而剝削其所生產的大部分價值，這種制度上不公平的根源。結果，勞動者不再是「工資勞動者」，因而提高生產意願，實現自覺社會有用性的共同勞動，所以能夠提高企業體的生產率和社會資源的最合理配置；

2. 可以消除失業問題——以日本的「關西協同組織聯盟」100 多年的實踐經驗證明：在市場經濟中屬於弱者的勞動者設立合作企業（包括集體所有企業），是解決失業問題，增加勞

動者所得，使社會安定的積極措施；

3. 集體所有企業對經濟社會的平衡發展有極大的成效——集體所有企業對實現勞動大眾共同富裕的目標，實現公正而安定的社會，可以扮演重要角色。

可是，如上所述，經過改革後的鄉鎮企業，逐漸喪失集體所有制的性質，而變得越來越向私人企業靠攏，這是很可惜的。在這種情形下，華西村的經驗就顯得更爲難能可貴，因爲它一直保持著集體所有制的精神。華西村重繪了農村建設的藍圖，改變了農村一貫的歷史走向，成爲新世紀最具衝擊力的參照源泉。

位於江蘇省江陰市華士鎮的華西村，因土地貧瘠、缺乏水利基礎建設，在 1961 年建村（當時稱爲華西生產大隊）時是有名的貧困村。當時的村長吳仁寶學習「大寨經驗」，認爲要改變貧窮的現況，一定要先解決農田水利問題，並提高抵禦自然災害的能力。於是他帶領全體村民，用十多年時間，整平土地、修築灌溉渠道、建立農田基本建設，大大提高了產量。地整平了之後，華西村開始機械化耕作以提高效率。然而，吳仁寶發現農業機械的五金零件十分昂貴，於是他「頂」著當年「抓資反修」的大氣候，偷偷辦了一個「地下小五金廠」來支持農村建設。就是以一個規模與台灣 70 年代客廳工廠相仿的小小五金廠，華西村關起門來躲避領導視察，偷偷地搞起農村工業。1979 年開始，華西村開始發展鄉鎮企業，陸續成立了塑紡場、織布場、農藥機械場、鋼材場等，創造了鉅額的財富。在全國人民公社紛紛瓦解的同時，吳仁寶堅持「集體富才能共同富、長期富」的觀點，說服村民維持集體經營、土地統一經營管理，並且在「大鍋飯」與「獨吃飯」中找到平衡點。

具體來說，華西村靈活的結合理論尚在不同社會發展階段的分配原則，創造了一套既保障集體的優越性，又能夠鼓勵個人積極性的多元所有制和分配體系。除了保障基本住房、醫療和教育支出之外，其分配方式有三：第一，是依「按需分配」的精神，祇要是村民，就按人頭給基本的配給，大約每人每年約二千多元人民幣，保障終生最低生活所需。第二，則是依「按勞分配」的原則，依不同的職位、貢獻度與勞動強度發給工資，每月只能得到一半，其餘年中結算發放。工廠勞動高於文書職員，為了鼓勵農業生產，農業勞動待遇最高。第三，為了避免「吃大鍋飯」的問題，不同的職位會依工作表現給予差距較大的獎金。獎金的兩成是直接發給現金，可以自主靈活運用，甚至可以去外縣市投資置產；另外八成的獎金則是轉為集團公司的股份，每年至少發放 5 ％現金股利。

此外，除了華西村原始居民之外，由村外招募來的職工工作滿十年，可享有村民待遇。未滿十年者祇能分配到公寓居住，滿十年後則和村民一樣可以分配到別墅。吳仁寶說：個人富了不算富，集體富了才算富；一村富了不算富，全國富了才算富。因此，華西村在實現了一定的經濟規模後，一直積極整合周邊村莊，並遠至寧夏和黑龍江建立「塞上華西村」和「東北華西村」，以實際的金錢和技術，幫助了許多貧困的農村。經過多年的磨合，華西村與周邊 20 個村莊組成了一個佔地面積 30 平方公里，人口超過 3 萬的「大華西村」，基本上是一個建制鎮的規模。

中共十五大以後，全國企業改革進入新的階段。國家明確提出要「抓大放小」，社會上的鄉鎮企業也跟著「抓大放小」。華西村認為：改制的真正目的是促進生產關係與生產力

相適應，提高大眾的積極性，提高企業的效益。因此，華西村根據村辦企業的實際，提出一手「抓大放小」、一手「抓大扶小」，必要時還可「抓小放大」的改革思路──華西經濟命脈有關的大企業抓住不放，深化改革、提高效益；一些效益較差的小企業轉給私人經營；對有發展前途的小企業，在資金、人才、技術等方面加大扶持力度，扶大扶強，增強競爭力。由全體村民共同合組的江西華西集團，轄下擁有鋼鐵、紡織、化工等 9 大公司、60 多家企業，年營業額高達 340 億元人民幣。1999 年華西集團成立華西村股份有限公司在深圳A股上市，是中國第一個上市的「村」，市值將近 50 億元人民幣。即使歷經金融海嘯的衝擊，去年華西村銷售額仍高達 500 億人民幣，整年盈餘達 30 億人民幣，每個村民平均年收入超過 20 萬人民幣，目前已有超過萬種產品外銷 40 多個國家及地區。

有人認為華西沒有按上級說的辦事，特別是在關鍵時期，「不聽話」。實際上不是華西「不聽話」，而是中央精神是對全國而言，各地情況千差萬別各有不同，在貫徹落實中央精神時，要實事求是，從本地實際出發，絕對不能搞一刀切，要貫徹落實符合本地實際的創新性，這樣才能實現科學的，又好又快的發展。貫徹執行中央文件，也不能只當傳聲筒，照抄照搬，一個主見不拿。只有一切從實情出發，實事求是，創造性地執行中央文件，找好中央文件和村情的接口才能促進生產力的快速發展。對此，華西村領導吳仁寶說：「領導的話都是對的，因為不對的話領導不會講。領導交代的事，能做的就去做，做不到的也沒關係，因為領導是對大家說的，不是對你一個人講」。

華西村既不反對搞個體，也不反對搞集體。願搞集體致富

的搞集體；能搞個體私營經濟改革的搞個體，由村民自主選擇。所以已有一些私營企業、合資企業、外商獨資企業在華西落戶經營，和實力雄厚的華西集體經濟展開了強勁的競爭。一講「模式」就寫成一刀切，一個樣子，就變成死的，這不是從實際出發。蘇南也有採用溫州人做法的；華西村就有私營企業。

吳仁寶將他一生的實踐經驗，概括爲「聽、頂、拼、醒、警」五個階段，他說；「50年代『聽』，上面說啥就做啥；60年代『頂』，發現明頂要吃虧，就改爲暗頂；70年代『拼』，拼命大幹有對有錯；80年代『醒』，實事求是，加快發展；90年代『警』，警惕腦子不清，說錯話。」

一個貧窮落後的東方大國要建設社會主義，是一個前無古人的偉大事業；沒有現成的經驗可借鑑；沒有現成的道路可走，必須進行歷史性的探索。既然是探索，黨和領袖就不可能百分百正確，有時也會犯錯誤，也會不實事求是，也會有失誤的時候。鐵心聽黨的話，跟黨走，矢志不渝，但信仰不能迷信，服從不能盲從。所以當黨脫離實際犯錯誤時要「頂」，要「抵制」，要把損失減到最低限度，這才是難得，也是難於做到的對黨的忠誠。因爲，文革時期是紅旗飄飄的時代，四人幫打出「窮革命，富變修」的形左實右的旗號，是一個瘋狂地散佈著貧窮的時代，一個個信仰「造神」的時代。

在中國的歷史上，中華大地上從來沒有一個村莊可與華西村相比。在新中國的歷史上，華夏神州從來沒有一個村大隊書記，一個農民可以像吳仁寶那樣引領潮頭而永遠走在時代前列。華西村致富的絕招是：「無農不穩，無工不富」。華西村的書記吳仁寶在帶領村民搞好農業的同時，把工業也搞起來。

在那個年代農村搞工業與當時的政治氣候大相逕庭，是要挨批判的，當然不能讓人家來看，只好關上大門悄悄地幹。

華西村的勃興歸結到一個人身上——華西村的當家人、舵手、老書記吳仁寶。華西村能持續快速健康地發展，是與吳仁寶正確的指導思想分不開的。他牢牢抓住發展經濟這個根本，頂住壓力，敢冒風險，千方百計地造福於人民群眾。天下第一村是他帶領群眾踏踏實實地建起來的，他是「天下第一村」當之無愧的領導人。

1　以上四段統計數字，據《新中國 50 年系列分析報告》之六，中國國統計局，1999。

2　「股份合作制」就是以合作制原理為基礎，而將增資部分股份化，即集體所有和私有制的融合，也可說是股利和按勞分配結合的集體企業。

第六章

「三個代表」論 與科學發展觀

第一節　中國社會構造和人民意識的變化與 「三個代表」論

一、社會構造的變化

改革開放後，由於社會變化非常劇烈而迅速，社會構造與人民意識均隨之而改變。這種變化並不能以一年為單位來判斷，在中國境內自覺到這種變化，並開始討論這種變化的是2001年，而同年，江澤民也根據這種變化而正式提出「三個代表論」，這種巧合是極具歷史意義的。

據推測，中國現在擁有以行政管理人員、專門技術人員、服務業者、白領階層以及教師等為主的大約一億人的「中產階級」，他們的社會地位是由經濟條件決定。所謂「中產階級」的生活水平是：擁有安定的收入，擁有購買房屋汽車的能力，能夠將部分收入用於旅行、教育，大半家庭擁有手機（行動電話）、CD機、VCD機以及照像機等等。

另外，所謂「中產意識」就是，雖然實際上的經濟生活條

件尚未到達中產階級的水平,卻與過去和周遭的比較而產生的自我評價。一般將中產階級和具有中產意識兩者合稱為「中間階層」。

文革結束以前佔全人口 95 %的人民,被劃分為「兩個階級、一個階層」包含:工人、農民的兩個階級和知識份子一個階層。但經過 20 多年的改革開放後,尤其是江澤民提出「三個代表論」後,根據大規模調查,替代毛時代「二個階級、一個階層」的是 10 個階層分類,即:

(1)國家、社會的管理者;

(2)經營管理者;

(3)私營企業家;

(4)專門技術人員;

(5)一般事務、公務人員;

(6)個人經營工商業者;

(7)商業服務人員;

(8)產業勞動者;

(9)農業勞動者;

(10)無業、失業、半失業者。

據報告,大中都市的社會階層構造大致為「兩端細、中間肥大」的橄欖型,而農村,尤其是內陸省份則是低所得層佔多數的金字塔型。雖然如此,在這些地域也正進行著從金字塔型向橄欖型的轉移。就中國社會的現狀和發展傾向來說,(1)改革開放後的 20 多年中,中間階層迅速擴大,是屬於增加速度最快的階層;(2)中間階層在沿海地域、大、中都市佔主要地位;(3) 5-10 年後,中間階層可能以更快速度擴大。[1]

美國《Forturn》雜誌(美國 Time 公司的經濟商業雜誌)

於 2001 年春天發表一篇文章,將中國人均所得增加率和歐美日本相比較,文章中指出:英國在 19 世紀的 100 年中國民所得增加 2.5 倍,美國在 1870 到 1930 年的 60 年中增加 3.5 倍,日本從 1950 年到 1975 年的 25 年中增加了 6 倍,而中國則從 1979 年開始的 20 年中,人均國民所得增加了 7 倍。在世界罕見的急速經濟成長和國民生活水平的提高中,一方面中國的社會構造迅速變化,但在另一方面也留下部分的舊態,而且由於急速的改革,中國現在的矛盾和衝突呈現集中表面化,而且這種情況還可能繼續存在 10-20 年。

在迅速的社會變化中,產生了一些嚴重問題,如差距問題:(a)地域間差距:佔國土面積一成多的東部擁有 58 ％的 GDP,近四成的中部擁有 27.8 ％,但佔有五成面積的西部卻只有 13.8 ％。迄今尚未脫離窮困的縣中,九成在西部、一成在中部;(b)都市和農村的差距:就 1999 年的情況來說,都市和農村的平均收入差距是 2.65:1;(c)同一地域內的所得差距:據 2000 年的調查,20 ％的高所得者擁有 42.5 ％的財富。

雖然在這 20 年中,全體國民的生活水平大致上有所上昇,但是鄧小平的「先富論」政策造成了所得差距的擴大化,而朱鎔基總理的國有企業改革更使得大量國有企業職工下崗,國民收入差距擴大致使社會矛盾尖銳化,發生多次的抗議示威、維權運動等案件,產生社會不安定現象的蔓延。在開放政策中「黑社會」不僅復活,在某些地區甚至深刻化。另外,腐敗化的蔓延也是威脅中國社會安定的深刻問題。道德意識的降低和拜金主義成為社會法治化、民主化的瓶頸。另外,在社會的轉換過程中,部分人們和階層,由於各種原因而易於產生不平等感、失望感和不滿心理,而所謂的「信仰危機」也加速了價值

觀和信仰的多樣化，如「地下教會」的急增和法輪功問題等
等。

二、人民意識的變化

　　所謂社會構造的變化指的是：社會的宏觀、微觀雙方的構
造、價值觀、文化、心理等廣範圍的變革，是構築社會的所有
要素（經濟、政治、文化、觀念、倫理道德、意識形態等等）
的變化與調整。就中國來說，社會構造的變化包括互有關聯的
三方面，即(1)包括整個社會的框架、地域、組織、身份等的構
造性變換；(2)包括利益分配、社會控制、互相溝通、社會保障
在內的機制（mechanisms）的轉變；(3)包括價值觀、思考方
式、文化等等意識的變化。

　　就社會轉換中的人們意識的變化來說，人民從過去的「單
位人」（屬於單位的人）變為現在的屬於社會的「社會人」。
過去的「單位」是支持社會主義體制的細胞，是代表共產黨統
治和中央政府控制的機關，是行使政府的社會管理機能，是照
顧所屬個人的衣食住行以及生老病死的小社會。所以離開「單
位」，個人就會喪失生活、社會身份的一切。但是，自從導入
市場經濟機制之後，中央政府事實上放棄嚴格的垂直式管理
──國有企業所佔有的生產和人員的比率大幅降低，福祉生活
保障系統也從「單位」移轉給社會。於是，半數以上的國民成
為在市場經濟社會中享受相當自由，但需自負一切責任的「社
會人」。隨著身份的變化、經濟發展以及生活水平的提高，從
1990 年代後半以後，中國社會的人民意識也產生革命性的變
化。

　　1990 年代前半以前，中國還缺乏物質，但 1996 年左右開

始出現「生產過剩」的市場經濟現象。於是生產企業、流通零售業被迫進入降價競爭，也產生消費者意識，發生消費者運動。1978 年以前是政府決定一切，1978 年到 1990 年初是企業決定一切，而自從 1990 年代後半以後是消費者決定一切。在全國各地設置消費者保護協會，接受市民的控訴、幫助提供對策，也出現中國消費網路等全國性網路。

繼消費者運動之後，中國一般民眾也為了更廣泛的保護市民利益而站起來，如環保等。此外，80 年代中期以後，在電影、音樂、娛樂、服飾、飲食等各方面，外國文化，尤其是美國、日本文化大量進入。

資訊化，尤其是網路的急速普及，加速了社會的變化。可以說，消費者運動是意識改革的第一步，繼之而來的是利用網路所代表的要求「知權」、「參與權」的市民運動的階段，也產生了資訊的自由化。資訊自由化同時出現於傳統媒體──文革結束後全國只有 30 左右的電視台和 70 左右的報紙，而現在報社已有 2000 多家，（發行 360 億份的報紙），8000 多家雜誌社以及 420 個電視台，290 個廣播電台。

導致媒體的激烈競爭和報導內容的自由化的一個重要原因，是政府財政援助的大幅減少。各媒體必須自己負擔八成以上成本，否則就無法經營，從而導入了市場原理。首先，需要更多的廣告收入，因而不能不接受一般市民的希望與期待。例如，中央電視台繼晚上 7 點的全國性新聞之後，7 點半開始的「焦點訪談」，因專門報導地方的不正、腐敗而成為獲得最高收視率節目。政府系統的報社也被迫採用兩面作戰策略：例如，北京市政府管轄下的《北京日報》集團所擁有的《北京日報》（發行量 30 萬份）忠實報導共產黨和中央政府的指示，

但《北京晚報》因迎合大衆口味而獲得 80 萬份以上的發行量。
另外《人民日報》集團也另外發行了以解說時事爲主的《環球
時報》，《解放軍報》集團也發行以大衆爲目標的《中國國防
報》。

　　最近媒體對地方政府的作風、具體政策的揭發批評顯著增
加。例如，揭發廈門的集體貪污事件、廣西壯族自治區的煤礦
水沼事件等等。另外，1980 年末以後，除了國有出版機構和其
流通、零售網以外，民間的出版、流通業也急速擴大。在全國
的出版物中，政府出版社的販售額僅有 8 ％，其他全由民間出
版社所占有。

　　在政治方面，近年市民主體參與政治的現象也明顯地增
加。首先出現的是對不合理的政策、法律的批評，各地區大量
出現「民告官」現象。因應民衆的強烈要求，政府各部門也執
行「政務的公開」，使其成爲防止貪污腐敗的一環。

　　1993 年全國人民代表大會通過「價格法」，國務院公佈
「關於決定政府價格的公聽會實施條件」，並在年初開了首次
公聽會。2002 年 1 月，中央政府就春節期間訂定的鐵路運費上
漲問題舉行公聽會，令全國人民在電視上都看到政府代表與消
費者代表之間的激烈辯論。1992 年設立於北京的「零點調查」
公司，是中國最大的民間調查公司。該公司接受企業或政府機
關的委託而做各種市場調查。1990 年以後，政府積極利用這種
公司，以便蒐集政府當局無法收到的資訊、情報或決定政策所
需的資料。「零點調查」公司現在是北京市政府的顧問，不定
期提出調查和分析資料，作爲市長評價區長、縣長政績的根
據。2002 年春天，該公司定期實施市長的民意調查，並將其結
果報告北京市長和上海市長，這可說是一種支持率調查，在其

他各地也獲得好評。2002 年夏天,已在 10 個城市實施市長的
支持率調查。

由於參加政治的意識提高,都市的「住民自治」也開始出
現。在農村已有村長的直接選舉,而在都市,2001 年 4 月 6 日
山東省青島市浮山後新區的 3 萬多住民以直接投票選出中國第
一個的住民自治組織——「社區居民自治委員會」。此後,在
南京、上海、青島、石家莊、瀋陽、大連、哈爾濱、杭州、武
漢、深圳等地開始試辦、並形成幾個社區自治區。農村的村長
直接選舉和都市住民的自治是從下而上的基層民主,並非以美
國為首的先進資本主義國家強加於落後國家的那種形式上的金
錢民主,因而可說是中國走向光明之路的一小步。

從上而下的改革,首先開始於政策、制度,然後及於硬
體、軟體,最後到達個人的言行。在改革過程中的個人言行的
變化是「先墮落,然後才昇華」。改革的進行大幅提高「資源
分配的效率」和「技術效率」,因而在某種程度上抵消了個人
言行的落後;中國的「經濟奇蹟」是如此產生的。經過「經濟
奇蹟」後,中國的言行也開始往上提昇——雖然尚有貪污腐敗
等黑暗面存在,但就大局而言,中國一般人民及企業的言行開
始走向現代文明的方向,是無可否認。

同樣,人們對「需要」的變化也有昇華現象。改革開放
後,「金錢萬能主義」、「自私」成為價值觀的主流;但衣食
足了之後,人們的需要再度變化。對各種新事物的追求和需
要,不斷擴大並及於文化、社會以及政治方面。隨著經濟發
展,中國社會的道德、倫理意識也開始往上提昇,健全發展。
四川省臥龍「熊貓」保護區,有上海的小學生作「義工」,全
國產生 2000 多個戮力於環境保護的 NGO(非政府組織)。據

上海的調查，75％的市民已參加「義工」工作，而88.1％（包括已參加的75％）的市民願意加入「義工」工作。1996年長江大洪水時，全國的市民、企業自動捐款，許多鄉鎮和公司自動組織支援活動往救助災害的最前線。由此可知，中國人的公益心也開始往上提昇。至少在2030年後，中國人的公益心必定到達先進國家人民的水平。

三、「三個代表」

數年來，包括全國人民代表大會的常務副委員長、部長、地方幹部在內的貪污腐化屢次被揭發，人民的強烈不滿出現於各種民意調查。2000年2月底，江澤民在廣東省高州市首次發表「三個代表」論，但並沒有獲得所期待的響應。江澤民之所以提出「三個代表論」，是由於在領導部門中所存在的危機感。

2000年5月14日，江澤民提出：需要將3050萬個私營、私人企業以及其所屬的1億3000萬員工結集於黨的支持基礎中，6月9日更指示嚴格執行幹部的大幅度年輕化。6月20日的黨會議中江澤民又呼籲「理論、體制以及認識科學技術的創新」，繼之，在6月28日的黨中央會議中又提出「四個再認識」（社會主義發展的歷史進程、資本主義發展的歷史進程、改革開放政策對人民思想的影響、當前國際環境的影響）。

2000年12月26日，江澤民強調：「反腐敗鬥爭已經是決定黨存亡的問題」，並指示黨內理論研究員研究腐敗的蔓延、基層的弱體化所引發的舊蘇聯、東歐、印尼蘇哈特總理、秘魯藤森總理等政權崩潰的教訓。據說，2001年春天，當中央組織部派遣20多組人員到各地做秘密調查，所得的結果是對共產

黨的信賴度銳減，黨幹部的腐化極為嚴重。董葦町（經濟學者，紅旗編輯委員之一）於 2001 年 7 月 13 日在中央黨校對幹部做了如下演講：

> 「1991 年的『8、19 事』是蘇聯共產黨為挽救崩潰的最後嘗試。但面對黨的存亡時，全國人民、1000 萬黨員以及軍隊都沒有伸出支援之手。政變失敗後蘇聯解體，黨也解散，黨產被沒收。可是，勞動者、共產黨員都沒有自動發起維護黨組織的大規模抗議行動——由於在人事上重用親友，忽視大眾利益，侵攻阿富汗，沒有太大意義的軍擴競爭，特權階級的形成等等，國民的心早已離開共產黨。舊蘇聯邦解體之前，社會科學院所進行的民意測驗顯示：承認蘇聯共產黨仍能代表勞動者的人只有 4％，能夠代表全人民的回答也只有 7％；相反地回答蘇聯共產黨只代表黨官僚、政府官僚的人佔有 85％」。
>
> 「羅馬尼亞總統被處死刑的數個月前，總統在共黨大會演講時獲得了數十次掌聲。但總統夫婦逃亡時，幹部、黨員、民眾中沒人伸手去救他倆。嚴重的矛盾早就潛在。因此當激變發生時人心的變化立即呈顯，黨組織也立即崩潰。在中國，假如黨內的不正和腐敗現象進一步蔓延，更多的民眾和黨員必會離心，而黨和國家崩潰的危險也必會增加」。

2001 年 7 月 1 日，共產黨創立 80 周年的紀念大會上，經過中央政治局常務委員會的討論和批准後，江澤民在所謂「七一講話」中正式提出：「中國共產黨一貫代表中國先進生產力

的發展要求；代表中國先進文化的前進方向；代表中國最廣泛
人民的利益」的「三個代表」論。

如前所述，由於嚴重的貪瀆、腐敗，人民對共產黨的擁護
明顯降低，使黨的領導產生危機感，認識到必須避免中國踏上
舊蘇聯、東歐崩潰的覆轍。加之，20 多年的改革開放使中國的
社會構造、人民意識有極大變化，爲了鞏固政權，爲了下一階
段進入社會主義社會，共產黨在思想意識上，在行事作風上必
須「與時俱進」，並使經濟繼續成長，繼續提高人民生活水
平，增強黨的階級基礎和群衆基礎，以便充實從「初級階段」
進入下一個階段的各種條件。四個堅持表示：在改革開放中中
國仍堅持走向社會主義道路的堅決決心；而三個代表則表示在
改革開放 20 多年的今天，中國共產黨面臨社會構造、人民意
識的巨大變化，不能不「與時俱進」，在堅持「四個堅持」的
條件下，探索一條新道路。

㈠就「代表中國先進生產力的發展要求」來說，當前中國
社會的經濟結構中並存著各種所有制，即不同種類的生產關係
同時存在，因而不同生產關係中的生產力在社會主義市場經濟
中互相競爭。以目前中國的實情來說，所謂先進生產力似乎大
多存在於私有制生產部門。所以，所謂「一貫代表中國先進生
產力的發展要求」是否意味著從此更要重視在改革開放後的新
生事物中極爲重要的新資產階級？誠如江澤民在慶祝中國共產
黨成立 80 周年大會上講話中所說：

> 「…我們必須堅持黨的工人階級先鋒隊的性質，始終
> 保持黨的先進性，同時根據經濟發展和社會進步的實際，
> 不斷增強黨的階級基礎和擴大黨的群眾基礎，不斷提高黨

的社會影響力──同時也應該把承認黨的綱領和章程，自
覺為黨的路線和綱領而奮鬥，經過長期的考驗，符合黨員
條件的社會其他方面的優秀份子吸收到黨內來，並通過黨
這個大熔爐不斷提高廣大黨員的思想政治覺悟，從而不斷
地增強我們黨在全世界影響力和凝聚力…」。

　　不過，從「科技是第一生產力」的角度來說，「一貫代表
中國先進生產力的發展要求」也可能表示以後重視科技，儘速
提高生產力以便在最短期間渡過「初期階段」而進入社會主義
階段。21世紀前半可能是 IT 革命（資訊或信息革命）迅速進
行的時代。就短期而言，IT革命可能對資本主義社會恢復景氣
有所貢獻。但在本質上，IT革命是生活革命，由於生活的變化
而出現經濟效果。產業革命使勞動力變成商品，確立了資本主
義社會。IT革命後的網路社會（後工業社會）可能使支持人類
生活的基礎開始動搖，是否因此而可形成另一個不同於資本主
義的新社會，是值得我們繼續研究和觀察的。

　　㈡就「代表中國先進文化的前進方向」而言，幾千年來的
傳統文化和建國以後由於帝國主義的圍堵而產生鎖國文化，顯
然已不能充分滿足人民的社會慾望。

　　由網路所代表的信息化時代的文化，以及隨著人民生活的
提高、價值觀的多樣化，從資本主義先進國引進的新哲學、新
概念以及經營管理等等，已成爲中國文化不可忽視的重要部
分。以台灣的經驗來說，60年代中期的《夏潮》雜誌首先挖出
被獨裁政權所塵封的殖民地時期進步思想和運動，因而產生
「現實主義鄉土文學」、唱自己的歌的「民歌運動」和反映新
現實的「新電影」，影響了部分進步青年，使之成爲解嚴以後

社會運動的一支力量。所以中國共產黨，為了維持並鞏固政權以及繼續往前前進，不僅不能不瞭解「先進文化的前進方向」，而且還得親自領導這種前進方向。

　　㈢就「代表中國最廣泛人民的利益」來說，改革開放20多年的今天，中國除了工、農階級之外，還出現了許多階層。因此至少需要將「人民」的概念恢復到社會主義改造以前，也就是新民主主義階段，代表五星紅旗中那四個小星的四個階級，以及新出現並對經濟發展有貢獻的所有階層。也就是說，不能再依照文革時期「以階級鬥爭為綱」的論點，把黨的支持基礎狹窄化，使被排除的各個階級、階層站在黨的對立面，使其成為暗中阻礙中國進一步發展的反對力量。

　　「社會主義初級階段」，其實就是「過渡時期『前』社會主義階段」，而中國共產黨除了原來作為階級先鋒隊的革命政黨性質之外，現在還多了一個「執政黨」的性質。因此，在這個階段，正如在「一貫代表先進生產力的發展要求」所述一樣，將對於經濟發展有貢獻的，不屬於官僚資產階級、買辦資產階級的民族資產階級，以及科技及管理人材等等納入黨內，增強黨的階級基礎和群眾基礎，在黨內進行各階級、階層的利益調整，以便鞏固社會的安定和經濟的繼續發展，是絕對必要的。不過，中國共產黨從此就從代表工、農階級的「階級政黨」變成代表全民利益的「執政黨」。

　　總之，「三個代表論」的最主要理念就是「與時俱進」。馬克思、列寧主義並不是僵化的教條主義，而是隨著世界的進步和各地區的特殊性而不斷發展、豐富的思想。毛澤東思想是中國「革命」時期，馬克思、列寧主義的普遍真理和中國革命的具體實踐結合而產生的。而「三個代表論」，可說是在「過

渡時期『前』社會主義階段」，爲了進入社會主義社會而充實各種條件，繼劉少奇、鄧小平理論之後，針對社會、文化意識激變而發展出來的「與時俱進」的指導思想。

鄧小平提出判斷「初級階段」的進程時，其所依據的標準就是「三個有利於」：「是否有利於發展社會主義社會的生產力」、「是否有利於增強社會主義國家的綜合國力」、「是否有利於提高人民的生活水平」。而江澤民的「三個代表論」就是根據「三個有利於」的標準，根據中國經濟發展一段時期後所面對的新現實，在思想上的「必然」發展，是現代化的指導理論。

換言之，只要肯定「改革開放」路線，就不能不肯定「三個代表論」。誠如馬克思在《資本論》開頭說：「....（一個）社會不可能逾越自然的發展階段，也不可能以法令消除舊社會，但可以縮短、緩和分娩期的痛苦」。而中國共產黨就是企圖用「社會主義初級階段」來代替「資本主義」，以「縮短」和「緩和」其分娩期的痛苦。

第二節　科學發展觀的設想與實踐

一、知識界對胡溫體制的評價

相對於在毛澤東時代，學術領域經常過度政治化的現象，「六四天安門事件」以後，整個九〇年代中國知識界的主導性氣氛就是：在公開場合主張學術思想的自律性，而在私人領域則強調對國家權力的疏離感或對立性的情緒。這種言論和氣氛，在 2000 年以後還是沒變。中國社會科學院文學研究所副

研究員賀照田在〈現代史研究和現代中國的思想與政治〉一文中提到：最令他覺得吃驚和意外的是，2003年以後中國學術界的許多人改善了對國家權力的態度。他自己承認，其實變化已開始於90年代後期，只不過他本身當時沒發覺而已。因此，當2003年許多知識份子明確表態對國家權力時，令他覺得很突然，也感到很意外。

由於天安門事件，90年代中期前一部份知識份子對國家有所不滿，而且當時流行的新自由主義經濟思潮也使他們對市場的作用抱有過度的想像，在對中國歷史和現實沒做充份理解的情況下，知識界採取儘可能弱化國家權力的態度。從90年代後期以後，知識界對國家權力的機能已開始有不同的看法和期待，當國家權力提出的政策或方針符合知識界所的認知和期待時，許多人士立即表態支持。

當2002年「胡溫體制」成立時，因為胡、溫體制非常重視中國內部的社會危機和社會問題，知識份子認為國家權力已經產生很大變化。胡溫體制積極表示要解決貧富差距、三農問題，環境生態危機以及醫療、教育、就業等一連串危機和問題，對解決社會問題、社會危機的積極態度也引起熱烈的回應。例如：在中國擁有相當影響力的〈南方窗〉雜誌總編輯章敬平在其2004年出版的《拐點——決定未來中國的十二個月》一書中說，2003年3月到2004年3月的一年，是改革開放以來的一個轉捩點。他將其著書第一部命名為《「公正主義」終結「富人時代」》，而將2003年的兩會（全國人民代表大會和全國政治協商會議）稱為「窮人的饗宴」。除此之外，許多人也將政府一連串的舉動、政策、方針稱之為「胡溫新政」。

當時自認「左派」的人們認為，胡溫體制的政策和方針符

合他們的想法而採取支持的態度,同時,自由主義者也因為新領導人對他們所重視的問題和危機的積極回應,也改變了她們對國家的態度。其實,自由主義者對國家態度的轉變另有原因。1992 年鄧小平南巡以後中國歷史的發展,以及以美國為中心的「後」冷戰時代世界形勢的發展,使他們認識到:他們所抱持的新自由主義幻想在歷史的發展中落空。例如,中國市場經濟的實踐,並沒有形成他們所期待的以中產階級為主的「紡錘型」社會,反而很快的變成由龐大的低收入階層和少數富裕階層形成的充滿危機的埃及「金字塔」型社會。當時他們寄予期待的新興企業家階層和相當增加自主空間的知識階層,也對他們理想中的「市民社會」的形成沒盡積極作用。市場化的發展沒有產生替代現有國家權力的政治社會力量,反而產生本來沒有的種種社會問題和社會危機。上述的發展致使自由主義者開始認識國家問題的複雜性,也因而將他們的希望寄託於現在的國家權力。

其實,知識界從「否定」、「不支持」、「對體制的再認識」、「一定程度的支持」甚至「寄予期待」這一連的變化,存在著共通的背景,那就是知識界清楚了解到:

1. 中國越來愈深地走進世界,而且已無法離開世界;

2. 由於與世界的接觸愈多理解也愈深。知識份子理解到:美國積極推行的全球化並不是進入大同世界的開始,也不是超越民族國家,反而是在各方面尋求國家機能的強化和活性化。

當他們對世界「現實」的理解深化,而面對世界對中國的態度(例如中國威脅論)產生反感時,知識份子被迫重新思考國家的問題,自然也重新調整和國家之間的心理關係。2003年、2004 年,許多知識份子表明對國家強力的支持和熱情,卻

由於現行體制以粗暴的方式強化對言論、出版、媒體的統制而稍微減弱,因而不敢再發表對國家的過度熱情的讚美和辯護,而採取自制和躊躇的態度。雖然如此,在公開或半公開場合,尤其是在屬於私人性的場合,表示對國家的辯護或同情的人也還不少。這一直就是現在的知識界和 90 年代知識份子最不同的地方。

對胡溫體制這種鎮壓行為的一種說法(也可說是辯護),簡單地說是這樣的。雖然胡、溫瞭解問題的複雜性,但還是在相當程度上認為分配的不公正、缺乏社會福利保障等經濟範疇的矛盾是社會問題的主要根源,因而「解決之道」是國家所掌握資源和財政收入的再分配。如果實現這種再分配,也構築社會保障制度,社會問題自然就會減少。但由於社會充滿不滿情緒,當他們的對策、方針尚未充分貫澈之前,不能因產生社會動亂而失卻了控制,因此現在需要對社會抗爭採取嚴厲鎮壓,即「穩定壓倒一切」。現行體制自信的認為,當他們所想的對策或方針貫澈時,社會的不滿情緒必定減少,社會抗爭也會減少。

因此,現階段的嚴厲鎮壓,其實是避免以後鎮壓的過渡性手段。

二、科學發展觀

改革開放政策使中國經濟達成高度成長,但其所採用的是「粗放型經濟成長模式」,也就是投入大量生產要素以便達成「量」的擴大,是典型的「成長優先主義」。這種成長模式的缺點,首先是資源的浪費──2006 年中國的 GDP 佔世界總量的 5.5 %,但能源消耗大約佔世界能源消耗的 15 %左右。這些

資源中，部分能夠靠進口，但可能使價格暴漲；而不可能進口及不可能再生的水及環境等資源，已到達幾乎無法支持高度成長的地步。因此「十一・五規劃」（即國民經濟社會發展第 11 次 5 年規劃）也坦白承認：「我國的土地淡水能源礦物資源和環境狀況已成為經濟的重大制約因素」。但中國以 21 世紀中期成為中等發達國家為目標，因此必須長期持續有高水平的發展，如何改變成長方式就成為當務之急。

高度成長的另一方面就是：在社會各個方面累積的矛盾表面化、尖銳化而往往產生暴力行為。在農村頻頻發生示威或暴動是眾所週知的，而其大部分則與開發有關——被徵收土地的農民未獲得充分的補償而陷入困境，不得不訴於直接行動；大都市也由於土地開發被迫離開住屋的市民發動反對運動或示威行動；被國營企業解雇的勞動者找不到再就業機會，或起因於工資的遲還而發動抗議行動。

科學發展觀就是針對中國經濟社會發展中存在的突出問題而提出來的。胡總書記在十六屆三中全會的第二次全體會議上指出：「樹立和落實全面發展協調發展和可持續發展的科學發展觀，對於我們更好地堅持發展才是硬道理的戰略思想具有重大意義」。科學發展關在實踐中運用和發展的重要成果是「十一、五規劃」的制定。

胡錦濤記所說的突出問題，主要包括了如下幾點：

a) 生產力還不高，自主創新力還不強，長期形成的結構性矛盾和粗放型成長模式尚未根本改變。

b) 影響發展的體制機制障礙依然存在，改革面臨深層次矛盾和問題。

c) 收入分配差距拉大趨勢未根本扭轉，城鄉貧困人口和低

收入人口還有相當量，統籌兼顧各方面利益難度加大。

d) 農業基礎薄弱，農村發展落後的局面還未改變，縮小城鄉、區域發展差距和促進經濟社會協調發展任務艱鉅。

e) 民主法制建設與擴大人民民主和經濟社會發展的要求還不完全適應，政治體制改革需要繼續深化。

f) 人民精神文化需求日趨旺盛，人們思想獨立性、選擇性、多變性、差異性明顯增強，對先進文化提出了更高要求。

g) 社會活力顯著增強，社會結構、社會組織形成社會利益格局發生深刻變化，社會建設和管理面臨諸多課題。

h) 對外開放日益擴大，國際競爭日趨激烈，發達國家在經濟、科技上佔優勢的壓力長期存在，風險增多，統籌國內發展和對外開放要求更高。

改革開放的一個前提是容許有條件的人或地域先富起來，但「先富論」現在已面臨侷限。例如農民和城市住民每個人可處分所得的比率，從 1985 年的 1：1.85 擴大到 2003 年的 1：3.2。當然存在各種差距並非致命問題，因為落後者儘快趕上就好（即後富），但上述的農民和勞動者是被剝奪了富裕機會才採取行動的。沒有「機會平等」的「先富論」，不過是富裕者的自我辯護而已。人民現在要求的是「共富論」，而不是「先富論」。

胡溫體制一直重視這一點，也想糾正。例如新體制成立後，立即著手於處理三農問題。有關「十一‧五規劃」的提案中也承認「就業壓力仍舊很大，所得分配也有很多矛盾」而準備確保「機會的公平」和「分配的公平」。但事態似乎並不樂觀，例如近年有關社會階層分化的研究受到注意。因為社會出現了嚴重的階層分化和所有的兩極化，其中最嚴重的是佔有 2.1

％的「社會管理者層」這一個特定階層透過國有資產（土地、企業資產等等）的操作而取得高所得，而這種特權又成為腐敗的來源。這就是說，過去過於重視「發展」而忽略了「公平」，因而引發社會危機。因此必須正確處理「效率」和「公平」的關係，講求效率才能增進活力，注重公平才能促進和諧，應該堅持效率與公平的有機會結合。溫家寶說：「如果說發展經濟、改善民生是政府的天職，那麼推進社會公平正義就是政府的良心」。過去過於重視「成長」而使環境不堪負荷，引發各方面的不平衡，因此胡錦濤在「中國共產黨第十七次全國代表大會」上的報告中說「科學發展關…是總結我國發展實踐，借鑒國外發展經驗，適應新的發展要求提出來的」。又在「促進國民經濟又好又快發展」中說：「實現未來經濟發展目標，關鍵要在加大轉變經濟發展方式…」。

中國有名的經濟學者馬凱說：

　　(一)十七大報告中將十四屆五中全會提出的「轉變經濟『增長』方式」改為「轉變經濟『發展』方式」。這兩個字的改變意義很重大，因為中國目前經濟發展中不穩定、不協調、不全面、不可持續的問題，一定程度上就是簡單地把「增長」當作「發展」，把增長作為第一位的追求而來（即所謂的成長第一主義）。「增長」方式主要是就增長過程中資源、勞動、資本與投入的效率而言的，而「發展方式」則不僅包括了經濟效益的提高包含了資源消耗的降低，經濟結構的優化，生態環境的改善，發展結果的合理分配與內容。

　　(二)內外需結構不平衡，國內需求不平衡，產業結構不

合理，自主創新能力不強以及體制機制不健全是「增長方式」提出多年而沒有實質性進展的根本原因。

中國由於各方面條件較好，必然成為發展國家或跨國公司最便宜的加工工廠，因而帶來投資、工業和出口的快速增長，而這又必然帶動消耗高，排放多的投資品生產的擴張。加之，由於自主創設能力不強，必然主要依靠附加價值低而佔地多、消耗多、排放多的貼牌生產方式來實現。這就是支撐現階段粗放增長方式的機制。因此必須從本源上抓好需求結構、產業結構的調整，提升自主創設能力。只要內外需結構平衡，產業結構優化，自主創新能力提高，就可能解決消耗高的粗放型成長方式。

改革開放以來，隨著經濟的加速成長，生態環境的壓力愈來愈大。由於一些地區竭澤而漁式的開發，導致生態系統整體功能退化，很多地區城成為不適宜人類生存的空間，又有一些地區超出資源環境承載能力的高度開發，導致水資源短缺，綠色空間銳減，環境污染加劇，因而在一定程度上抵銷經濟快速增長和收入增加帶來的生活水平提高。

提出加快轉變經濟發展方式，不僅要求以儘可能少的資源投入，實現經濟增長，而且也要求以儘可能少的污染物排放實現經濟增長。

中共十七大報中所提出的轉變經濟發展方式主要有三個轉變：

(一)經濟成長主要由依靠投資、出口帶動，向依靠消費、投資、出口協調帶動轉變：這是包括外需結構、內需消費與投資結構在內的整體需求結構的調整方向，是針對近年來經濟成長

過於依賴投資和出口帶動的問題提出的。國內需求一直是拉動中國經濟成長的動力（1979～2005年，經濟平均成長9.6％。其中國內需求的貢獻率高達92.6％；貨物和服務淨出口的貢獻率只有7.4％），今後仍然能夠主要依靠不斷擴大國內需求推動成長。中國是人口大國，也是發展中的人口大國。這一個基本國情是擴大國內需求推動發展的有利條件。而城鄉居民消費結構的不斷升級，將為經濟成長創造龐大的消費需求；工業化進程加速為經濟成長提供巨大的投資需求；城鎮化加速發展，也為經濟發展開闊更廣大的內需空間。但這幾年來，資本成為經濟成長的貢獻率不斷提高，而消費率、尤其是居民消費率的貢獻持續降低。其實中國的消費增加並不慢，但投資增長更快，造成投資與消費出現不協調，經濟成長過度依靠資本形成。再從消費領域來看，農民和城市低收入者收入水平低，消費能力不強，制約了經濟的健康發展。因此要保持持續穩定的成長，必須擴大國內需求特別是居民消費需求，形成消費出口協調拉動經濟成長的格局。

㈡促進經濟成長由主要依靠第二產業帶動向依靠第一第二第三產業協調帶動轉變：這是產業結構調整的基本方向，是針對農業基礎薄弱，工業大而不強，服務業發展落後以及三大產業之間比例不合理的問題而提出的。所謂農業基礎薄弱，指的是「靠天吃飯」的局面沒有根本改變；工業大而不強勢，缺乏自主知識產權、核心的技術和世界知名品牌，污染多的行業和企業所佔比重過於高；服務業落後是，其增加值佔國內生產總值的比重比其他低收入國家平均水平低十幾個百分點，特別是現代服務業的數量和質還不能滿足需求。

另外，各產業佔國內生產總值比重的變化方向出現偏差。

經濟成長依靠第二產業帶動的格局不僅沒有改變反而繼續強化，進一步加重了資源環境的壓力。產業結構的不合理加大了資源環境的壓力，也不利於緩解就業壓力，影響經濟的穩定性。因此必須以優化產業結構推動發展，把調整產業結構作為推動發展的主線。

㈢促進經濟成長由主要依靠增加物質資源消耗向主要依靠科技進步、勞動者素質提高、管理創新轉變：這是經濟成長中要素投入結構調整的基本方向。因為中國經濟成長付出的能源、資源代價過大是不爭的事實。另外，由於自主創新能力不強，缺乏核心技術、缺少自主知識產權、缺乏世界知名品牌，不得不更多地依靠廉價勞動力的比較優勢換來微薄利益，成為低端產品的世界工廠。

由此可見，從國際科技競爭加劇的趨勢，從勞動力供給出現的新情況以及資源環境的壓力看來，轉變是必須的。經過多年的努力，中國已具備支撐經濟又好又快發展的諸多有利條件。關鍵是要在轉變經濟發展方式上下工夫，努力開創科學發展的新局面。

三、科學發展觀的展望

胡溫體制現在想要解決的問題——如三農問題貧富差距、社會保障等等，主要根據是「安定壓倒一切」的原則，以調整過去「發展是硬道理」的成長第一主義。胡溫體制是想以經濟的高成長和強力的中央財政能力*為前提，且在這前提下準備以調整國家資源和財政收入的再分配為手段來解決問題的。

改革開放後，中央財政集中度越來越低，在全國財政收入中一度降到佔不到 10 %。1993 年後實行分稅性改革，到 2000

年情況發生了根本性變化。財政收入格局變爲五三二，即在全國財政收入中，中央政府佔了 50 ％，省市級財政佔 30 ％，縣鄉級佔 20 ％。

縣鄉兩級財政供養佔全國財政供養人口的 67 ％，但財力只佔 20 ％。所以縣鄉級財政普遍負債累累。但在另一方面，因經營土地而得的收入則歸地方財政，於是迫使縣鄉熱心於造成工業區，而造成工業區的開發商大都爲個政府建設部門的「翻牌公司」。將農地改爲工業地所獲得利益中，縣鄉政府可獲30～40％，開發商（即縣鄉建設部門的翻牌公司）獲30～40％，農民卻只能獲數％，因而使三農問題更爲嚴重化，也使地方政府更加腐敗化。

當然透過再分配來解決問題是有效的。尤其是相對於江澤民時期再分配不怎麼理想，從歷史狀況的對比而來的心理效果，使中國社會對胡溫體制抱很大期待。當經濟發展順利時，社會問題不會很多，即使有也不會很嚴重，國家的財政收入也較會順利增加。但一旦經濟成長受到阻礙，社會問題不僅會增加甚至更會嚴重化，國家的財政收入也會減少。這時候，以經濟的高度成長和中央強力財政爲前提爲手段的「新政」是否還可能順利推行，是頗有疑問的。因此，胡錦濤在中共第 17 次全國代表大會上的報告中所提出的「加快轉變經濟發展方式」的「三個轉變」是絕對需要，而且是至關重要的。針對世界性的金融風暴，中國的儘速且正確的應對，證明了胡溫體制的魄力和效率（同樣對四川大地震的緊急措施也證明胡溫體制的執政能力）。

不過，面對「後」危機時代的來臨，「挖掘和保護內需的動力」，對中國經濟的持續發展也至關重要。

「保內需保成長」應該有如下重點：

㈠繼續加大對基礎建設的投入。

㈡抓緊公共事業（如醫院、學校、環保系統、教育事業、社會保險系統、養老系統、通訊系統等等）的市場開發。

㈢發展農村市場，應該擴展農業產品工業化、農業生產機械化、農業運作科技化、農民生活城市化。

長期以來，中國農村的市場依然保持著「原生態」，並未充分享受到市場經濟來的繁榮。相反，環境的惡化、教育的落後、醫療系統的不完善，已成為農村發展的阻礙因素。僅僅為了解決這些阻礙因素，就可能創出眾多的就業和財富。

另外，胡溫體制以國家資源和財政收入的再分配為手段解決社會問題時，嚴重的「流用」問題可能成為對新體制的構造性挑戰，例如：2006 年為解決三農問題而討論由國家支出 3000 多億時，前上海市長、現任政協副主席、中國工程學院院長徐匡迪說：「據他的計算，農民有 8 億人，3000 多億的特別支付才能使每個農民獲得 424 元。但事實上真正能夠到達農民手裡的錢，是否有 24 元他都懷疑。因為以農村的水利建設為例來說，省縣鄉都會「流用」許多錢。再就「退耕還林」計畫來說，不僅林業部門會「流用」部分錢，地方也不將資金都用於建設，而發生「減料工程」和「貪污行為」。因此徐匡迪建議：對 3000 多億特別支出會進行監察，使其不能落在腐敗官吏手上。溫家寶早就指出：「權力過於集中而得不到有效監督制約權力的制度建設擺在突出位置，這是從源頭上防止腐敗的重要保證」。

胡溫體制堅持「以人為本」，說「發展為人民、發展依靠人民、發展成果由人民共享」。但執行政策的國家權力機構明

顯地存在著構造性缺憾時（如陳雲逝世前說：批判腐敗、黨會
滅亡；但如不批判、國家會滅亡），中國如何走下去就得看胡
溫體制的魄力和智慧了。

　　不過，在胡溫體制的「新政」下，也出現了令人欣慰、令
人產生希望的一些現象。例如：救災志願者美國人羅伯特・恩
格爾說，從 2006 年 5 月 21 日起，他在汶川地震災區度過了令
他終生難忘的 13 天。作爲在冷戰中成長的一代，美國媒體多
年灌輸給他的是：共產主義是不可接觸的「惡魔」。雖然由於
中國的改革開放使中國成爲一個令世人矚目的強國，也使他對
中國有了一些新的認識，但對中國共產黨仍然抱有一定的偏
見。進入災區後慘烈的災後場面令他感到極度震驚。但中國政
府對災難的反應速度和救災效率，人民軍隊捨己忘我的救災行
動，中共領導人的率先典範，民衆在災難面前所表現的樂觀與
自信，完全顛覆了他過去對中國，尤其是對中國共產黨所持有
的偏見。許多國家會在災難發生期間發生治安混亂現象，但中
國政府似乎並沒有靠鐵腕維持治安，也沒有出現軍隊荷槍實彈
的冷酷場面。汶川地震災區的所見所聞徹底改變了他對中國的
認識，也摧毀了幾十年他對中國的許多成見，他說，這也是他
此行的一大收穫。

　　新加坡「聯合早報」的社論也說：在過去 60 年裡中國遭
遇的天災相當頻繁，其中多起災難造成了重大的生命損失，包
括長江潰堤、淮河氾濫、邢台大地震和唐山大地震等。但是沒
有一次災難像汶川大地震這樣，在全國範圍內引起普遍的悲哀
情緒，使中國人的國家認同意識得到了空前凝聚…更使普遍民
衆的社會責任意識得到激發…。四川大地震發生之後，中國新
聞媒體獲得空前的鬆綁，呈現出前所未有的信息透明狀態。通

過廣泛和及時的信息傳播，全國民眾都心繫災區，災區內外情感相連，心心相印⋯。過去歷次重大災難之後，賑災工作全部依靠政府和軍隊。這當然是中國體制的優勢。但政府把所有事情大包大攬，忽視了民間的力量和積極性，也就抑制了人民的同情心、愛心和社會責任意識⋯尤其難得的是，曾經被視為「垮掉的一代」的 80 後年青人在賑災過程中令人驚訝地表現了強烈的社會責任意識，不僅改善了人們的成見，也在年輕一代中起到了表率作用。從總體上看來，震災後的重建過程反映了中國社會的巨大變遷，包括政府的治理模式，社會的開放程度，以及民眾責任意識等。這些積極的變化都值得高度肯定與讚賞。

由於中國建設近代國家之前經驗了太多的障礙，當中國革命的結果成立中華人民共和國時，大多數人民對新體制抱有很大的期待和熱情。更由於建國後的新政府對處理由從前遺留下來的問題，和開拓新事物方面有了很大成果，因而產生了一種新氣氛，也就是大多數人民對當時的國家領導人毛澤東和共產黨擁有熱烈的信任甚至信仰。即，因國家領導人對自己所選擇的理想具有強烈自信，社會和人民也對毛澤東、共產黨抱有熱烈的信任。在社會由國家高度統合的情況下，國家和社會共同執行對傳統倫理的批判和破壞，且意圖以共產主義倫理和情操取代它。

可是這些被提倡的新倫理、情操是「過度地」以當時意識形態的正確性為基礎，也「過度地」以國家領導人與共產黨領導的正確性為基礎，而沒考慮到人民的日常生活，以及日常的精神狀態等等安定的經常領域。因而遇到歷史的挫折時，開始產生對從前的狂信性意識形態倫理的不信任，也喪失了對他們

從前那種對國家領導人和共產黨的狂熱性信任甚至產生反感。

加之，由於傳統倫理受到強烈打擊，文革結束後某些人之間產生了來自從狂熱的虛脫和來自熱情的冷淡，因此在社會上廣泛地出現虛無的社會精神狀態。雖然社會上存在著虛脫、冷淡以及虛無，但在許多人之中也出現了另一種狀態——即他們所持有的高昂的理想主義精神雖然由於歷史性挫折而受到打擊，但他們的「人應該對歷史、國家、民族、社會負起責任」的理想主義的核心思想並沒有受到影響。這是，中國革命和社會主義實踐留給「後文革期」的最寶貴遺產之一。

在新時代和新的歷史遭遇之下，針對新時代所產生的新課題，如何把這種理想主義能化為有效的手段來解決是值得思考的問題，而我們在汶川地震的救災過程中見到了一點曙光了。其實存在於現代中國的精神危機、倫理危機並非必然的。「它」與中國革命、社會主義歷史有密切地關聯著，而且也由於在新時期的歷史中，與我們的思考和實踐無法有效處理寶貴遺產有關。如何思考這一問題，並在實踐中解決，應該是政府、知識分子和一般老百姓都必須共同來承擔的。

1 中國社會科學院，《當代中國社會階層研究報告》，社會科學文獻出版社，2002 年 1 月。

【附錄一】
已開發國家走向社會主義之路

序

　　本書的核心主題是，落後國家如何走向社會主義之路。由於我是中國人，一生信仰中國新民主主義革命，一輩子朝這個目標努力，我當然首先關心這個問題。但做為一個社會主義的信仰者，我也想思考馬克思所提出的共產主義社會如何達成的問題。下面就是我的探索的一些筆記。

　　恩格斯在《從空想社會主義到科學社會主義的發展》一書中，對「科學社會主義」的基本內容做了合理的概括——「剩餘價值說」和「唯物史觀=歷史唯物論」，我個人認爲基本上符合馬克思的看法。

　　「剩餘價值學說」的基本內容，大約包括在《資本論》、以及考茨基根據馬克思 1861-1863 年經濟學手稿所編輯而成的《剩餘價值學說史》當中。對於「唯物史觀」，馬克思並沒有寫一本專書來進行闡述，但其基本內容在《政治經濟學批判》序言中已經有了高度的概括，即：

　　1.「生產力／生產關係」、「社會經濟基礎和上層建築」

的關係。

2. 生產力的發展變革生產關係和上層建築，即歷史發展的法則性。

馬克思在《政治經濟學批判》序言中說：「社會的物質生產力發展到一定階段，便同它們一直在其中運動的現存生產關係（或財產關係──祇是生產關係的法律用語）發生矛盾。於是這些關係便由生產力的發展形式變成生產力的桎梏。那時社會革命的時代就到來了」。但是，馬克思也同時指出：「…而新的更高的生產關係在它的物質存在條件在舊社會的胎胞裡成熟以前，是決不會出現的…」。

根據這個法則，我一直在資本主義社會中尋找「新的社會生產力」的產生、發展和與其相適合的生產關係，即社會主義社會的「新的生產力」和「自由人的自由結合」這一個新生產關係的萌芽。

資本主義社會本來是從共同體與共同體之間所發生的偶然的商品交換，發展到以勞動力的商品化為媒介而「包攝（Subsume：指某概念或事物被歸納到更為普遍性的概念類別之內，如哺乳類可歸入脊髓動物之類）」了「生產過程」而成立的社會，是以流通形態為不可或缺的要素而實現社會再生產的社會。

從封建社會轉型成為資本主義社會的進程是，在重商主義時期由於商人資本主義發達了屬於「新的生產力」的羊毛工業，封建制度則逐漸成為制約其進一步發展的要因，變成了桎梏，最終被新的資本主義生產關係所取代。在封建社會中，農民生產毛織物主要是做為家戶消費，但是隨著航海革命所帶來的世界市場，毛紡織手工業在商人資本運動的促使下，逐步發

展為資本主義機器大工業——商人資本為了將毛織物外銷到世界市場，將農家的手工業組織為服從於單一資本指揮下生產的手工工場。如此一來，毛織品生產便從家戶消費轉化為以出售為目的商品生產，工場手工業成為資本主義萌芽的生產力基礎。為了取得更多的原料和勞動力，封建的農奴制度和手工業行會制度就成為發展的窒礙，封建制度不得不解體。封建主義的解體，為工場手工業協作的發展取得歷史契機，隨著局部工人和局部工具的出現，資本主義的機器大工業就取代工廠手工業成為社會生產力的基礎。

可見，令封建制度解體的是毛紡織工業，是手工工業的發展，並非由農奴制度發達原有的農業生產力使然。在特定生產關係之下，所謂生產力的發展與生產關係產生矛盾，並不是說在原有生產關係之下「新的生產力」不可能發展。一定的發展還是有可能，但如果再進一發展，原有生產關係逐漸成為其制約原因，妨礙其發展。從封建社會到資本主義社會的歷史經驗可推知：從資本主義到社會主義的「新生產力」也不一定是由勞工階級發展原有的機器大工業而來，很有可能是在資本主義制度下所新萌芽的，不同於機器大工業的另一種新興的社會生產力，才是導致資本主義生產關係瓦解的物質力量。

關於這個問題，日本京都大學副教授大西廣於 1992 年出版的《資本主義以前的社會主義和資本主義後的社會主義》一書的第五章「軟體化社會是社會主義的前夜」中說：「信息革命是軟體化社會的基礎，而軟體化社會則建立在與資本主義完全不同的「生產力」之上……現在正在資本主義內部中擴大中的」軟體化」生產力是已經超越資本主義性格的生產力，而以這種生產力為基礎，在資本主義內部正在形成著社會主義的生

產關係…」

雖然他認爲：爲實現社會主義替代機器大工業而出現的」
新生產力」就是」軟體化生產力」，但他所謂的」軟體化」是
指在汽車業、服裝業中設計、研發等附加價值所佔的比率，正
飛躍性地提高，也就是「高附加價值化」。因此，他所謂的新
生產力，基本上還是以工業生產力爲基礎，只是在產品價值上
提高軟體化的比率而已，只不過是在原有工業生產力框架內的
變化而已。但是，他指出：「爲實現社會主義機器大工業之外
的如」軟體化」生產力的發達是不可或缺」這一點還是值得重
視的。

其次，大西教授從雅痞（Yuppie，YUP：young urban pro-
fessionals）對公司忠誠心的減少及」企業組織的構造柔化」等
等現象指出：由於現代社會的」軟體化」成立在與資本主義完
全不同的」生產力」之上，並正在形成新的生產關係。所以現
在（1980年以後）就是走向社會主義社會的過渡期。

不過，由於」軟體化」的進展，提高了知識勞動的重要
性，強化了知識勞動者對資本的立場，因而產生對公司忠誠心
的減少。但這不過是」意識」方面的變化而已，所謂對公司忠
誠心的減少畢竟是以被僱用爲前提之下所產生的現象，只要失
業就不再成立了，即並沒有脫離資本主義的生產關係。

另外，所謂「企業組織的構造柔化」即公司組織的「分權
化」等現象，也不過是由於軟體化生產力的出現，資本不得不
改變其經營方式，可說是資本支配的遲緩但還不屬於新的社會
主義生產關係的形成。

總之，儘管大西教授的主張尚有許多缺點及不足之處，但
在1991年蘇聯政變的失敗，以及該年底蘇聯體制的崩解、92

年 8 月初走向價格的全面自由化，致使全世界認為「正在資本
主義化的社會主義」蘇聯變成「資本主義化的舊社會主義」的
時刻，大西教授的「以資本主義內部的新生產力、新生產關係
的形成，而主張「軟體化社會是社會主義的前夜」的說法還是
值得進一步思考的。

　　1980 年以後，將當時僱用、就業情況，及勞動形態的變化
視為是工業社會的終結以及新社會來臨的研究出版不少。儘管
這些研究都普遍認為：由於美國經濟的軟體化、服務化以及工
廠革命，美國的工業社會將要結束，也正要迎接「服務化社
會」或「知識社會」、「去物質化社會」等新社會的來臨。因
此所謂僱用、就業狀況的變化就是這一個新社會即將來臨的表
徵。但是，所謂將要來臨的「新社會」，究竟意味什麼？
「它」在歷史上的定位是什麼？都很曖昧。新社會是否還是資
本主義的一個形態？如是，它在資本主義歷史上佔在那一個位
置都不清不楚。

　　其實，這些研究的歷史認識並不是很深刻，他們似乎都將
所謂的新社會，視為是有如「產業資本主義階段」或「國家壟
斷資本主義階段」一樣，是工業社會後的資本主義社會的某個
階段。其中，只有美國學者 D. Pink 在 2001 年出版的《Free Ag-
ent Nation》（日譯本 2002 年出版，可見其重視程度）一書中
指出：「Free Agent 社會是勞動者重新掌握生產手段後的 digital
馬克思主義社會」，似乎預視到一個超越資本主義的新社會的
來臨。

　　D. Pink 曾擔任克林頓政府勞工部部長的助理部長兼演講起
草人；1995-1997 年擔任副總統高爾的首席演講起草人，擁有
豐富政治經驗和高度專門知識，由於無法和家人長期共處的理

由辭職。離開白宮後，Pink 花了一年的時間直接訪問散居在美國各地的 Free Agent，瞭解他們的生活、工作方法、苦惱以及對將來的希望等等。因此《Free Agent Nation》一書並非單純的報導，而是掌握了社會潮流的一個主張。

2006 年，由榎本正敏、鎌田一義等幾位教授共同出版了《21 世紀社會主義化的時代》一書。他們自己承認該書是根據《Free Agent Nation》一書中所報導的美國勞動者的實情分析為基礎，而從馬克思主義的立場加以理論化的。他們認為，從前的馬克思經濟學者大都認為作為資本主義發展基礎的工業生產力，在社會主義的時代仍為基礎生產力。蘇聯的所謂社會主義的「生產手段的國有化和中央集權型計劃經濟體系」的構想明顯地是建立在這個前提之上。但如從唯物史觀的生產力、生產關係論來說，這個前提是頗有問題的──因為替代資本主義的社會主義，應該以替代機器大工業而產生的新產業做為生產力基礎。

事實上，從 1970 年前後先進資本主義諸國的生產力，已開始從原來的工業，轉為所謂軟體化、服務化產業；到了 20 世紀末，這些新產業明顯地成為生產力重心。

在上個世紀的 90 年代由於 PC 互聯網的登場，做為新產業核心的知識勞動者的生產力有驚人的發展，產生了打破為資本支配勞動力的客觀的技術條件。其結果，是發生了實現自由、平等、自我實現型勞動的獨立自營勞動者的「網路共同作業」的社會關係。這種否定資本主義雇傭勞動生產關係，隨著其在質、量上的深化，現在已成為不可逆轉的潮流。這種新的共同作業社會基本上是符合馬克思社會主義理念的社會勞動形態的。他們認為：由於大多數經濟學者無視或輕視這種生產力變

化,而沒有發覺在 21 世紀的今天,正在發生並擴大中的社會主義要素。

　　尋找了將近 20 年後,我似乎終於從日本大西廣教授《資本主義以前的社會主義和資本主義後的社會主義》一書中的「軟體化社會是社會主義前夜」和榎本正敏等教授的《21 世紀社會主義化的時代》以及 D. Pink 的《Free Agent Nation》的敘述中,找到了在資本主義社會中開始出現的社會主義社會的「自由人的自由結合」這一個新社會生產關係的萌芽,以及軟體化、服務化產業這一個新生產力。

　　補記:這篇文章是我閱讀和思考的一些筆記,很不成熟。寫成之後,看到美國金融大海嘯,最近又看到日本地震引發的核能危機,因此想到,現在的已開發國家的資本主義社會未來如何發展,確實令人感到困惑。從這個角度來看,我這篇文章真的只能看作是一篇讀書筆記。

第一節　緒論

　　18 世紀以啟蒙主義作為思想基礎,以「自由、平等、博愛」作為政治口號的布爾喬亞民主主義革命,雖然早已向這個世界宣告了資本主義時代的來臨。但是,資本主義以其優越的生產方式衝破封建主義的長期支配,打造出一個在全球範圍廣泛流通所結合起來的世界市場,則一直要等到 19 世紀初英國的產業革命發生之後才成為現實。

　　產業革命所創造的機器大工業是資本主義生產方式的物質

要素，而從英國開始的工業化潮流則席捲了全世界。資本主義是爲了完成它的歷史使命而登上舞台，依照馬克思的說法，資本主義有其不得不存在的合理性：「發展社會勞動的生產力，是資本的歷史任務和存在的理由。資本正是以此不自覺地創造著一種更高級的生產形式的物質條件。」[1]在社會生產力發展到足以生產不虞匱乏的生活資料之前，人類社會仍舊無法擺脫爲糧食爭奪而相互鬥爭的叢林狀態，「人的全面發展」的新社會就不會來到。換句話說，一旦資本主義完成其歷史任務而喪失其存在理由，不管受到多少抵抗，也不能不被繼承者所交替而退出歷史的舞台。

馬克思在《資本論》說：只有當勞動者「不再爲匱乏或外在合同性的理由而被逼勞動時，自由的國度才會開始」。這就是說，自由之國度不可能夠建立在窮乏、貧困和無知之上。但這絕不應該被解讀爲：只要擁有用之不盡的物質財貨就可以獲得自由。恰恰相反，資本主義所創造的巨大財富和過剩積累是以受雇勞動者的不自由作爲代價，只有當勞動者能夠從爲了生存而被迫從事於物質生產的勞役中、從雇傭勞動的桎梏中「解放」出來，才是「自由社會」的歷史前提。但是，創造出巨大的社會生產力，使人類從飢餓的恐怖中解放出來，從而在「人的自由意志」下創造出一種新的社會制度，使勞動不再做爲創造財富的手段，轉而成爲「人的全面發展」本身的事情，就是資本主義之所以存在的歷史任務。

誠如〈共產黨宣言〉所說：「資產階級在它的不到一百年的階級統治中所創造的生產力，比過去一切世代創造的全部生產力還要多，還要大。」但是，在 1848 年令〈共產黨宣言〉的作者所驚嘆的社會生產力，從現在的水平看來只不過是小巫

見大巫而已。我們不能否認資本主義經過這將近三個世紀來的
發展，基本上已經完成了它的歷史任務，但是人類社會為此所
付出的代價並不小──商品生產和貨幣經濟的發展引發優勝劣
敗的自由競爭，而這種外部競爭的機制轉換為內在積累的強
制，貨幣的取得和積累本身成為其最高目的──人不是為了生
活而工作，而是為了工作而活；賺錢不是為生活的手段，而是
賺錢本身成為人生的主要目的。為賺錢而賺錢，為生產而生
產，為積累而積累，為經濟成長而經濟成長是資本主義遊戲的
規則。無產階級是生產剩餘價值的機器，資本家是將剩餘價值
變成剩餘資本的機器，而人類全體就成為 GDP 製造機器的齒
輪，是與機器、原料並列的人的要素──不是為人類的生產，
反而成為生產的材料。資本主義時代變成目的和手段顛倒的時
代。

　　資本主義是生產「財富和痛苦」的制度。馬克思在〈直接
生產過程的諸條件〉中指出：「資本家對勞動者的支配是物質
對人的支配，死勞動對活勞動的支配，產品對生產者的支
配」。資本主義時代的所有痛苦和壓抑，都來自於這種目的和
手段的顛倒──不是由人來支配物質生產，反而是人類從屬於
物質生產。但正是由於這種顛倒，資本主義時代變成了「社會
勞動的生產力發展」這一個歷史任務的承擔者，將人類從飢餓
的恐怖中解放出來，從而成為創造一個以「人的自由意志」追
求以「人的自由和全面發展」為目的偉大時代的來臨的物質前
提。因此，資本主義時代的痛苦和壓抑，就成為新社會到來的
「分娩期的痛苦」。

　　但是，就像〈共產黨宣言〉所描述的一樣：「資產階級的
生產關係和交換關係，資產階級的所有制關係，這個曾經彷彿

用法術創造了如此龐大的生產資料和交換手段的現代資產階級
社會，現在像一個魔法師一樣不能再支配自己用法術呼喚出來
的地下惡靈了」。上個世紀所發生的兩次世界大戰以及包括晚
進的金融風暴在內的世界性經濟蕭條所帶來的災難，特別是上
個世紀的年代後日益凸顯的高失業率、資源枯竭、環境惡化⋯
等等在在都向我們證明：這個資本主義所邀約出來的地下惡
靈，不但嚴重的威脅到人類的生存，也威脅到資本主義本身。

　　一旦人類以理性和主觀的努力來控制自然的必然性，終結
了「為積累而積累」和「生產財富的痛苦」之後，資本主義就
會喪失其存在的理由走向「後」資本主義的時代。凱恩斯以
「不勞所得者的安樂死」的說法，期待這種不可避免的「和平
過渡」。凱恩斯所謂的「不勞所得者的安樂死」所意味著的是
「資本主義的和平滅亡」──當資本積累超過了社會所需的水
平之後，也就是當資本已經過剩積累時，資本的支配必然會逐
漸地闃然而逝。但是，調詭的是，當凱恩斯於 1936 年在其主
要著作《僱用、利息、貨幣的一般理論》中提出對資本主義安
樂死的期待的三年後，人類就進入了第二次世界大戰。

　　「既得利益」是不會毫無抵抗地從歷史舞台退去的，社會
轉型的過渡期才是充滿危險的時期。雖然凱恩斯預期資本主義
「和平滅亡」的善良的願望，最終因為殖民地再分配的第二次
界大戰而沒能實現，但是凱因斯認為資本主義因為追求最大限
度地資本的積累而準備著自身的滅亡的觀點還是值得重視。

　　對於未來社會，馬克思在《哥達綱領批判》一書中有比較
詳細地敘述。馬克思將未來的社會分為兩個階段──即「剛從
資本主義產生出來的共產主義社會」和「更高階段的共產主義
社會」。後來列寧在《國家與革命》一書中將馬克思所謂的共

產主義第一（較低）階段稱為「社會主義」，而以「共產主義」專稱高級階段的共產主義。列寧的這種分法在歷史上被多數人接受，並通常以「按勞分配」和「按需分配」這兩句話來概括這兩個社會發展階段的差異性。馬克思所說的「共產主義社會的高級階段」即是：「在迫使人奴隸般的服從分工的情形已經消失，從而腦力勞動和體力勞動的對立也隨之消失後；在勞動已經不僅僅是謀生的手段，而且本身成了生命的第一欲求之後；在隨著個人的全面性發展，他們的生產力也增長起來，而集體財富的一切泉源都充份湧流之後，只有在那個時候才能完全超出資產階級權利的狹隘眼界，社會才能夠在自己的旗幟上寫上：各盡所能，按需分配」。可見，只有當社會生產力和人的「素質和能力」達到一定的水平之後，共產主義社會的高級階段才可能被實現。而所謂人的「素質和能力」的一定水平，基本上要符合下列兩點：

A. 個人的全面性發展——由於所有社會成員的能力都得到了全面性地發展，人才不會被特定的勞動所束縛，分工才會消失，腦力勞動和體力勞動之間的差異也才會消除。

B. 勞動成為生命的第一欲求——不僅僅不再因為統治階級的壓迫而從事勞動，也不是為了生活的必要而勞動。而是在高度發達的精神能力和肉體能力之間自由流動（更換勞動），使其能力更為發展，更在其流動（更換勞動）中享受做為人的喜悅。由於勞動力如此高度發達的自由地流動，社會生產力才會更增大，所有同心協力的財富的泉水才會更豐富地湧現出來。

馬克思在《資本論》中說：蜜蜂所做的蜂巢會使建築師自嘆不如而臉紅。但是，就算是最憋腳的建築師都勝過蜜蜂的地方在於：在他動手用蜂蠟做巢之前，蜂巢已在他的腦海中形

成，勞動過程不過是將勞動者在觀念中早已存在的東西實現出來而已。這就是說，馬克思認為，人的勞動之所以有別於動物的本能勞動，就在於人的勞動是實現了他心中早已存在的東西，是主體的客體化過程。換言之，人的勞動就是一種「自我的實現」。但是在資本主義社會裡，人的勞動分為指揮、監督別人勞動的「精神勞動」和受別人指揮、監督後才開動神經或肌肉的「肉體勞動」。因此「自我的實現」非但是不可能，對於體力勞動者而言，勞動甚至成為一種痛苦的勞役。所以，人們對「自我實現」的要求，本質上就具有轉換「體制」的意義。廢止資本主義，就是廢止「資本／工資勞動」的關係，就是勞動者個人以自己的勞動「實現自我」。

其次，馬克思在《哥達綱領批判》之中，首先敘述了共產主義社會一般的「共同特徵」（也就是包括第一階段和高級階段在內），那就是：「在一個集體的，以生產手段的公有為基礎的社會中，生產者不交換自己的產品；用在產品上的勞動，在這裡也不表現為這些產品的價值，不表現為這些產品所具有的某種物的屬性，因為這時，同資本主義相反，個人勞動不再經過迂迴曲折的道路，而是直接作為社會總勞動的組成部份而存在著」。詳細地說：

1.「生產手段的公有」意味著已不存在「個人所有」或只有個人才能利用的「個人佔有」。

2.「社會中」所明示的是，不存在生產者個人的個別生產。所有成員都參加同心協力的勞動，成為社會總勞動的一分子。

3. 由於成員是以同樣的勞動者身分參與共同勞動，所以不再有勞動者、農民、手工業者等階級差異的存在。（即雖然有

從事於不同勞動的差異，但並不存階級的差別）

具有這種共同特徵的共產主義社會，即使是屬於第一階段的（社會主義）社會，似乎不可能在社會主義革命勝利後而剛掌握權力的勞動階級，就能夠在短時間內確立的新社會。這就是說，革命勝利後沒有經過一段相當長的時間，是無法形成這種新的社會。

馬克思在《哥達綱領批判》中再進一步提出第一階段共產主義社會（社會主義社會）的本質性特徵。那就是：這一個低階段的共產主義社會在經濟上、道德上以及精神上等在各個方面仍然帶有舊社會的胎斑。這一點對於認識共產主義第一階段（社會主義社會）至關重要

首先還存在著所謂「經濟的胎斑」，意思是：

1. 還存在著「社會分工」；

2. 還存在著腦力勞動和體力勞動之間的對立；

3. 勞動還是為了滿足生活必須的手段而不是生命的第一欲求。

就「道德的精神上的胎斑」來說：才從資本主義社會中誕生出來的（第一階段）共產主義社會裡，商品、貨幣已不存在。因此無法由「物」來控制人，貨幣也已失去其特殊的權力。雖然如此，在資本主義社會的生活中，有意無意地帶來的「個人主義」、「利己主義」觀念是不可能立即地完全消失。同時，與這觀念緊密地結合在一起的「由權利決定分配」的觀念，還是一時無法從人們腦海中消除。

馬克思將「由權利決定分配」的原則，視為是「不平等的權利」，又說這是「資產階級法權」——因為分配的目的在於滿足人們的需要，卻交由與人的需要無關的東西（貨幣，甚至

包括勞動量在內）做爲權利的唯一基準來進行分配。這種分配
方式完全符合以物質或貨幣支配人的資本主義社會的本質。但
是，「權力絕不能超出社會的經濟結構以及由經濟結構制約的
社會文化的發展」。[2] 從社會主義進入共產主義的過程中，是
由於所有社會成員都成爲共同勞動的一份子而逐漸自覺是社會
的主人，所以即使還存在著舊社會的胎斑，要洗滌這些胎斑似
乎還不是非常困難。但是，要變革資本主義社會使其成爲新的
社會主義社會，卻是一件大工程。因爲在這「過渡期」中存在
著「人性的根本改造」的大問題。所以，馬克思在《哥達綱領
批判》中說：「在資本主義社會和共產主義社會之間，有一個
從前者變成後者的革命轉變時期。同這個時期相適應的也有一
個政治上的過渡時期，這段時期的國家只能是無產階級的革命
專政」。

　　因此，社會主義革命勝利而掌握國家權力的無產階級，以
爲將生產手段國有化，實行計劃經濟就成爲社會主義社會，這
種簡單的說法（或意識）是值得商榷的。

　　這一點特別容易反應在對前蘇聯等「既存社會主義國家」
（包括其歷史）的認識上的種種謬誤。例如：不應該簡單地從
「革命主體」來判定其革命的性質。就俄羅斯革命而言，一般
認爲 1917 年的二月革命是布爾喬亞革命，而十月革命因爲是
由布爾什維克（即共產黨）領導工農階級奪取政權的革命，就
是社會主義革命。同樣的，在中國由共產黨領導工農階級而奪
取政權的革命，也不應該稱爲社會主義革命，事實上它是在共
產黨的領導下所進行的「新民主主義革命」，是屬於「民主主
義」的範疇，社會主義革命是在工農政權建立起來以後的一段
時間內要逐部實現的目標，是下一個階段的目標。

布爾什維克為擴大其支持基礎以及實現「多數者統治」的需要，決定與「民粹主義」（Narodniki）系統的社會革命黨合作而成為「土地革命」的先鋒。就革命的屬性而言，將土地分配給農民就是在農民中創造出「布爾喬亞財產」，是所謂的「中農化」，因此是屬於資產階級性質的革命。有些人就認為十月革命是城市的無產階級革命和農村的布爾喬亞革命的結合，因而使革命政權獲得大多數人的擁護，獲得內戰的勝利並抵抗外國的干涉。這種革命的雙重性格，一方面成為革命力量的源泉；但另一方面又成為革命政權當家以後所面臨的困境的源泉──都市的無產階級革命和農村的資產階級革命本來就存在著內部矛盾，通過土改在農村所創造出來的土地私有制必然為城市無產階級所否定。因此，革命的雙重性格就成為此後的蘇聯歷史的混亂的泉源。

不過，嚴格上來說，將蘇聯的土地革命規定為布爾喬亞革命的說法，其實也不甚正確。因為農村的土地改革並不純粹是創造出「布爾喬亞財產」，在性質上更接近是「傳統共同體的土地私用的保存和復活」。傳統的農業共同體在解體之前，一直都是農民的社會經濟整合的基礎單位，同時維持著非常強韌的生命力。

另外，將「革命的雙重性格」限定於土地問題也一樣不甚正確。因為革命政權在革命後所極力推行的政策並不限於土地問題。革命政權廢除了封建的家族關係，使隸屬於家庭的婦女獲得了解放；也承認了一般被認為是資產階級民主革命課題的「民族自決權」等更為廣泛問題。這是因為布爾什維克認為，依據馬克思主義，社會主義革命是建立在資產階級革命成功的基礎之上。這就是說，要達到社會主義的實現，必須以資產階

級革命所達成的民主、人權和自由做為基礎。可見，布爾什維克本身也不認為十月革命的性質是社會主義革命。1920年，蘇聯創設「掃除文盲非常委員會」，當時列寧坦白地說：「不得不創設「掃除文盲非常委員會」這件事情本身就證明我們還是半野蠻人」。半野蠻的社會當然不是社會主義社會。同一年，列寧又說：「我們現在還不能夠引進社會主義。我們期望在我們孩子的世代，不，在孫子的世代能夠確立社會主義」。托洛斯基就認為，列寧的這一些話並不是革命的悲觀主義（Pessimism），而是「歷史的現實主義」，是馬克思主義的共識。

晚年的列寧又進一步說：「既然我們還不能實現從小生產到社會主義的直接過渡，所以做為小生產和商品交換的自然產物的資本主義，在一定範圍內是不可避免的。我們應該利用資本主義（特別是要把它引導到國家資本主義的軌道上去）作為小生產和社會主義之間的中介環節，做為提高生產力的手段、道路、方法和方式」。這種過渡性國家的歷史地位，列寧認為是「國家資本主義」，但是，這是「無產階級國家的國家資本主義」。列寧認為：不承認「無產階級國家的國家資本主義」的共產黨「左派」的議論，完全是出於經濟的謬誤，是他們完全淪為小資產階級意識形態俘虜的證據。由此可知，俄羅斯的十月革命並非社會主義革命，而是和中國的新民主主義革命一樣，是以社會主義為目標的社會革命。

其次，一般認為「生產手段的國有化（國有企業）」和「計畫經濟」就是社會主義的判準，特別是在蘇聯體制崩潰之後，學院裡的「左派」通常據此來檢驗轉軌國家和中國改革開放的社會性質。

馬克思是以「從直接生產者身上剝削剩餘產品的不同形態

（即，佔主要地位的生產方式）」來區別歷史上不同的社會發展階段（例如，奴隸社會、封建社會、資本主義社會和社會主義社會等等）。但是，一個社會的社會經濟形態（Social forma-tion）並不是由單一的生產方式來構成，當然更不是由所有制形式來規定，而是該社會中「佔有主要地位的生產關係的總和」。這裡所謂的「生產關係」指的是人們在物質資料的生產過程中所形成的社會關係，主要是「生產手段和勞動者結合的方式」。資本主義社會是勞動力成爲商品的社會，而占主要地位的生產關係是「資本（生產手段）和勞動力」的關係，也就是雇傭關係。在資本主義機器大工業體系下，勞動者縱使從擁有生產手段的資產階級手中剝奪其生產手段，使國家、合作社或自主管理的工會成爲生產手段所有權的主體，勞動者還是從屬於大規模的機械體系，只能依據分工、協作的原則執行單純的、不斷反覆的肌肉勞動而已，並沒有成爲馬克思所謂的「自由人在自由、平等的條件下的結合」的社會主義生產關係。而這裡所說的社會主義社會的「生產關係」，正是「人們以共同的生產手段進行勞動，並且有意識地使個別勞動直接作爲社會勞動的」自由人的結合」」。

「國有企業」是所有形式的國有化，因此」勉強」可以說是「人們以共同的生產手段來進行勞動」。但是，在公有體制下並不保證勞動者的勞動作爲社會總勞動的一個組成部份直接體現爲社會勞動，生產關係體現爲「自由人的結合」的社會關係。更何況，「計畫經濟」是「由上而下」的經濟體制，但是社會主義社會是處於國家已消亡或正走向死亡的階段，不可能形成「由上而下」的經濟體制。這就是說，眞正社會主義社會的經濟體制，應該是由下而上的「協商經濟」而不是「計畫經

濟」。所以，以「國有企業」和「計畫經濟」做爲社會主義社
會的判準，並不不合理。換言之，解體前的蘇聯，雖然是朝向
社會主義前進的社會，也可說是「發展中國家社會主義」的一
個型態，但還不是馬克思所意味的社會主義社會。

由於「既存社會主義」國家的崩潰，以「國有企業」和
「計畫經濟」作爲社會主義社會判準失去了現實性，因此90年
代以後，馬克思所經常提到的「聯合體」（Association），成
爲一個新的社會主義範型。根據學者的研究指出，每當馬克思
提到取代資本主義社會的新社會時，最常用的名稱是「聯合
體」而不是社會主義或共產主義。

所謂「聯合體」就是，由自由而獨立的個人在平等的條件
下互相結合的組織，以及以各個合作組織再聯合所形成的社會
聯合體。在社會聯合體裡，取代「階級和階級對立的舊布爾喬
亞社會」的是「個人的自由發展成爲所有人自由發展的條件的
一個自由人的聯合體」（共產黨宣言），在那個社會裡，勞動
成爲「充滿喜悅的快樂的勞動」。

如此看來，「社會聯合體」的生產關係是「獨立的個人在
自由平等的關係下的相結合」，是社會主義的生產關係。但
是，根據馬克思唯物史觀「生產力規定生產關係」的法則，形
成「自由人聯合體」並實現「充滿喜悅的快樂勞動」的「新的
社會生產力」是什麼？並沒有明確的規定。所謂的「正統馬克
思主義」者對於這個問題採取「政治革命先行論」，認爲：要
以無產階級革命奪取政權做爲前提，然後無產階級專政下由上
而下的改造「生產關係」。也就是說，社會主義生產關係無法
在本主義的胎胞中自然地成長，只有在無產階級從資產階級的
手裡奪取國家權力之後，才可能產生。

這種「政治革命先行論」認為，資本主義生產關係之所以能夠自然的萌芽在封建體制的胎胞內，並取得發展，是因為封建體制和資本主義一樣，都是建立在「私人佔有」這種所有制形式的基礎上。但是，社會主義的生產關係不可能在資本主義社會胎胞內自然地生長——因為社會主義是建立在「生產手段社會所有」的基礎上，和建立在「生產手段私人佔有」上的資本主義生產關係，無法兩立。正由於馬克思在《哥達綱領批判》中明白主張「政治革命先行論」，也因此「政治革命先行論」就長期被認為是馬克思及馬克思主義的正統主張。但是，近年來由於對「聯合體」的研究，逐漸行成一些新的看法。

例如有些學者根據《資本論》裡說：「工人自己的合作工廠，是在舊形式內對舊形式打開的第一個缺口，雖然它在自己的實際組織中，當然到處都再生產出並且必然會再生產出現存制度的一切缺點。但是資本和勞動之間的對立在這種工廠內已經被揚棄，雖然起初只是在下述形式上被揚棄，即工人作為聯合體是他們自己的資本家，也就是說，他們利用生產資料來使他們自己的勞動增殖。這種工廠表明，在物質生產力和與之相適合的社會生產形式的一定的發展階段上，一種新的生產方式怎樣會自然而然的從一種生產方式中發展並形成起來」。[3]

馬克思的唯物史觀所主張的是：社會經濟結構（物質基礎）的變革先於上層建築的變革，而新的經濟結構要充分成熟之後，政治的上層建築才被換成與其相適應的東西。因此，生產關係的變革並不一定要以政治革命為出發點。換言之，社會主義的新生產關係並不一定要經過社會主義革命之後才能夠形成。

第二節　新的生產力與新的生產關係

　　一直以來，馬克思主義經濟學者大都不加批判地認爲，作爲資本主義發展基礎的工業生產力，必然爲社會主義所繼承，以作爲新社會的基本生產力。蘇聯式的「社會主義」也明顯的是根據此一前提，企圖通過「生產手段國有化和中央集權計劃經濟體系」的手段來實現社會主義改造。但是，假若我們從歷史唯物論來進行考察，就「生產力」與「生產關係」的辯證發展來看，這個前提就不無疑問。因爲，如果社會主義是替代資本主義的新社會，那麼我們就不能夠排除在這個新的生產關係中所發展起來的、起支配作用的社會生產力，應該是替代資本主義機器大工業的新產業才對。

　　事實上，早在 1970 年代前後，先進資本主義國家就開始將其生產力的重點，從先前的工業生產轉移到所謂的「軟體化」、「服務化」產業；到了 90 年代，「個人電腦互聯網」（PC Internet）的出現，不但大大促進了知識勞動生產力的發展和效率化，更使得上述產業成爲 20 世紀末新興產業的核心。更重要的是，「PC互聯網」作爲一種新的生產手段，不但打破了勞動力爲資本所支配的客觀的技術條件，創造出一種實現「自由、平等、自我實現」的勞動型態。同時，通過這些獨立自營的個體勞動者所構成的「網絡共同作業」（Internetworking Collaboration）產生了一種新的分工型態和社會關係。這種新的「共同作業網絡」社會，基本上是符合馬克思社會主義理念的勞動社會型態，在「質」和「量」上的擴展、深化已成爲歷史上不可逆轉的潮流。

　　過去，包括馬克思主義經濟學者在內的許多左翼人士，對於這種符合唯物史觀的生產力發展似乎給予了過小的評價，以致於忽略了 21 世紀的今天，在現實上發生並持續擴大中的各種社會主義經濟關係的萌芽：

　　1. 資本主義各國經過了二次大戰後的高度成長期，實現了所謂的「大眾富裕化」，一般大眾的工資所得在 70 年代以後基本上足以支付消費生活所需的物質財貨，部分中等收入階層更進一步需求能夠滿足精神上、心理上高品質生活的新服務或更多附加價值的商品。而所謂的「軟體化、服務化」產業，正是伴隨著「大眾富裕化」所產生的新的社會需求而發達起來的社會生產力，與傳統的製造業在型態上有顯著的差別。[4]

　　2. 以 IT 革命為契機的「去」資本主義化──「網絡共同作業」關係的發生：1970 年代後期，伴隨著經濟「軟體化、服務化」的進展，資本為了吸收這種新生產力作為積累的基礎，開始收集並處理大量個殊性、多樣性、易於變化的「個人消費」信息。同時，為了節約隨之而來日益膨脹和複雜化的事務性工作，抑制並削減龐大的事務費用，企業界開始引進以電腦為主的信息技術來合理化企業固定支費。1980 年代的辦公室自動化就是其中一環。也就是說，信息化首先是作為企業的信息收集、處理，以及作為內部固定事務費用的合理化手段而展開的。

　　但是，就在信息化進行並取得技術進展的同時，「個人電腦」（PC）不僅從研究、開發進入了實用化的階段，更在 90 年代開始了「互聯網」（Internet）的商業利用。個人電腦與互聯網在運用上的結合，使得信息化的意義和作用起了巨大的變化：

　　首先，PC是貯存資料、訊息並依照使用者的指令進行
處理的信息機器，雖然體積小、價格低廉，但是近年來它
的性能卻急速地提昇，運算機能和記憶容量比起大型電腦
也毫不遜色；其次，「互聯網」（Internet）是連結數個電
腦，將其所收集的資料和訊息進行雙向傳遞的「基礎」性
通信技術，是世界性的，可自由進出的開放系統。個人電
腦通過互聯網就可以與不同種類、不同系統的 PC 網路相
連結，雙向的上傳或下載各種信息。更由於「互聯網」是
利用現有的電話回路進行資料傳輸，因此使用者只要支付
連結費用，幾乎不必再支出通信費用，所以能夠以極低的
成本接受和傳遞信息。當兩者結合而成「PC互聯網」的網
路系統之後，個別企業間（B to B）的交易成本會戲劇性
地降低；企業也可提供給個人（B to C）完全不同於傳統
流通形式的財貨、行銷和服務。另外，「PC互聯網」也可
以提供個人（家庭）一種新的（思想、感情等）傳遞手
段、以及一種新的娛樂、財貨流通和服務等等。

　　總之，由於 PC 網路的利用，企業、個人都能享受多種多
樣的利基點，因此當PC互聯網的技術配備在 90 年代中期後取
得了進一步發展之後，不僅僅是大企業，連中小企業，甚至在
個人（家庭）PC的使用人口都爆發性地增加。據統計，在各先
進資本主義國家內PC互聯網的普及率，到了 21 世紀初大多超
過 50 ％。[5]

　　資本主義機器大工業的勞動，是使勞動者失去其主體性的
異化勞動。換言之，在機器大工業中，工人所提供的是從屬於
機械的輔助性勞動，通常以執行固定型態的單純體力勞動為

主。反之，在新的軟體化、服務化產業中，勞動具有高度的專門性、知識性和技術性，是或多或少都需要勞動者自己做出判斷的非定性勞動，因此集中在無法機械化的、以知識勞動爲主的產業部門居多。

知識勞動的成果相當程度依賴勞動者的自由意志，尤其是具有：廣泛與其他部門內的專家、專門技術者互相提供共有信息、知識而進行「共同作業」（Collaboration），從而提高勞動效率和生產力的特性。利用 PC 互聯網所形成的網路，每個勞動者都能夠將自己在PC內所收集的信息、知識以及所開發、創造出來的新知識互相自由地利用。必要時，還可利用雙向性遞、受信息的機能而互相交換意見。如此一來，勞動者不必直接集合在一個地方，也不受時間、場所的限制，就能夠透過PC網路的連結在廣大的勞動者之間實現「共同作業」關係，從而擴大了知識的效力。由於互聯網是世界性的、全社會成員參與型的開放系統，勞動者可以通過網路廣泛地選擇共同作業的對象，從而使「共同作業」具有最完美的條件。

這一點，就理解 PC 網路的革命性意義而言，具有關鍵性的地位。

首先，PC互聯網的網路系統是爲了使知識勞動者特有的生產力更有效地發揮、發展，而提供給所有勞動者的勞動手段——不管這個勞動者是否從屬於企業組織。但是，由於資本主義企業爲了保護獨佔性利益而採取技術保密措施，因而對超越企業組織的信息、知識的開放和共享設置了人爲障礙。所以，個體勞動者，即使是從企業獨立出來的勞動者，也能和企業內勞動者一樣，甚至更有效地通過互聯網進行「共同作業」，發揮超越企業內勞動的高度生產力。如此一來，對於以知識勞動

為中心或主要勞動的軟體化、服務化產業來說，一種比過去被限制在企業內的生產力還更為高級的生產力，就有可能在企業外部形成，或者，至少是提供了能夠形成的條件和可能性。因此，PC互聯網創造了一種新的社會條件，使得離開企業組織而獨立自營的勞動者，也能夠和在企業支配下的勞動者發揮同等效率，甚至更高的生產力。

其次，獨立的個體勞動者不需要花費高額的廣告費用，就可以通過網路向其他個人或企業宣傳自己的專門技術和勞動產品；也可以通過網路搜尋自己所需的工作或「共同作業」的伙伴；同樣地，更可以透過網路尋找到需要自己的產品或服務的消費者。也就是說，PC互聯網基本上提供了一種使勞動者能夠從資本的支配下獨立出來的外部條件。

另一方面，新興軟體化、服務化產業部門的生產力核心是知識勞動，而「PC」電腦（包括其所貯存的信息、知識）是知識勞動最基本的「勞動手段」。90年代中期以後，知識勞動者所不可或缺的「PC」電腦為了普及化，朝向高性能和低價位發展，其價格降低到一般勞動者的收入所能夠購入的水平。我們都知道，「資本／工資勞動」這種歷史制度的形成，也就是說勞動者在資本家的支配之下從屬於資本的雇佣關係的形成，是因為生產手段為資本家所獨佔，而從事直接生產的勞動者被剝奪了生產手段，淪為除了出賣自己的勞動力便一無所有的無產工人。現在，勞動者將被剝奪而分離的生產手段取回到自己手裡，取得了自由地為自己工作的條件，是一種對資本主義雇佣關係的否定。

因此，以知識勞動為主要形式的眾多勞動者重新取得了歷史條件，脫離由資本所支配的企業組織，成為獨立自營的個體

勞動者──這就是網路個體勞動者（free agent）大量出現的歷史前提。以先進工業化國家為例，到了 21 世紀初，網路個體勞動者（free agent）在全體勞動者中所佔比率達到了 30～40％。此外，還有相當多數的受雇勞動者，雖然現在還維持著雇傭勞動的形式，但只限從事於自己所喜好的工作，並且頻繁的更換雇主。廣義上來說，這也是自營勞動者化的一種形式。

網路個體勞動者（free agent）的收入大多高於平均工資水平，他們是自發性地脫離雇傭關係，從企業獨立出來成為自營勞動者，從而建構出一種在網路系統上「共同作業」的新的社會生產關係。這種網路個體勞動者的「共同作業」關係，具有下列特性：

> 將所收集、開發、貯存的信息、知識，在 PC 互聯網上共有、分享；以這種勞動手段共有、分享的物的關係為前提，在個別的參與者之間實現平等的、完全不存在支配與被支配關係的人與人的社會關係。因此，新的網路個體勞動者的「共同作業」是勞動者依照自己的自由意志所選擇的勞動，絕不是由國家或其他外部力量所強制的勞動。這才是符合馬克思所謂的自由、快樂和自我實現型勞動，是社會主義理想的勞動形態。

現在，許多人都將 1990 年代中期，PC 互聯網開始普及並在資本主義社會的經濟關係中掀起的巨大變化的過程，稱為「IT 革命」，用來類比揭開資本主義序幕的「產業革命」。換句話說，「IT 革命」這個名詞的出現，在某個意義上，就意味著社會主義社會在 21 世紀的今天，即將來臨。

通過以上的敘述，一個新的社會主義圖象似乎隱然若現。
簡單的概括如下：

a. 由軟體化、服務化產業替代資本主義時期的機器大工
業，成為社會主義社會的基礎生產力。

b. 個體勞動者所用的 PC 電腦是主要的生產手段。PC 將其
所收集、開發、貯存的信息或知識本身，從人腦分離開來而客
體化成為生產手段（在規模上大幅地超過人腦的記憶容量）。
這種具有特殊性的生產手段是由網路參與者全體成員所實質上
共有，並於勞動過程共同利用。

c.「知識勞動」成為最基本勞動型態。勞動者所提供的從
輔助機械單純的體力勞動變為以高度知識、專門技術為基礎並
需要做適當判斷的所謂「知識勞動」。

d. 個體勞動者以 PC 互聯網作為媒介進行「網絡共同作業」
勞動，是基本的社會生產關係。在這種勞動關係裡，各個參加
勞動者之間不存在支配、被支配的「階層」（Hierarchie）體
系，而是人與人之間的平等關係。因此勞動就成為以個人自由
意志為基礎的自主勞動，是社會主義思想所追求的理想的自我
實現型（以人為主體）勞動。

當然，上述的各種社會主義要素不過是處於萌芽的階段，
尤其是新的生產關係祇有一小部分浮現出來，社會主義社會的
全體樣貌還不是很清晰。還有，在個體勞動者所構成的「網絡
共同作業」社會裡，商品經濟和貨幣究竟會不會被廢棄？或者
是還扮演著相當的角色？假如，廢棄了市場經濟，那麼，做為
經濟原則在任何社會型態都不可或缺的勞動的配置（分工），
將如何實現？……凡此種種都尚無定論。

但是可以預見的是，工業生產力在新的社會主義社會中將

不再佔有支配性地位。就如同，農業勞動在資本主義社會裡下
降為次要的地位一樣，資本主義大工業生產在新社會裡將讓位
給軟體化、服務化產業而變成次要產業。因為，社會主義社會
的實現，必然是建立在社會生產力高度發達，整個社會生產足
以提供全體人類日常生活所需的基礎上。所以，在新社會裡，
生活必需品的生產不再是主要的勞動部門，而社會勞動的配置
（分工）將根據社會需求的變化緩慢的進行修正。當然，工業
產品的總量可能還會繼續增加，但是由於工業生產的自動化，
特別是機械人（Robot）取代了工人單純的體力勞動，整工業部
門所投入的勞動量（就業率）將會大幅地減少。

　　上述這種社會主義圖象，與一般所理解的馬克思主義正統
派的社會主義圖象有著顯著的差別。這是因為，具體的歷史是
以相當不同的經緯與內容向前展開，與馬克思主義正統派所估
計的社會主義化過程大異其趣的緣故。

　　馬克思主義正統派向來主張，通過社會主義革命取得政權
後，藉由改造社會生產關係，也就是實施生產手段國有化以及
中央集權計畫經濟體系來實現社會主義。但是這個設想的前
提，其實跟資本主義一樣，依然是以機器大工業生產作為生產
力的基礎。與此不同的是，新的社會主義生產關係是伴隨著
「IT革命」的登場，從資本主義世界中最發達的中樞部門自然
地發展出來的。也就是說，首先是為了滿足精神上與心理上更
高層次的消費需求的軟體化、服務化產業，以「大眾的富裕
化」為契機取代了機器大工業成為社會生產力的基礎；而資本
為了盡力適應這種生產力的變化，反過頭來刺激了「IT」革命
的出現，提供了網路個體勞動者的「網絡共同作業」，這種具
有社會主義性質的新的生產關係出現的技術條件。

再則，從理論上來說，以工業生產力為基礎的社會主義化似乎也不太可能。在大工業體系下，勞動者只是附屬在大規模機械體系上的一塊肉，依據「分工、協作」的原則執行單純的、不斷反覆的肢體勞動。在那裡不管所有權的主體是私人資本、國家、勞動合作社或者是自主管理的工會，都必須以嚴格的紀律來要求勞動者執行局部的職能以適應全體的生產目標。由於勞動者只是局部工人，必服從於組織的指揮與勞動紀律，因此不可能實現自由、快樂的、自我實現型的社會主義勞動。只有在以軟體化、服務化產業的生產力為基礎的社會裡，勞動手段在生產過程中不再起支配性的作用，取而代之的是人有主體性的勞動能力，同時取消了勞動過程的「階層關係」，在勞動者之間實現平等的、自主的「網絡共同作業」社會關係，才能兌現自我實現型的社會主義勞動。

總之，社會主義的「勞動解放」（人的解放），不可能單純的依靠人為的改造生產關係就能實現，也不可能在農業、工業等不得不製造生活必需品的生產力之下實現，而是在超越這種框架的，擁有高度的、有剩餘的生產力才能夠實現。

第三節　美國新「社會主義性質」勞動者的形成

一、美國新型勞動者的增加

1990 年代以後新型勞動者的增加伴隨著新保守主義的登台，美國的雇傭、就業狀況在 1980 年代以後產生很大的變化。一時間，組織再造（Restrucuring）、外包（Outsourcing）、精簡（Downsizing）等企業轉型策略如春火燎原般的展開。到

了 90 年代，「勞動彈性化管理」（Just in time）[6] 進一步取代了戰後企業長期雇用的傳統就業保障，大幅度地削減正式聘僱的全職員工，改採大量的兼職員工（Part-timer）、臨時員工和派遣員工。

另一方面，「勞動彈性化管理」的推行，卻也創造了大量脫離企業組織而獨立營生的個體勞動者（Free agent）或小起業主（Micro — businesses）。這些急速增加的新型勞動者（包含非正式雇用者、個體勞動者和小起業主）並不一定是工資低廉的「隨用即拋型勞動力」，也不是以低工資、長工時為武器建立起來的所謂的「零細企業」。

晚進的許多研究都將 1980 年代以後美國的雇用、就業狀況及就業的變化，視為是工業社會的結束和新社會來臨的指標。例如：

《工作移轉》（Job Shift），William Bridges，1994

《知識資本主義》（Knowledge Capitalism），
　　　Burton Jones，1999

《無重量社會》（The Weightless World），
　　　Cogle. D，1997

《工作上的新政：管理以市場為導向的員工》
　　　（The New Deal at Work: Managing the Market-Driven
　　　Workforce），Cappelli. P，1999

《保衛繁榮》（Securing Prosperity），Osterman. P，
　　　1999，以及《自由工作者的國度》
　　　（Free Agent Nation），Pink. D，2001……等等。

這些文獻雖然都認為：美國傳統的工業社會由於經濟社會的軟體化、服務化以及 IT 革命的發展而正式結束，表現在雇

用、就業狀況的變化就是新社會來臨的現象之一。但是，由於
缺乏問題意識或歷史認識，他們都無法清楚的指出新社會來臨
的歷史意義。只有 D. Pink 將「個體勞動者社會」（Free agent
society）視爲是「勞動者重新掌握生產手段的數位化馬克思主
義社會」（Digital Marxist society），並大膽的預測超越資本主
義的新社會即將來臨。

　　D. Pink 注意到，從企業組織獨立出來而自由工作的「個體
勞動者」（Free agent），在 1990 年代有大量出現並急速增加
的現象。他將這種「個體勞動者」可分爲三類：1. Free lance 或
Soloist（自由契約、無所屬、個體戶）；2. 臨時員工（Tem-
ps）；3. 小起業主（Micro-businesses）。

　　首先，「Free lance」是「個體勞動者」（Free agent）的最
一般性形態，指不受雇於特定組織，但參與各種企畫案（Pro-
ject）並出售其勞務或服務的勞動者。在美國勞工部勞動統計
中，「獨立契約者」（Independent contractor）也被歸類爲「個
體勞動者」之一。近年來的趨勢，是被稱爲「獨立專業」（In-
depent professional）的經營顧問（Consultant）、平面設計
（Graphic designer）、電腦程式設計師（Programmer）等高所
得的 Free lance 的急速增加。另外，像從前的作者、畫家等藝
術家，以及木匠等手工業者都歸屬於這一類。據統計，如果將
以 Free lance 做爲副業的人也包括在內的話，在美國這類個體
勞動者大概有 1,650 萬人。

　　屬於第二類的是臨時員工（Temps）。80 年代以後，由於
企業推行「勞動彈性化管理」（Just in time），臨時員工的增
加速度遠遠超過正式員工，其中有些人雖非自願，卻不得不留
在那個位置。假如說，「Free lance」是自覺的「Free agent」，

臨時員工大多數是不自覺的、非自願性「Free agent」。但是，D. Pink也注意到另一種趨勢：律師、醫師、高科技人才、管理幹部等持有專門技術的臨時員工也在增長之列。D. Pink進一步指出，他們之所以停留在臨時員工身份而不乾脆的獨立出來，通常是因爲他們對辦公室的事務性工作不感興趣或沒有執行能力。假若他們獨立成爲「個體勞動者」，就不得不承擔會計、庶務等日常性事務工作。據統計，在美國上述兩種不同性質的臨時工，加起來大約有 350 萬人。

最後，如果說「Free lance」是獨立的「個體勞動者」，屬於第三類的小起業主（Micro-businesses）則是雇佣少數從業人的「個體勞動者」。美國經濟在 1990 年代以後的一個特徵是：小型企業的急速增加，收容了大量被大企業解僱的員工。90 年代後半（1994-1998 年），從業員工 20 人以下的小企業在美國新聘員工大約有 900 萬人，佔新雇用人員總數的 8 成左右。小起業主之所以急速增加的原因，是由於數位網路的應用。透過互聯網，即使是個人，或是少數人所形成的網絡，也可以在保有小規模企業所特有的獨立性和靈活性同時，又享有不亞於大企業的客戶群、活動範圍和經營能力。根據美國新英格蘭女性企業主協會（NEWBO）的調查，許多以自宅爲據點的企業，是利用電腦和通信技術來趨近市場，而互聯網（internet）則愈來愈成爲重要的事業手段。據D.Pink的推計，這種新興的小企業大致有 300 萬家，所聘僱的從業人員超過 1000 萬人。

上述三種不同類型「個體勞動者」：「Free lance」（1650 萬人）、臨時員工（Temps，350 萬人）、小起業主及從業人員（Micro-businesses，1300 萬人），總加起來人數大約有 3300 萬人，佔美國就業人口總數的四分之一左右。

另外，除了狹義的「Free agent」之外，D.Pink還認爲，有很多人雖然在形式上從屬於企業組織，但實質上從事類似於「Free agent」工作：例如，在公司內根據工作的吸引力而從事於各種專案的專業人員；將公司當作是依據勞動契約提供勞務和服務的場所，因此經常轉換公司的人，以及，1100多萬個雖然受企業聘僱卻在家工作的自宅勤務者等等。雖然看起來形式繁多，但就「一旦缺乏有吸引力的工作就離開組織而獨立」的意義來說，這也應該是「Free agent」的後備軍。

不管D. Pink所推估的數字（3300萬「個體勞動者」）是否準確，真正重要的是：

A.到2000年爲止，美國（不包含農業部門）從事於第一、第二產業部門（與物質生產有關）的勞動者已減少爲受僱勞動者總數的二成一。服務產業尤其是知識產業已成爲美國的基本產業；

B.「個體勞動者」（Free agent）這種急速增加的勞動型態，主要是集中在以知識勞動爲基礎的服務業部門。也就是說，1990年代被稱爲「Free agent」的新型勞動者的出現，是服務部門正在取代製造業成爲基本產業後所產生的現象。

新型勞動者的形成過程

二次大戰後，美、歐、日等先進工業化國家實現了經濟的高度成長，國民生產力超越了物質消費的水平，一般大眾爲了提高生活品質轉而消費更多的個人服務，進入了以服務消費爲中心的時代。也就是說，先進工業國家從1970年後半就進入了「大眾的富裕化」時代，即從以財貨生產爲中心提升到以服務爲中心的富裕時代。

在「大眾的富裕化」的社會裡，勞動者的消費生活產生根本性的變化。當工業製品，包含一般性消費財和耐久性消費財都普及到一般大眾時（即物質消費到達了「量」上的極點時），人們不僅要求物質財貨的有用性，也會要求在「持有」和「消費」過程中所帶來的滿足感、幸福感等等，在精神上、能夠彰顯個人生活方式（Life style）的消費型態。

從企業方面來說，單單依靠提高製品的基本機能已不能滿足消費者的需求，反過頭來，產品設計、多機能化、差別化等等手段卻成為決定產品銷路的要素。這就是說，過去依靠少量品種、大量生產方式以降低成本，大量販售的所謂「福特制」生產體系（Ford system）已走不通。取而代之的是強調輕、薄、短、小的多品種、小批量生產的工業製程（在自動化技術的基礎上推行 ME 化生產方式，引進因應不同製品而轉換不同模具的系統模組（modular）設備，也就是美國所謂的活性製造管理系統（Agile manufacturing system）。[7]

再就服務消費來說，首先注重能夠提高生活品質的服務。因此，增加的並不是與傳統的物質財貨生產、流通相關的商業、運輸、金融等消費，而是因應高齡化、高所得化而來的福利、醫療、教育、地區性服務、娛樂等與提昇生活品質有關的服務需求。不過，對生活品質要求的內容因人而異，也表現為多種多樣的需求，過去由政府、地方公共團體所提供的片面性、劃一性的服務已無法滿足國民大眾的需要。因此，針對新的服務需求，替代政府、地方公共團體而提供多樣服務的民間企業，以及 NPO、NGO、Volunteer（義工）等非營利團體的活動開始增加。

「大眾的富裕化」也使得勞動者的勞動內容、工作意識產

生變化。

從 70 年代中期,為了因應市場體系的轉換,企業界也從以物質財貨生產為主轉換為以消費者需求為主體,提供有高附加價值產品或服務。於是,如何「敏捷、精確地掌握消費者的多樣化、個性化需求並立即做出回應」便成為提升企業市場競爭力的當務之急,而信息化正是實現這個競爭力的最佳手段。

信息化並不僅限於掌握企業外部的市場信息,還必須將其所收集的市場信息分析、處理並應用於產品的開發與生產。當消費者的需求多樣化,產品的差異化、個性化成為市場競爭的要素時,「迅速、確實掌握消費者的動向,使其與產品的開發和生產相結合」就成為決定企業競爭力的關鍵。這就是說,本來為了掌握市場信息而推行的信息化,由於必須構築從市場調查、研發、生產到零售等全體業務部門的信息網,因此,不得不涉及到企業組織的所有產業部門。

由於經濟的軟體化、服務化的發展,在物質財貨生產過程中從事於簡單勞動的勞動者在量上不但是相對地,也是絕對地減少。反倒是參與開發、設計附加價值機能、服務的,需要高知識和專門技術的知識勞動者則大幅度地增加。此外,從事於社會福利、醫療、教育、地域性服務等相關的知識勞動者也快速增加。同時,在大眾的富裕化時代,勞動者的工作目的、工作意識也會起變化,擁有高水平所得、安定工作的勞動者會要求在工作中得到更多的成就感和充實感。

知識勞動是以人腦為主體的勞動型態,勞動的成果很大的成分是依靠勞動者本身的創造力、想像力和向上心。強調「構想與實行的分離」(體力勞動和腦力勞動相分離)的福特制(Ford system)科學管理法,是不可能激勵勞動者的勞動意願

和勞動能力,想要實現這個目的,就必須以兩者的「合為一體」來作為前提,因此不可避免的會削弱了資本對勞動的支配力。雖然,美國企業在 80 年代採取各種提高勞動意願、恢復對企業忠誠度的嘗試,但是以獲取利潤為最終目的的企業體,是不可能提供有意義的職務或業務給大多數的勞動者。所以,隨著軟體化、服務化、知識勞動化的進展,越來越多的勞動者因為無法在職務獲得滿足而想獨立。

知識勞動以非定型勞動為基本,不可能像體力勞動那樣透過分工、協作將勞動單純化、去技術化。當知識、信息的來往頻繁化,共有知識、信息的蓄積也龐大化之後,網路化的電腦就成為有效的生產手段。因此,我們不得不重視企業信息化過程中二個具有指標性意義的技術開發:80 年代初期發展起來的個人電腦(PC)系統和 90 年代初期向民間開放的互聯網(Internet)。這兩者的結合扮演了為信息化社會催生的劃時代角色。

首先,個人電腦(PC,80 年代初期被稱為 Micro Computer)的登場,對信息化的意義不僅僅是電腦的小型化和廉價化,更重要的是 PC 網路的信息傳遞是雙向的網絡結構。PC 的出現不僅使電腦成為個人的工具,也成為以「共同作業」為基本型態的知識勞動的主要生產手段。

其次,以東西冷戰的結束為契機,90 年代初期開放互聯網(Internet)技術給民間使用,帶動了另一波信息化高潮。互聯網是任何人都可以接續、利用的開放性網路,設置與運用成本相當低廉,因此在缺乏財力的中小企業、個人企業與家庭之間得到廣泛的利用;反過來說,,恰恰由於越來越多的人使用互聯網做為信息傳達手段,互聯網方便性和利用價值也加速地提

高。互聯網將所積累的知識、信息提供給社會做爲共有財產，任何人都能自由的利用並且加以改良。

最後，Windows這個基本的作業程式（OS，Operating system）的改良和運用與互聯網的普及化步伐保持一致，對於將PC的利用普及到家庭、個人身上也起了非常重要的作用。透過所謂「簡易前端介面」（User-friendly front end）的設計，使用者不必學習難解的電腦語言也能夠操作OS軟體，提供了PC普及化的必要的技術條件。

在開放的網路上，全體成員參加知識與信息的共有化的進展，擴大了軟體化、服務化經濟的範圍，尤其是大大地開拓了知識勞動部門活動範圍，同時也帶動了從事知識勞動的勞動者在數量上的急速增長。特別是 90 年代中期以後，互聯網的開放，導致知識勞動部門以及擔任該部門工作的知識勞動者，取得了影響整個社會經濟活動的主體性地位，產生所謂的「知識社會」。

在知識社會裡，由於大眾的富裕化，勞動者可以很輕易的就占有 PC 和互聯網作爲主要生產手段，從而獲得了作爲個體自營勞動者的經濟力量，脫離既有的企業組織從事於生產、販賣等經濟活動。從企業組織獨立出來的動機或契機也許很多，例如：被解僱，被調到與專長不相符合的職務而不得自謀生路，或是純粹爲追求自主勞動而主動辭職等等不一而足。但無論如何，由於 PC 互聯網這種基本生產手段的廉價化，使得勞動者終於重新掌握了屬於勞動者本身的勞動手段，這就是獨立自營勞動者之所以大量出現決定性依據。所以，到了90年代，許多專門技術人員爲追求成就感和自由，就陸陸續續脫離資本的支配而開始獨立。這就是 D. Pink 所謂的「雇用勞動者的 free agent 化」。

　　就知識勞動而言，企業存在的意義在於其知識整合能力（Synthesizing capacity），即將零碎、分散的知識結合成爲一個完整的體系，從而觸發新的知識，提高勞動生產率。但是，當個體勞動者透過互聯網而形成「共同作業網絡」時，就可以取代企業的整合能力，其中蘊含的知識創造力大可以與企業分庭抗禮。同時，個體勞動者還可以透過互聯網而找到交易對象，也已經形成了許多支援組織，在知識經濟下妨礙個體勞動者從企業自立的障礙幾乎已不存在了。

　　在另一方面，由於 PC 互聯網的普及化，企業之間的交易成本降低到幾乎等於零，促使了企業的組織改革以及企業間關係的重整，從而也促進了雇用勞動者的自營化。企業可選擇將各種業務過程及所需人力由企業內員工擔任，或將其外包給外部企業或獨立自營勞動者。在個人需求易於變化，技術進步急速的所謂「速度經濟」下，繼續將資產、員工置於不佔優勢部門可能招來致命性的損失。因此，企業會採取的所謂「核心競爭力」（Core-competence）的經營戰略，將資源集中於自己佔優勢部門，而將不佔優勢部門與外部擁有強大競爭力的企業合作或委託給獨立自營者。假設將各個企業、個體勞動者的優勢部門結合起來，採取「供應鏈管理」（SCM, Supply chain management）[8] 時，就有「可能」成爲具有強力競爭力的企業，同時提供個體自營勞動者或小企業參與的空間。也就是說，當傳統垂直整合的企業關係朝向網絡型平行組織變質時，既提供了雇傭勞動者獨立成爲個體勞動者的外部條件，個體勞動者的增加也反過頭來促進了企業組織的重新整編，兩者是以相乘的效果迅速發展。

　　隨著企業組織的重整，帶動了業務範圍的細分化，加上信息技術的日益精進，個體勞動者所能承包的知識勞動部門就更加廣闊。企業外包的業務範圍，就從原先的周邊業務或低知識水平部門，擴展到核心業務，或法務、財務、IT、工程（Engineering）等高知識部門。事實上，在90年代的美國，以「核心競爭力」結合個別優勢部門形成網路型組織，已經成為企業所不可避免的一大潮流。

　　最後，上述的事實還意味著知識勞動者將成為社會再生產的主力，他們從資本主義「資本／工資勞動」的生產關係中脫離出來，為個體勞動者的互助、互惠的平行網絡組織，這個新社會生產方式做好準備。所以，將PC和互聯網的結合所帶動的戲劇性的社會變革，稱為「IT 革命」，是具有充分地根據的。

雇佣勞動者的 free agent 化

　　為適應市場轉型，企業對於經營組織與內部關係進行重新編整，並推行信息化，此舉促進了企業內雇用勞動者的free agent 化：

　　A. 在知識勞動部門由於受雇勞動者的職務內容、職務區別曖昧化，傳統福特制的等級制度（Hierarchie）無法適應知識勞動化後的內部分工，迫使企業進行重新整編，將部分業務整個委交給個人或專案團隊執行。

　　在傳統大工業的等級制度下，整個工作場所是經由嚴密的分工所編組而成的聯合體，直接勞動者被限定在極狹小的範圍執行局部勞動，而「意志決定」是掌握在管理者的手裡。但是，這種去技術化的勞動編制無法應付當前多樣化、個性化並

快速變動的消費市場，企業組織不得不將意志決定和責任下放給現場的直接勞動者，成為業務內容靈活化的專案團隊（Project team）或「業績導向」型業務體系等等能夠適應新的市場環境的組織型態。同時，IT機器的普遍應用也帶動了信息處理的效率化，擴大了個別勞動者所能擔負的工作範圍，因而出現了所謂的「新型專業者」。這些「新型專業者」，或者是一個人「負責整個部門的工作」，或者是「由自己擔任業務的領導工作，即在身分上雖然是一個員工但卻做領導的工作」。最典型的例子就是在企業內負責新的業務部門或開拓的新市場的所謂「公司內創業者」。

B. 在知識勞動部門上出現了「在家工作」（Working at home）或彈性工時制（Flextime system）等由勞動者本身決定工作場所、工作時間的自主管理的勤務形態。加上，由於工作內容的靈活化，引進「績效工資制」、廢止員工教育、由員工本身負責技術開發的企業與日遽增。因此，勞動者極易於從企業組織獨立出來。

C. 由於企業經常反覆的進行組織再造（Reengineering），「勞動彈性化管理」（Just in time）取代了瀕臨崩潰的長期雇用制度，只有在核心部門採用正式雇用制度，除此之外盡量使用非正式雇用人員。這就是 D. Pink 所謂的「組織、職務的短命化」。事實上，在80年代以後，美國勞動者轉業次數激增，在職年數也有短期化的傾向，而非正式雇用者佔全雇用者的比率也急速增加。

由此可知，就雇佣關係而言，知識勞動部門增加了「專案團隊」（Project-team）、「業績導向的業務體系」、「個人包攬」等不受資本直接支配的自主管理型、自由決策型的勞動

者。他們的工作方式雖然仍停留在「資本／工資勞動」的框架內，但實際的工作型態與 Free agent 相類似。其次，就勞動過程的自主性而言，他們當中的許多人是在「在家工作」或「彈性工時」（可變勤務時間制）的工作體制下，自主地選擇和管理工作時間和工作場所，型態上也接近 Free agent。最後，在分配形態上，由於知識勞動的勞動成果大都依靠勞動者的勞動意識和創造力，每個人的價值體現在他為客戶所創造的價值之中，而不取決於他的職務。因此工資不再以職位高低為依據，轉而變為「績效工資制」，這又與 Free agent 的「績效報酬」在有相近之處，也與將企業的業績和報酬相連結的「員工股票選擇權」（Stock option）[9] 有著異曲同工之妙。也就是說，在知識勞動部門內，正式雇用勞動者不管是在雇傭關係、勞動過程或分配型態都與 Free agent 極為相似，可以說是 Free agent 預備軍。只不過，他們也許是基於：在企業組織的現職是有高度成就感的職務；或是受高工資和股票選擇權的吸引；或是想要規避健康保險費和退休年金的負擔；或是不喜歡執行管理業務或自認為缺乏管理能力等等理由而留在企業內部。當然，擔心一旦從企業組織獨立出來就無法保障工作收入，也就是說無法排除失業的恐懼感也是一個基本的理由。總之，即使勞動者還存在著各種顧忌，美國社會還是存在著許多 Free agent 的職業網路、支援義工以及 NPO 網路等等，有利於個體勞動者參與企業共同作業的社會網絡。勞動者脫離資本、企業而獨立自營的個體勞動者化，無疑是這個時代的大勢所趨。

二、新型勞動者的勞動方式

個體勞動者的勞動倫理

　　個體勞動者之所以要離開企業組織而獨立自營，最重要動機是尋找「值得做」的工作。如果說，受雇勞動者的工作目的是換取滿足生活的收入，那麼，個體勞動者的工作目的則在於追求自由、成就和滿足感…等等。換句話說，受雇勞動者為了工資而犧牲個性、壓抑自我，但是獨立自營的個體勞動者卻要在工作中尋找個性和表現自我，收入的多寡反倒成為次要的問題。以新近在 OS（Operation system）系統軟體開發上挑戰微軟 Windows 的 Linux「自由軟體」系統為例：以美國貝爾研究室所開發的對話型 OS 為基礎的 Linux 系統，強調開放資源（Open Source）的概念，任何人都可以取得它的原始碼（Source code），根據自己的喜好和需要對它進行修改，再將經過修改的 Source Code 回報給網路社群做為參考。

　　自由軟體的概念並不是指「免費」的，而是指具有「自由度」（Freedom）的軟體，也就是說，任何人在取得這個軟體之後，都可以進行修改、進一步發表與複製在不同的電腦平台上面。參與 Linux 開發的網路社群並不存在金錢的對價關係，鼓勵他們對此投入心力的誘因，反而是：希望能夠做出貢獻以得到「感謝和名譽」；製作出易於利用的東西並和夥伴們共有、共享是作為一個技術者的願望；對抗假借知識產權來壟斷技術的大財團；以及純粹為了追求個人成就感和快樂…等等。當然，還有一個最根本的原因是：由於社會的富裕化而易於取得能夠維持生活的收入，這一個條件的存在作為前提。

因此，獨立自營的個體勞動者不同於企業（資本），不以追求利潤的極大化和擴大事業的版圖為其行動方針。恰恰相反的，對於追求工作的成就感和意義的個體勞動者而言，伴隨著事業的擴大而增加的管理事務正是他們所要逃避的。如果因為工作繁忙而不得不犧牲家庭生活或休閒活動，是不符合他們所強調的自由的、自發性的工作方式。

這種與大工業體系所強調的服從和紀律大異其趣的勞動倫理，只有在大眾富裕化的社會中才得以滋長。勞動者是在量上滿足了生活資料的物質需求之後，才開始在質的方面重視工作和生活的內容。個體勞動者是以自己的意志和責任來選擇工作，而選擇的判準就是自由、成就感、滿足感等等，而不是資本主義受雇勞動者對企業組織的忠誠和歸屬感，以及自我犧牲和禁慾等等。

工作上的人與人之間的關係

個體勞動者的工作大都屬於知識勞動部門，通常需要與可信賴的友人們共同作業，互相提供自己所擁有專長才能完成工作。因此，個體勞動者與更廣範圍的同業者之間的聯繫、結合，形成一個網路社群就成為不可或缺的要件。獨立自營的個體勞動者透過同業者友人互相學習新技能或專門技術，收集有關部門的信息或承攬工作的需要，是促成許多跨地域專業者網路組織的內在動力。另外，也有許多支援 Free agent 活動的 NPO 網路組織。據調查美國蘇活族（SOHO，Small office，Home office）事業時態的報告，開業或獨立不久的 SOHO 族大都以向介紹人才的代理公司登記，利用網路電子布告欄、E-mail 等途徑尋找顧客或工作；當工作步上軌道之後，慕名而來的工作機

會的比率就會提高。根據報告，以SOHO族為對象的組織，在美國有 AAHBB（American Association of Home Basset Business，1991 年設立）等等，多得無法算計。就世界的網路組織來說，以支援新媒體有關的高科技事業者為對象的紐約媒體協會（NYNMA，New York Media Association，1994 年設立），電腦相關的 PATCA（Professional And Technical Consultant Association，1975 年設立）等。除此之外，針對在醫療保險、年金制度方面處於劣勢的個體勞動者，也成立了 Working Today（1994 年設立），以及以對政界的陳情活動為中心的 NFIB（National Federation of Independent Business）等中小企業支援團體來改善這種不利的處境。在這些形形色色的網路組織中，特別重要的是，因工作夥伴逐漸擴大而自發性形成的地域性網路社群。透過這種網路社群，個體勞動者可以「直接」（Face to face）進行日常性的交流，互相交換事業、技術、知識等信息。所以，對 SOHO 族而言，網路社群是非常重要的組織。

個體勞動者活用各種網路組織，互相幫忙而進行工作，其組織特性是：在組成成員之間是平等的夥伴關係，互相站在平等、對等的立場共同作業。完全不同於向來將大企業置於中心而將原材料供給業者或零售代理商置於邊陲的「中心／衛星」制或集中星形的「輻軸式」（Hub-and-Spoke）系統。在這種上對下或支配與被支配關係中，成員之間的力量關係是僅僅有利於中心企業的不均衡構造。

個體勞動者本來就是為了脫離支配、服從的上下關係而選擇獨立之路。在 Free agent 的人際關係中，最重要的是對工作夥伴的責任感、信賴感和友情。D. Pink 認為：「互惠的利他主義」就是網路個體經濟能夠有機運轉的基礎。以「共同作業網

絡」爲組織特徵的 Free-agent，如果不是以誠意完成所負責工作，不僅會喪失伙伴的信賴和友情，甚至也會失去工作。

工作與生活的一體化

個體勞動者之所以從企業獨立出來的動機：是能夠由自己決定在喜歡的地方、喜好的時間、與喜好的夥伴、以喜好的條件一起工作。他們是基於自己的勞動觀、生活觀、人生觀，在工作和休閒之間取得適當的平衡，由自己的自由意志來決定並分配工作時間和休閒時間。這種時間的分配並不是一天爲單位，而是一星期、一年甚至是一生爲單位的自由分配和管理。但就個體勞動者的生活而言，最重要的還不是勞動時間和休閒時間的分配及其均衡方法，反而是工作時間和休閒活動之間的區別的曖昧化，甚至成爲一體化的這個事實。

假若我們將休閒活動定義爲：在喜歡的時間裡，做自己所喜歡的事。那麼，就個體勞動者而言，「工作」正符合這種定義。當然純粹爲尋樂而做的休閒活動和收取報酬的工作之間是有所差異，但就「將時間用於所喜歡的事」而言，兩者是實在難以區別。「生活與工作一體化」的這種特性，就是 Free agent 這種工作方式的本質，對多數的個體勞動者來說，與其說工作是「爲了明天」，不如說工作本身就是褒獎（獎勵）。

其次，就像休閒活動沒有退休年齡一樣，個體勞動者也希望一輩子做自己喜歡做的工作。對從事於知識勞動的個體勞動者而言，年老體衰的自然規律並不成爲障礙。在工業經濟的時代，因爲年老而彎曲的背脊是巨大的負債，置身於知識經濟的時代，刻著年輪的大腦卻成爲很大的資產。因此，許多從企業退休後的知識勞動者紛紛走上 Free agent 的道路，成爲使用 PC

互聯網繼續做工作的「E-retirement」。事實上，近年來在美國的「E-retirement」正迅速的增加，可能還會繼續增加。

總的來說，Free agent是和自己喜歡的工作夥伴共同完成自己所喜歡的工作，並不受市場規律的支配。當然，賺取生活費用是必要的，但並不一定要追求最大利潤或擴大組織，這一點是與追求貨幣收益為目的的資本主義企業和受雇勞動者完全不同的活動原理。

三、「社會主義性質」勞動者的形成過程

新型勞動者的非資本主義性質

從 1990 年代在美國迅速增加的 Free agent 等新型勞動者，主要是獨立自營並從事於知識勞動的「個體勞動者」。

產生這種新型勞動者的歷史背景是：以製造業為中心的先進資本主義國家，經過了二戰以後的高度經濟成長期，其生產力已經達到了能夠滿足日常生活所需的物質財貨的經濟水平；到了 70 年代末，一般大眾的所得更超過了其財貨消費的需要，進入了「大眾富裕化」的時代。因此社會生產開始從以「消費需要」為中心轉向「超越物質財貨的使用價值，而能夠帶來精神富裕的附加價值」以及「醫療、福祉、教育、娛樂等提升生活品質的服務」等方向轉移。同時，為了因應這種市場需求的變化，先進工業化國家生產力的基礎也從製造業轉向所謂的軟體化、服務化產業。也就是說，Free agent是以生產力的根本性變化為基礎而形成的新的勞動型態。形成這種勞動型態的的經緯，可簡單地概括如下：

軟體化、服務化產業積累的基礎在於多樣化且激變的消費

者需要，資本爲了掌握這種瞬息即變的「消費者需要」而推行企業信息化。80年代由於推動電腦小型化而開發了替代大型電腦主機（Main frame）的廉價的PC電腦；再加上由於東西冷戰的結束，90年代開放了「互聯網」（Internet）給民間使用。於是藉由 PC 和互聯網整合起來的信息網覆蓋了全世界，而這種信息網路化就是形成新型勞動者的直接根據。

在軟體化、服務化產業的新興生產力中，以知識和經驗爲基礎的知識勞動在很大的一部份是依靠勞動者本身的知性能力（工業生產力主要是由機械設備的性能來決定）。因此，就知識勞動的效率而言，必須依靠勞動者的自發性意志，以自主勞動爲原則。過去由資本等外部力量所執行的管理、監督和勞動強制，反而成爲負面因素。同時，想要進一步提高知識勞動的生產效率，由許多人互相交換並共同享有知識和信息的「共同作業網絡」，也是一個非常重要的環節。

由PC、互聯網所構成的信息網路是企業、家庭、個人等等任何經濟主體都能夠自由參與的世界性開放系統，而且在網路參與者之間並不存在任何上對下的權力關係，是完全平等並列的網絡體系。因此就知識勞動者來說，PC、互聯網不僅是主要的生產手段，也是即使是獨立的個人也能夠與大企業以對等的力量（Power）參與一部份社會生產的條件。

總之，90年代 PC、互聯網所形成的信息網路是：（I）整備了獨立自營勞動者參與網路型社會再生產的條件。（II）由於PC、互聯網的低價化，每個人都容易取得和利用。因此，PC互聯網的誕生，打破了在資本主義體制下一直阻礙勞動者取得主要生產手段的經濟規律，提供了勞動者自立化的歷史契機。80年代末期，尤其是90年代開始出現以知識勞動者爲中心的，

從資本、企業組織脫離而自立化的傾向。這就是被稱爲 Free agent 的新型網路個體勞動者，其主要特徵是：

A. 新型網路個體勞動者是以知識勞動爲主體，以軟體化、服務化產業爲中心的新生產力做爲基礎的，正在形成中的勞動者。是與單純體力勞動爲主的資本主義工業生產力不同層次的異質性生產力。

B. 新型網路個體勞動者是占有自己的生產手段，並直接參與勞動過程的獨立自營勞動者。他們是與將自己的勞動力做爲商品出賣給資本，並在其指揮和命令下從事勞動的資本主義雇傭勞動者，在「質」上根本不同的新型勞動者。

C. 新型網路個體勞動者完全脫離資本主義支配性的階級關係，加入以平等、互惠、共享、共有爲原則的「網絡共同作業」關係，並依據自己的自由意志來參加社會再生產。

D. 這些網路個體勞動者的勞動是屬於自發性的自主勞動，因此實現了與休閒、遊玩活動難於區別的快樂勞動。

社會主義勞動理念的實現過程

1990 年代 PC 和互聯網的結合，促進了資本主義雇傭關係的解體和獨立自營勞動者的形成，產生了在網路個體勞動者之間互惠性的共同作業關係，從而帶來了正在進行中的社會大變革。將 PC 互聯網的結合所帶動的信息網路化稱爲「IT革命」，藉以類比宣告資本主義誕生的「產業革命」，是極爲適當的理解。因爲網路個體勞動者是在軟體化、服務化經濟，這一種沒有階級支配的對等、互惠的生產關係下自發性地從事於自主勞動的工作者。這正是馬克思所理想的社會主義勞動型態的具體化，而現在就是將其具體地實現出來的歷史過程。

馬克思在敘述資本主義後的未來社會時，曾經使用過社會主義、共產主義、自由人聯合體、合作社式社會等各種稱謂。不過他很少使用社會主義或共產主義，大都是用「自由人聯合體」或「合作社式社會」來進行概括。馬克思所謂的「自由人聯合體」，大概是指由獨立的個人基於自由意志所締結平等的關係而互相聯繫起來的合作組織，也意味著以各個合作社為網絡而形成的社會聯合體。在那個社會裡，用來替代存有階級與階級鬥爭的資產階級社會的，是「個人的自由發展能成為千萬人自由發展條件」的協同社會。

馬克思又說，在自由人聯合體中的勞動，是「以自發性的手、高高興興的精神、充滿著喜悅的心從事勞動的結合勞動」。也就是說，馬克思認為只要形成自由人聯合體，勞動就成為充滿喜悅和快樂的工作，而人與人之間的關係，則是獨立的個人基於自由、平等的關係所進行的聯繫。但是，馬克思並沒有清楚地指出，如何才能形成「自由人聯合體」？也沒有說明在「自由人聯合體」之下，合作社的網絡體系帶有怎樣的社會性質？當然，在馬克思生活的時代裡，替代資本主義生產力而擔負自由人聯合體的新生產力是什麼？更是無法做出預測。不過，我們還是可以從他的敘述中理解到，就馬克思的觀點來說，擔負著自由人聯合體的社會生產力還是以製造業為中心。這一點，就和以軟體化、服務化產業為中心的網路社會絕然不同。

在「規定社會主義社會或自由人聯合體生產關係的生產力是什麼？」這個問題都還沒弄清楚以前，就推行「社會主義革命」（其實是新民主主義革命，或以社會主義為目標的社會革命），曾經為蘇聯和中國的社會主義建設帶來了極大的混亂。

就蘇聯和中國而言，在生產力相對落後的情況下，社會主義經濟建設不得不以推行與資本主義各國相同的重化學工業化。但是，勞動者在重化學工業下從事勞動，即使施行了社會主義政策或改良，也無法脫離管理、監督下的血汗勞動。我們認爲：由於軟體化、服務化產業這一種新生產力的登場，充滿喜悅的快樂勞動和由獨立的個人在自由、平等的聯繫下所形成的社會主義社會正在形成當中。更值得重視的是，資本的積累活動本身促進了以知識勞動爲主體的軟體化、服務化生產力的發展，並形成及擴大了網路化生產關係，促進了自律性的新的獨立自營勞動者的形成這一個事實。這個歷史過程是不可逆轉的，我們似乎可以規定：現在就是形成社會主義生產關係、勞動關係的過渡期。

第四節　網絡共同作業社會體系的形成

一、經濟的軟體化、服務化和信息化

所謂「經濟的軟體化」指的是服務業化、信息化和「製造業的軟體化」（製造業的研究、設計、開發、行銷等「非物質投入」的增加）。

軟體化、服務化的進展和基本性質

1960 年代末，美國國民生產總值中製造業所佔的比率正逐年降低，而第三產業的比重卻急速增加，所謂經濟「服務業化」，甚至是「去工業化」現象開始受到普遍的關注。產生這些現象的原因和美國戰後高成長期推行高所得、高就業、高消

費的經濟政策息息相關。70年代以後，先進資本主義國家的服
務業顯著地成長，就OECD全體成員國來說，製造業在全體附
加價值中所佔比率從70年的27.6％降低到99年的19.2％，
而第三產業則從56.3％上昇到69.8％。

在僱傭勞動方面也出現同樣的現象：製造業在就業人口中
所佔比率大幅降低，在2000年時，主要先進國家中只有德國、
義大利、日本等國還達到20％強，而各國的第三產業都普遍
的超過70％。在第三產業部門中以服務業的增加為中心，90
年代前半期，服務業在美國的就業人口超出製造業人口的二倍
以上。

70年代以後服務化產業的急速上升，並非源自於先前就已
經非常發達的，服務於商品和貨幣流通的運輸、批發、零售和
金融等附屬於物質生產的部門，而是新生的各種服務業的增
長。這種新生服務業的增加和在歷史上持續存在的，由於社會
分工的深化發展（迂迴生產）而帶動的第三產業，是明顯地不
同的新現象（是屬於人的服務部門）。

除了上述的服務業化之外，在這個時期也出現了製造業的
軟體化趨勢（研究、設計、開發、行銷等非物質投入的增
加），表現在僱傭勞動上，雖然製造業就業人口總數增加，但
是生產過程的作業員在製造業就業人口中的比率卻不斷的下
降。這種軟體化、服務業化的發展，主要是源自於個人最終消
費的軟體化、服務化，在此之前是主要的消費形態是「劃一化
的大眾消費」，而70年代以後則出現了「個性化消費」的現
象。

70年代以後新登場並開始普及的耐久性消費財，並非傳統
有關製造、維修、保管的工業製品（縫紉機、吸塵器、洗衣

機、電冰箱等），也不是用來運輸產品或人員的機械（如汽車等交通工具），而是高級音響、娛樂器材、通信裝備與電腦相關設備等提供使用者非物質享受，或傳遞信息等功能的電子產品。這些產品本來就比從前擁有物理機能的機械製品小型而且輕便，加上數位化的進展更顯得輕、薄、短、小，也易於製造。因此，生產過程所需要的製程設備和原材料的規模也比較小，製造成本也相對的減少。但是，由於其機能則較為複雜、敏感，因此需要較龐大的研究開發費用，是屬於知識密集型產業。

另一方面，在這時期先進國家的服務消費的增長速度比物質消費更為急速，家戶支出中服務消費所佔的比率大增。在這些服務支出中，有關於教育、醫療與娛樂等支出又佔了一大半，這是前所未有的現象。

由此可知，70 年代以後消費的軟體化、服務化是帶動更多的物質消費，而且所消費的財貨不僅更為高級化（軟體化）也擴大到新的服務領域。這就意味著生活水平、消費水平的上昇，而生產力的高度發展就是它之所以能夠上升的根本條件。由於這種生產力的發展具有「質變」的意味，一直被稱為「去工業化」的發展。一般的理由是：（Ⅰ）在工業方面，從事於直接生產勞動的勞動者比率大為減少：（Ⅱ）原有的量產型重化學工業在量的擴張上已經達到了極限，且由於新的服務業、高科技業的擴大，製造業生產勞動的比率大幅地降低。

信息化的進展

軟體化、服務化的概念中普遍都含有信息化的義涵。這是因為：

A. 通訊、信息服務等相關產業大都被分類爲服務產業（第三產業），而且正在擴大當中。

B. 不僅如此，「信息相關產業的擴大」所意味的信息化，是與信息以外的服務部門的擴大和製造業的軟體化爲主要的內容，都以信息化的發達作爲前提。一般地說，從前藉由規格化大量生產以降低成本來擴大市場的企業，如今無法掌握個性化市場的新狀況，爲了適當地、迅速地因應軟體化、服務化而多樣化的需要，便不得不推行信息化。

再具體地說：

A. 所謂的服務業大都以新產生的服務爲中心，必須清楚的掌握消費者的服務需求。另外，由於個別的消費者所需求的服務內容往往不同，而且也無法貯存、運輸，所以針對多樣化的需求，必須做到在時間上和空間上都能夠立即令顧客感到滿意。要因應這些特性，服務業的發展就要依靠信息手段。

B. 就物質消費品來說，從劃一性消費變成個性化消費的階段，需要獲取能夠滿足各色人馬的多種需求的製品、機能及造型等相關信息，引進信息化手段就成爲不可或缺的策略。

C. 爲因應消費需求的多樣化，在生產過程及事務處理部門也產生信息化的進展，即：

　　a) 許多製品的高級化、多機能化是以將微電腦（Microcomputer）裝置於機械上來實現，因此帶動了半導體等信息相關產業的發展，創造了信息機器的低價化和普及化的前提條件。

　　b) 製造業產品型式的多樣化生產，爲了避免成本的提高而追求生產的靈活化，以及減少庫存成本，因此大力推行「零庫存管理」（Just in time）。

c) 多樣化的服務和製品的生產、流通導致管理業務複雜
化，因此增加了白領勞動者在管理、事務上的勞動
量，迫使企業不得不重視事務工作的合理化，進而推
行辦公室的信息化。這些表現在 70 年代末以後，生
產工程的微電子化（M.E，Microelectronics），以及
在各生產工程之間，或企業之間信息系統的連結上。

綜合上述，資本主義企業體系想要吸納軟體化、服務化產
業，就必須推行企業信息化。在這種情況下所發展的信息系
統，最典型例子就是零售業使用「銷售時點管理系統」
（POS，Point of sales Management System）即時管理各個零售
點的銷貨及庫存情況，以及在商品上印刷粗細不同組合的條碼
（Bar code）以光學方法讀取信息。

製造過程的信息化是以生產自動化和多型號生產靈活化為
目的，首先引進自動機械人（Robot）和數位控制工具機
（NC，Numerical control）等個別製程的自動化；然後構築連
結連續工程的彈性製造系統（FMS，Flexible manufacturing sys-
tem）。此後 FMS 系統為了整合製造工程之外的設計、販賣部
門而發展為「計算機整合製造系統」（CIM，Computer integ-
rated manufacturing），最後更發展到連結交易對手企業的「戰
略信息系統」（SIS，Strategic information system）。

信息化技術也運用在辦公室事務作業上。50 年代中期，為
了事務作業的合理化，美國首先引進商務電腦。隨後，日本在
60 年代初期也開始使用大型電腦作業系統，以獨立終端機
（stand-alone）的方式處理販賣、庫存、人事等管理資料。之
後，隨著企業規模擴大和多型式、少量化彈性生產的發展，負
責產品開發、管理和事務工作的白領勞動也顯著地增加和複雜

化，因此，爲了合理化辦公室事務作業，60 年代末期以後信息化的對象提昇到事務化階段。也就是說，藉由電腦的連線化，各種資料都集中在大型主機（Host computer）並能夠雙向傳輸到各個終端機上，因此能夠處理大量的固定事務，合理化辦公室的事務性勞動。但是，使用大型主機作業系統日漸的無法應付日益增加的事務處理量和越來越複雜化的業務管理。於是，以電腦的小型化爲契機，80 年代開始了 PC 工作站（PC-work-station）的開發和普及，加上 PC 性能的提高和價格低廉，以及各種軟件的開發，PC 就成爲人手必備並能夠立即處理信息的事務機器，戲劇性地改善了辦公室的生產效率。

不過，如上所述，在 80 年代以前的信息化，主要是爲了要解決軟體化、服務化的發展所帶來的生產複雜化和事務肥大化，以及在流通過程減少庫存成本的「合理化」手段。也就是說，這個時期的信息化還停留在非革命性的量變階段。要等到 90 年代以後，當白領勞動者使用 PC 在網路上共同作業時，新的勞動方式才會出現。

因軟體化、服務化而產生的勞動的變貌

從 18 世紀後半到 19 世紀，產業革命帶來了資本主義機器大工業的發展，工具機的運用導致勞動去技術化，使技術性勞動者淪落爲隨時可以替代的非技術性勞動力所有者，確立了勞動力的商品化。此後在以機器爲主體的工廠內，勞動者成爲機械的附屬物，聽從資本家及其代理者的指揮、監督，從事於簡單勞動，社會生產力的發展主要是依靠機械的發達和運用。

經濟的軟體化、服務化使勞動的內容產生了與近代工業化過程完全逆反的變化，機器大工業的「構想和實行的分離」

（腦力勞動和體力勞動相分離）幾乎不可能發生於服務業勞動上。在服務業，無論是個人服務或辦公室服務，由於不同的對象所需的服務內容也不盡相同，不可能反覆操作單一的內容，時常需要依靠勞動者本身的意志做出判斷，因此無法用機器取代。同時，知識是下判斷的必要前提，在服務業中增加最顯著的醫療、教育部門，知識的重要性更是顯而易見。其次，製造業的軟體化，一方面是由於自動化的進展取代了單純的生產勞動；另一方面卻也擴大了研發、設計和行銷等知識勞動，以及隨著產品多樣化而來的事務性勞動，因此帶動了白領勞動者的急速增加。當知識勞動成為社會勞動的主要形式時，用於勞動的知識創新，以及知識的社會共有就成為經濟發展的主要原因；而知識勞動的生產關係就成為軟體化、服務化社會具有決定性作用的生產關係。

另外，信息化推動了生產過程的自動化，減少了製造部門的藍領勞動。同時，辦公室自動化也節約了單純的事務性工作，創造了更多的勞動者從事知識勞動而不是單純勞動的傾向。以數字來說，90年代前半，OECD各國的高科技部門在製造業產品總出口中所佔比率達到 20～25 %，而教育、通信、信息等知識密集型服務部門發展的更為迅速，OECD 主要國家 GDP 的一半以上是由知識密集性產業所佔有。另外，高科技製造業、通信、金融、事業服務、教育、健康等技術知識密集產業在總附加價值生產中所佔的比率與日俱增，在美國高達 42 %，在歐盟也有 37 %。

但是，上述的「知識化」進程還不能完全涵蓋經濟的軟體化、服務化所帶來的雇傭勞動的變化，在服務業所新增的雇傭人口中，佔最多的是公共服務的部門。

二、IT 革命引發社會性的知識網路化和「去企業化」

信息網路的發達及其與知識勞動的結合

80 年代，信息化從運用大型主機（Host computer）的時代進入到運用 PC 及電腦網路的階段。先前的信息化只能處理大量發生的辦公室固定事務，並沒有成為提高知識勞動效率的手段。

到了 90 年代，信息化的運用發展到複合媒體（Multimedia）個人主機，不僅是計算業務，也能用於設計、預測、診斷等等白領階級的非定型業務，加上 PC 的性能升級和價格降低，使得 PC 成為大多數知識勞動者個人都能擁有的生產手段。更由於包含著多個 PC 用戶端（Client，在網路上接受服務的電腦系統）和檔案伺服器（File server，提供整個網路運作管理和系統軟體資源服務的電腦系統）的區域網路（LAN，local area network，企業內或區域的信息網）的急速擴大，每個人不僅可以使用自己 PC 工作站處理信息，也能夠自由分享他人 PC 中的資料，使得多個 PC 和知識勞動者所擁有的力量合而為一，促進了知識勞動者的效率飛躍性地上昇。

在知識勞動或以知識勞動為主的知識經濟中，人才是創造和運用新知識的主體，所以愈多有主體性的人的參與，知識的創造及共有就愈加發展。反之，在工業部門的生產過程中，愈是想取得發展就必須使人與人之間的直接聯繫愈來愈減少。所以，就知識勞動來說，每個知識勞動者都能夠平等的、並行的雙向接收和傳遞知識的信息系統最為合適，這就是「PC 網路」系統。

　　另一方面，社會之所以需要「共有知識」的網路系統，和知識的經濟特性有關：知識與物質財貨不同之處在於，物質財貨在使用中會有自然和人為的耗損，它所內含的價值量最終會因為使用價值的耗損而喪失；但是，知識的價值沒有自然的承載體，它的使用價值就是知識的客體化過程（使用）本身，並不會因使用而減少，因此盡可能的由多數人來共有、享用（非讓渡）反而會擴大它的社會使用價值。此外，為了共有知識所進行的空間移動的成本也不多（物質財貨在空間移動上需要相當的成本，必須得到補償），更重要的是，知識不僅不會因使用而減少，反而由於其使用而更進一步發展或產生新的知識，也就是說，知識的使用本身就是知識的直接再生產。因此到了PC、網路的階段，信息系統才具有符合知識勞動所需要的知識共有系統的機能。

　　互聯網（Internet）原先只是在研究者之間的公開和自由的信息交換、共有的網路，開始於軍事科技研究用的 ARPA 網，其參與者也以軍事科學研究人員為範圍。但是，這一些軍事科研人員只是「偶然」的任職於軍事研究所，他們的思想只是知性專家，與一般科學研究者並無沒有兩樣。不僅如此，ARPA誕生的 1969 年正是反越戰運動的高峰期，在電腦科技者間的反體制意識很強，可以說，互聯網是誕生在排斥一切體制干預的無政府主義環境當中。這些無償的知性營為是學院派研究者的基本作風。關於 PC 研發的情況也差不多。1971 年微處理器（Microprocessor）登場時，以享受構想與方案的實現所帶來的快樂為最高宗旨的電腦駭客（Hacker）們，是抱持著「將電腦的功能開放給大眾使用，並共享知識和信息」的態度而邁向PC的製作。

企業組織朝向網絡型變貌

80 年代後半，美國企業以「業務重整」（Restructuring）為名展開徹底的合理化，透過企業的合併和收購，事業範圍的再整編，以及非事業部門的外包化和組織扁平化（排除中間管理階層）來節約成本。由於信息化有助於企業上層部門直接掌握信息、作成決策並下達指令。因此，原先金字塔型的階層組織轉變成為扁平化組織，大量削減了中間管理階層。信息化就成為企業合理化的最佳手段。

但這些企業組織的改革、扁平化，不僅僅是為了削減成本，也是為了使日愈重要的知識勞動更加效率化。因為知識勞動不同於單純的體力勞動，必需要重視其勞動主體性，並不是下達命令就能夠使其服從。

到了 90 年代，因為 PC 互聯網的運用，企業的信息帶動了一波組織再造（Reengineering）風潮。所謂的 Reengineering，正確地說應該是「企業流程改造」（BPR，Business process re-engineering），是將原來依照職能而分工的組織型式，重新整編為依照業務化的過程而進行的分工體系。因為，以職能分工為基礎的階層組織雖然適應於規格化產品的勞動過程。但是，知識勞動的特性在於需要聯合各個不同部門的人力的平等協力才能發揮最大的效率，其組織原理與階層組織的等級制度大異其趣。企業的組織再造是因應於知識勞動的特性而產生，而且也是以全企業能夠共有知識、信息的網路系統的存在作為前提。因此，Reengineering 並不是單純的事務工作合理化，而是因應著新的知識生產和公司 PC 互聯網時代的組織變革。

扁平化、網路化的這種組織變革，不僅出現在企業內部，

也發生在企業與企業之間的關係。80 年代末期到 90 年代，在美國企業之間出現了締結各種沒有資本關係（非永續性），只涉及特定業務（非全面性）的對等協力關係，也就是所謂的更緊密夥伴關係（Partnership）。例如，隨著「物流管理」（SCM，Supply chain management）的發展，在構成供應鏈（Supply chain）的二個以上的製造、銷售企業之間形成相互提攜的關係，以共享信息來調節最適當庫存量；或者為了將業務的一部份甚至製造過程的一部份「外包」化而建構出更緊密的夥伴關係。

在已經相當程度進行生產的模組化（Module）和開放性架構（Open architecture）的電子關係企業裡，例如 Dell 公司就將所有必要零件的生產委託給契約供給商代工，或將整個製程外包給專業電子代工服務（EMS，Electronics Manufacturing Service）[10]。此外，為了特定技術的開發而締結戰略夥伴關係的例子也相當多。

這些情況發展已超越傳統的國界，甚至跨越複數國家在進行。這些都是由於信息化的進展提供了密切的信息共有作為條件才可能發生的現象。主要發生在生產過程已經不是最重要的利益來源，或知識勞動領域已成為資本積累最重要部門的企業裡。

但是，雖然在生產過程發生如上的變化，資本主義企業卻不可能停止其經營職能，組織再造也只不過是扁平化和網路化而已，不可能成為真正平等的網絡關係。在企業間所形成的夥伴關係也只限於有利於企業利潤的追求，而不是互酬的共同關係。事實上，知識勞動和 IT 革命的結合所帶來的是「去企業化」現象，而不是企業組織的變貌。

IT 革命引發全社會性「共同作業」關係

由於PC的性能提升和低價化，市面上流通的PC已經具備超過 70 年代超級電腦（Supercomputer）10 倍以上的運算能力。IT 革命後，PC 互聯網提供了在非企業組織的個人之間共享信息和知識，從而能夠進行的網路分工的外部條件。就知識勞動而言，這也提供了個人脫離企業並聯合其他的獨立自營勞動者進行共同作業的可能性，是一件劃時代的大事。

由於 90 年代以後的 IT 革命，企業組織再造與向來在企業內部進行垂直整合的傾向相反，而是朝向分散型的網絡組織發展，從而出現了大企業解體的傾向。但就製造業的生產部門來說，由於受到生產手段機械體系的制約，網絡化改造有一定的侷限。例如鋼鐵、石油化學等重化工業是屬於裝置產業，生產規模的巨大化、集中化仍是其基本方向。另外，在汽車製造業的最終組裝工程也還受到規模經濟的制約。

汽車的零件部門雖然從整車廠分離出來而獨立，卻因可承包更多廠商的訂單而擴大生產規模；承包電子廠商外注作業的專業電子代工服務（EMS，Electronics manufacturing service）也由於可從多個廠商接到訂單而大規模化，享受規模經濟的好處。這就是說，對於強調「鐵砂進來，汽車出去」的福特制生產體系來說，確實出現了「企業解體」的傾向，但是由於受到資本主義規模經濟的制約，因解體而從生產流程獨立出來的組件供應商，卻也出現了生產集中的另外一面發展。

再就網路的公開性來說，由於零件品質和交貨時間的保證等原因，出現了建立某種固定承包對象的傾向。例如，被認為因為活用網際網路而實現從「垂直整合企業典型」向「虛擬

（Virtual）整合典型」轉向的 Dell 公司，近年來也由於盡量減少供給廠商的數量、強化雙方關係而收到削減成本、提高產品供給速度等效果。

因此，就製造業的生產部門來說，企業組織向個人、小企業者網絡型生產組織解體的傾向確實有所限制。但就生產過程以外的，尤其是知識勞動部門而言，由於 IT 革命，只要擁有 PC 工作站和互聯網就有獨立工作的可能性。事實上，在美國，這種網路個體勞動者（Free agent）的數量正在急速增長；在日本雖然還沒達到美國的程度，但以信息技術專家為首的獨立工作者也在增加當中，今後還可望有更大幅度的增長。這是因為

A. IT 革命以後，PC ／互聯網成為知識勞動者的主要生產手段，而這些生產手段的價格和使用成本，已經降低到任何的個人都可以輕易取得的地步。

B. 由於 IT 革命，單純的信息事務處理已成為極為簡單之事，所以一個白領勞動者就可以承擔某個部門的工作，因而易於離開組織成為獨立工作者。

C. IT 時代的知識勞動者所需技能、知識已不是某個企業所特有（只有在個別企業內才能夠學習和活用），所以不隸屬於企業組織也能夠從事工作。

就知識勞動者離開企業組織而獨立工作這個問題來說，他們雖說是獨立工作者卻不是從屬於純粹的獨立作業，而是在既不隸屬於企業也不隸屬於市場等資本主義體系下的「網絡關係」中進行勞動。以 PC ／互聯網為主要生產手段時，透過互聯網連結起來的個別的 PC 與 PC 之間，是平等互惠的利用蓄積於對方 PC 內的資料。所以這種運用互聯網的知識勞動，是在信息網絡上以超越企業組織，甚至超越國境的範圍來進行分

工、協作的勞動形態。同時，這並不是付費購買別人 PC 內的資料，而是在共同作業關係中無償地共享。

由於知識的使用本身就是知識的直接再生產，知識愈廣泛地被共有、被使用就愈能提高其有用性的特殊性質，知識和信息本來就不應該被排他性的私人所佔有，而應該是社會共有的財富。事實上，在 PC 互聯網隨時都可以找到公開的技術秘訣（Known-how），更有各種提供圖象或軟體供人無償下載的網站。不屬於企業的個人工作者並不受追求利潤的企業倫理所支配。根據日本「中小企業總合事業團」在 2000 年的調查訪問指出，美國的 SOHO 事業者中有人表示，他們在互聯網上可得到所有知識和最新的資料。如此一來，超越企業組織的個人不受企業框架的制約，在多媒體網路中進行全社會性的知識連結，並在這個基礎上從事勞動，很明顯的比在企業組織內的勞動更有效率。這並不是說，以知識勞動為主體的經濟階段已經不再需要企業；而是說，在知識社會裡，企業組織愈來愈成為將社會的「共同作業」強迫性地封鎖在企業的狹窄框架內的非現實、不合理的存在。所以，「去企業化」就成為是知識經濟時代不可避免的趨勢。

當知識勞動者脫離企業組織，從資本的倫理解放出來後，在網路上以互惠、互助的關係從事勞動時，這種關係不僅不會停留於網路上的虛擬關係，當然也會形成面對面的現實關係。事實上，在美國以 NPO 的型態支援網路個體勞動者的勞動、生活等組織，正扮演著不可或缺的角色。比較有名的例子是矽谷的「聰明谷公社」（Smart valley，雖然服務對象不限於網路個體勞動者）等為數眾多的 NPO，除了工作環境、支援「創業」之外，在包括教育、社區等各方面也扮演很重要的角色。

凡此種種都在顯示著一種趨勢：在勞動上，人與人之間的社會關係已經走向完全不同於資本主義雇佣關係的另一條道路。而且，當這種知識勞動成爲社會勞動的主要部分時，其實質關係和符合這種關係的意識，必會對全體社會給與規定性的影響。因此，如 NPO 等非營利組織的互助、互惠以及志工（Volunteer）活動必然會取得進一步的發展。

三、「去企業」、知識網絡社會的社會主義性質

經過戰後的高度成長期，先進國家的生產力超越了滿足人民基本物質需求的水平。就生產的內容來說，表現在從物質生產到軟體化、服務化的轉型。因此，直接從事於物質生產的勞動逐漸減少，主要負起經濟發展的勞動愈來愈成爲知識勞動。透過這種軟體化、服務化、知識勞動化和信息化的結合，終於在90年代觸發了具有「質變」性質的IT革命。因此，在「質」的方面，與超越近代工業生產力的軟體化、服務化生產力相適應的新的生產關係以具體形態開始萌芽。那就是：成爲生產力中心的知識勞動，脫離資本支配並且在互惠、互酬的網絡中進行分工協作的生產關係。就結論來說，人類史已經以超越資本主義生產力爲基礎而進入了社會主義生產關係的具體成型階段。

社會主義知識網絡社會

如眾所週知，馬克思認爲社會的歷史是由其主要生產關係所規定，而生產關係就是生產手段和勞動者的結合方式。馬克思並且進一步的指出，資本主義後的社會是生產手段爲社會所共有的社會。依照馬克思的唯物史觀，現在萌芽中的新社會，

正是實現「生產手段為社會所共有」的社會主義。

現在正在進行中以 IT 革命為前提，以知識勞動為核心的「去企業化」，意味著資本主義生產關係，即「資本／工資勞動」雇佣關係的崩潰，也就是意味著走向另一個社會的「質變」過程。

「PC／互聯網」之所以成為主要生產手段，是由於在那裡存在著龐大的、客體化了的知識和信息，並由社會所共有而且可以互相利用。「PC／互聯網」的使用價值，主要是依存於因社會的共同使用而產生並豐富化的信息和軟體，這恰恰是不同於機械的地方。因此，當我們說「PC／互聯網」是知識勞動的生產手段時，雖然「PC」和「通信迴路」實質上是物質性的，但是確切的說，這裡所所指的生產手段是其可利用的知識，是客體化儲藏PC記憶體內並在互聯網上無償流通的知識和信息。「PC」和「通信迴路」雖然可以「私有」，但知識卻是由社會所共有的。

這裡存在著：「做為生產手段的知識」這一個關鍵性概念。馬克思及向來的馬克思主義經濟學家是以工業生產力為基礎的資本主義作為對象，所以認為生產就是物質的生產，生產手段就是屬於物質的生產手段。因此，並沒有有意識地將不屬於物質財貨的「知識」包含於生產手段之中。但現在，我們已確認：軟體化、服務化的生產力是在本質上超越資本主義的社會生產力，並肯定其主要產品的形態是服務和軟體，因此不該排除非物質性的生產手段。既然形成服務、軟體的使用價值（對人的有用性）所需勞動之外的要素是生產手段，「知識」當然就是生產手段。

當我們說「做為生產手段的知識」時，所指的知識並不是

日常語法中的「人們腦裡的東西」，是已經客體化在服務於知識儲藏和流通的「PC／互聯網」中的知識，因此知識就不再屬於勞動力的範疇。因為語言、計算能力等等是勞動力之所以成為一定勞動力的不可或缺條件，是規定勞動力的「質」而與勞動力不可分的東西，並不是客觀地存在於勞動力之外的生產手段。「知識」要成為「生產手段」就不可以存在於「人腦中」，而處於必要時可隨時利用的狀態（做為知識勞動主要生產手段的知識是由社會所共有而不屬於勞動者個人）。

「知識」以「不在人身上而處於必要時可隨時利用的狀態」的概念具有重要意義，因為存在於人腦中的知識是有限的，但雖然不存在於人腦中卻同樣隨時可用的知識客體化在人的外部時，知識勞動的生產力就能夠取得飛躍性地發展。做為生產手段的網路上的知識（知識網絡）的登場，使知識勞動、知識經濟進入其真正確立的階段。這就是非一般所謂的知識而是「做為生產手段的知識」的本質性意義。

「書」也是存在於人外部的知識的一個形態，但要從書上得到知識需要一段時間，並且就個人的利用來說，在「量」上也有侷限，也必須承擔昂貴的運輸費用。反之，信息網路尤其是就互聯網來說，這些都不成問題。IT使做為生產手段的知識成為現實的存在，使知識生產手段化。（就這個意義來說，PC的軟體也是生產手段化的知識）。

由於能夠利用做為生產手段的知識，只要擁有一定能力和教育，任何人都可以驅使遠遠超過個人能力的知識力量（這種情況頗類似：使用我們自己不會製造，也不理解其機械裝置的工具機，卻能夠獲得超過我們肌肉及技能的結果是一樣的）。

互聯網的發達逐漸使共有「做為生產手段的知識」的網

絡，成為超越企業框架的全社會性網絡，從而使做為知識勞動主要生產手段的知識，由社會所共有的社會主義生產關係開始萌芽。因此，由於知識勞動的發展所形成「知識社會」、「軟體化、服務化社會」，就是使知識成為生產手段從而獲得生產力發展的基礎。同時，也是將「做為生產手段的知識」由社會所共有的社會主義生產關係，發達成為支配性的生產關係的社會。如此一來，新社會的社會生產力和生產關係獲得了新的規定性（知識的生產手段化和社會共有化），同時，就新社會的萌芽來說，IT革命所具有的決定性意義（大致相同於產業革命對資本主義化的意義）也可以得到明確化。

其次，因為直接從事於物質生產勞動力會愈來愈少，但不會等於零。所以知識勞動的這種生產關係不會成為軟體化、服務化社會的勞動及生產關係的全部，但可成為核心的勞動以及生產關係，也就是說在新社會的眾多生產關係中，起支配作用、具有社會性質規定性的社會主義生產關係。到了這個時候，做為軟體化、服務化重要部分的教育、醫療、福利等公共服務性勞動也會增大，但也會受到新的生產關係的支配，而可能變成不同於資本主義福利國家體制下的勞動性質，為類似社區互助性的志工活動所替代。這種傾向已出現在先進國家，例如媒介地域互助的區域性通貨的擴大以及增加對志工活動的關心等等。

以軟體化、服務化生產力為基礎的新社會主義及其過渡期形象

正在形成中的社會主義完全不同於向來被理解為國有化、中央計劃經濟的社會主義形象。網路上的知識為社會共有，是

做爲自由的個人的知識勞動者的自發性行爲,不同於生產手段的國有化及以其爲基礎的計劃性經濟。「既存」的社會主義是以資本主義所固有的機器大工業生產力爲基礎而構築出來的實踐設想,而新的社會主義形象,是以在「質」上超越資本主義機器大工業的新的生產力爲基礎,而以知識勞動爲核心的社會主義關係。

在機器大工業中,因爲有巨大的物質生產手段(工具機、廠房)的所有制問題,所以會產生「國有化」的概念,但在知識勞動中,生產手段的所有制並不是問題;同樣的,在物質生產上,合理的資源、勞動分配是不可或缺的。所以如果不依靠市場或企業的機制,就需要搞計劃性經濟。在知識勞動中,勞動力和作爲生產手段的知識,這些生產要素不必在時間上、空間上合爲一體,所以也就不需要產生在網路外進行協作的組織化機構。

在國有化和計劃經濟由於「既存」社會主義的崩潰而失去其現實性的情況下,90 年代以後「自由人聯合體」(Association)的概念,重新被提出來作爲社會主義實踐設想而廣泛的探討。但這種論說仍然以工業社會爲基礎,所以需要組織化的生產機構,並根據文獻考證認爲,馬克思所說的就是合作社組織,是根據各個合作社之間的協議、合議而形成生產的編制。但這種說法似乎是在比「既存」社會主義的國有企業、計劃經濟更小的生產單位內以民主的方式運行的構想而已。到底替代計劃性經濟的是什麼?似乎並不清楚。

資本主義是與上層建築相分離的社會經濟基礎作爲特徵,不具備與「社會共有的自然成長」根本對立的法律制度,因而存在著社會主義生產關係自然成長及其擴大的可能性。現在的

情況是，從先進資本主義國家的中心部分出現了社會主義生產關係這個事實。

四、小結

一個社會構成體的經濟形態，是由該社會中「佔有主要地位的生產關係的總和」來規定，而所謂的「生產關係」是人們在生產過程中所形成的社會關係，主要是生產手段和勞動者的結合方式所決定。現在，知識已成為生產手段——PC和互聯網成為知識勞動者的「勞動手段」，而由 PC 將所收集、開發、儲存的信息、知識從人腦裡分離開來而客體化成為「勞動對象」，並在互聯網上自由交流。當 PC 和互聯網（勞動手段）和 PC 中被客體化的信息知識（勞動對象）結合而成為生產手段時，這種新的生產手段和（知識）勞動者的新的結合方式，必然產生出新的社會型態。

當然，浮現出來的新的生產關係只有冰山的一角，而新社會的全貌也還不是很清楚，但作為一個新的社會主義圖像，這種新的生產關係還是值得我們給予高度的重視。在這種新的生產關係下的「個體自營勞動者」，在美國稱之為 Free agent，在日本則被稱為 Tele-worker，而由這些「個體自營勞動者」所構成的共同作業關係，被稱之為「網路共同作業體」。

Free agent（或 Tele-worker）之所以能夠存在以及發展的理由，在於利用互聯網和在地社群（Local community）的橫向的人際關係。這種橫向的人際關係成為個體自營勞動者之所以能夠完成企劃案（project）的基本條件，也是其社會安全網（safety net）。

就現狀而言，日本社會的 Free Agent 化大大落後於美國。

這是由於日本的社會和企業依然強韌地存在著由上而下的構造
──中央集權式的科層體制；就業者仍然以能夠成為大企業的
管理階層做為目標；婦女頭上仍存在著比歐美社會更為厚重的
玻璃天井，無法發揮能力和意願，還停留在希望能夠做到家庭
和工作兩者兼顧之的可憐局面。此外，在金融方面，銀行的
「擔保主義」也成為新興企業和小創業者取得貸款的絆腳石。
這些因素的總合的結果，就是個體自營者的數量銳減。日本在
農林礦業以外的自營業的減少，在先進國家中是很特殊的現
象。尤其是 30～40 歲年齡層的就業人口選擇自營業的數量有
劇減的傾向，而外國迅速增加的女性創業在日本也沒有明顯的
增加傾向。

　　不過，在另一方面日本社會也出現了形成 free agent 社會的
種種跡象──如部份年青人開始拒絕以符合組織要求為目標的
「均質化」教育系統；有意識或無意識地否定企業組織的業餘
打工族（Free-arbeited）的大量出現；過去強調一向穩如泰山的
企業也出現了破產和被兼併的現象，導致一些企業成員的在心
理上產生「無常」的感覺，他們中間的一些人便可能將目光轉
向 free-agent，做為職業生涯的另類選項。

　　事實上，日本的「部份」出版業、廣告業已成為 free-agent
社會──在那裡「為了特定目標的，在特定的場所集結人材，
當目標完成後就各自解散另謀出路」的任務團隊（Task-Orien-
ted Work Team），已經成為業界的常態。這些 Free-agent 確實
完成了及時作業（Just-in-time）的高水平企劃案，假如這種情
況繼續以服務業為中心而緩慢地擴散時，日本也許會逐漸接近
free-agent 社會。

　　另外，令人預感到 free-agent 社會即將要到來的現象是，

擁有超越企業的「橫向網絡」成為個人能夠找到更好工作的社
會條件。在公司以外擁有的可信賴的朋友、知己，成為能否成
功地再就業的關鍵要素。如果在公司外擁有許多可信賴朋友、
知己，這個人的獨立志向就會更高。因公司的破產而面臨失業
的中高齡的再就業人口，即使擁有優異的技術或技能，如沒有
強而有力的人際網絡就相當困難。

　　這就是說，過去在終生聘雇制保障下，在日本企業中成為
「組織人」，人與人之間的關係也只限於企業內的生活方式，
已成為高風險的工作方式。日本已被迫逐漸從金字塔型社會變
成「橫向」的社會了。

　　Free-agent 也許有許多不安的因素，日本的派遣社會或兼
職工作（Part-time job）的勞動者中，似乎比美國有更多的
Temp slave（臨時奴工），但 Free agent 擁有「真正的自由」、
「自我實現」…等等可能性也是不爭的事實。

第四節　結語

　　我們常用的「社會主義」這個名詞，應該有兩種解釋：

　　第一種解釋，是馬克思針對先進資本主義國家的社會主義
化所說的「自由、平等的自由人聯合體」。社會主義的另一個
解釋，就如列寧所說的：「蘇維埃社會主義共和國聯邦中的
『社會主義』，並不是承認蘇聯現在的經濟秩序就是社會主
義，而是意味著蘇維埃政權實現『走向社會主義』的決心」這
種意義上的社會主義。

　　依照正統馬克思學派的理論，社會主義革命是在資本主義
高度發展下，社會主義革命的前提條件已經成熟的結果。因

此，可以理解當俄羅斯十月革命勝利，蘇維埃社會主義共和國誕生時，以考茨基爲首的「正統馬克思主義者」以「俄羅斯不具有實現社會主義的客觀經濟前提，還沒有到達實行社會主義的發展階段」來批評列寧與布爾什維克的社會主義政策的理由。針對這些批判，列寧反駁說：既然社會主義建設需要有一定的文化水平，我們爲什麼不能首先用革命取得達到這個一定水平的前提，然後在工農政權和蘇維埃制度的基礎上趕上別國人民呢？到底在那一本書上看到不可以或不可能變更歷史順序呢？」列寧的這些話明確地指出一個後進資本主義國家（或半封建、半殖民地國家）的民族解放革命和以社會主義爲目標的「社會革命」之路。因此，俄國的十月革命並非是「社會主義革命」而是「以社會主義爲目標的社會革命」，更不是所謂「違背資本論的革命」。

同樣的，中國的新民主主義時期是進入共產主義社會的第一個階段（社會主義社會）之前的一個社會階段，是「過渡時期」前」社會主義階段」，是社會生產力不甚高，尚未具備進入社會主義提前條件的開發中國家，爲了轉型到社會主義，使用國家權力有目的、有意識地建設進入社會主義社會的前提條件的歷史階段。這就是列寧所意味的「社會主義」的第二種意義。

回顧 20 世紀的歷史，在東西兩陣營的對立之中，屬於「東方」陣營的「既存社會主義國家」，如果改以發展的「先進」和「落後」作爲判準，從而採取「南北」問題來表述時都屬於「南方國家」。從 20 世紀 60 年代後，「社會主義論」之所以陷入混亂局面的主要原因，就在於論者大都沒有眞正地認識到：所謂「既存」的社會主義國家所面對的既是「東西對抗」的

問題，同時也是「南北差距」的問題。因此，他們通常以「國
有企業」（生產手段國有化）和「計畫經濟」來作為社會主義
社會的判準。

　　事實上，馬克思是以「從直接生產者身上剝削剩餘產品的
不同形態（即，生產方式）」來區別不同的社會發展階段（例
如，奴隸社會、封建社會、資本主義社會和社會主義社會等
等）」，然而一個社會的社會經濟形態是該社會中「佔有主要
地位的生產關係的總和」，而不是由單一的所有制形式所規
定。「國有企業」和「計畫經濟」既不能作為社會主義的判
準，也未必符合馬克思對未來的社會──「自由人聯合體」的
一般表述。

　　資本主義社會特徵是以勞動力做為商品，而占主要地位的
生產關係是「資本（生產手段）和勞動力」的關係，也就是雇
傭關係。但是，縱使革命從資產階級手中剝奪生產手段，使國
家、合作社或自主管理的工會成為生產手段所有權的主體，勞
動者還是附屬於大規模的機械體系，只能依據分工、協作的原
則執行單純的、不斷反覆的肌肉勞動而已，沒有成為馬克思所
謂的「自由人在自由、平等的條件下的結合」的社會主義生產
關係。因為在大工業體系下，勞動者只是附屬在大規模機械體
系上的一塊肉，在那裡，不管所有權的主體是私人資本、國家
或勞動合作社，勞動者都必須遵守嚴格的紀律要求，只能夠執
行局部的職能以適應全體的生產目標，不可能實現自由、快樂
的自我實現型的社會主義勞動。也就是說，在大工業機械體系
裡，勞動者所提供的是失去其主體性的異化勞動，是不可能獲
得「人的解放」的這一個社會主義目的。

　　馬克思在敘述資本主義「後」的社會時，大都用「自由人

聯合體」（Association）或「合作社社會」來進行概括（雖然也使用過社會主義、共產主義等稱謂）。馬克思所謂的「自由人聯合體」大概是指，由獨立的個人基於自由意志所締結平等的關係而互相聯繫起來的合作組織，也意味著以各個合作社為網絡而形成的社會聯合體。在那個社會裡，用來替代現有階級與階級鬥爭的資本主義社會的是「個人的自由發展成為千萬人自由發展的條件」的協同社會。馬克思說：在「自由人聯合體」中的勞動是以自發性的手，高高興興的精神，充滿喜悅和快樂的工作，而人與人之間的關係則是獨立的個人基於自由平等的關係所進行的聯繫。

要實現這種「自由人聯合體」生產關係，或許只有藉由上個世紀九○年代，軟體化、服務化產業取代了資本主義機器大工業成為新興的產業核心的過程，通過「PC 互聯網」（PC－Internet）將知識客體化成為新的生產手段，打破了勞動力為資本所支配的客觀的技術條件，勞動者才奪回了屬於自己的勞動手段，並在獨立自營的個體勞動者之間以互聯網互相分享信息、知識，創造了「網絡型共同作業」（Internetworking cooperation）這種自由、平等、自我實現的勞動形態以後，社會主義的新的生產關係才開始出現。

資本主義先進國家，經過了二次大戰後的高度成長期，實現了所謂「大眾富裕化」。在 70 年代以後，一般大眾的工資所得基本上足以支付消費生活所需的物資財貨。部分中等收入階層更進一步需要能夠滿足精神上、心理上高品質生活的新服務或更多附加價值的商品。而所謂的「軟體化、服務化」產業正是伴隨著「大眾富裕化」所產生的新的社會需求而發達起來的社會生產力，與傳統的製造業在型態上有顯著的差別。

在「軟體化、服務化」產業裡，生產力的核心是「知識勞動」，而個人電腦（PC）包括其所儲存的信息、知識是知識勞動者最基本的「勞動手段」。PC是儲存資料、訊息，並依照使用者的指令進行處理的信息機器，而「互聯網」是連結電腦，將其所收集的資料和信息進行雙方傳遞的基礎性技術，是全球性的可自由進出的開放形態。如此一來，勞動者不必直接集合在一個地方，也不受時間、場所的限制就能夠透過 PC 網路的連結，在廣大的勞動者之間實現「共同作業」（Cooperative）關係，從而擴大了知識的效力。

「資本／工資勞動」這種歷史制度的形成，是因為生產手段為資本家所獨占，勞動者被剝奪了生產手段，淪為除了出產自己的勞動外一無所有的無產工人。現在，勞動者將被剝奪的分離的生產手段取回到自己手裡，取得了自由地為自己工作的條件，是一種對資本主義雇用關係的否定。因此，以知識勞動為主要形式的眾多勞動者重新取得了生產手段，脫離由資本所支配的企業組織，成為獨立自營的個體勞動者。這就是「網路個體勞動者」（Free agent 或 Tele-worker）大量出現的歷史前提。

1990 年代 PC 和互聯網的結合，促進了資本主義雇用關係的解體和獨立自營勞動者的形成，產生了在網路個體勞動者之間互惠性的共同作業關係，從而帶來了正在進行中的社會大變革。在這場社會大變革中所出現的網路個體勞動者是在軟體化、服務化經濟，這一種沒有階級支配的對等、互惠的生產關係下，自發性地從事於自主勞動的工作者，也正是馬克思所理想的社會主義勞動型態的具體化。「網路個體勞動者」建構出一種在網路上「共同作業」的新的社會生產關係——個體知識

勞動者（勞動力）運用 PC 互聯網將其所收集、開發、儲存的信息或知識本身，從人腦分離出來而「客體化」作爲生產手段。這種具有特殊性的生產手段無法爲私人所佔有，是由網路參與者全體成員所實質上共有，並在勞動過程中共同使用。以這種生產手段共有、共享的物質關係的發展，在個別的參與者之間實現平等的，完全不存在支配與被支配的人與人之間的社會關係。在這種生產關係裡，各個參加勞動者之間不存在支配與被支配的「科層 Hierarchi」體系，而是人與人之間的平等關係。因此，勞動就成爲以個人自由意志爲基礎的自主勞動，是自我實現型的以人爲主體的勞動。「網路個體勞動者」的「共同作業」是勞動者依照自己的自由意志所選擇的勞動，絕不是由外部力量所強制的勞動。這才是符合馬克思所謂的自由、快樂和自我實現型勞動，是社會主義社會的勞動型態。

總之，新的社會主義生產關係是伴隨著 IT 革命的登場，從資本主義世界中最發達的中樞部分自然地發展出來的。這就是說：「新的更高的生產關係，在它的物質存在條件在舊社會的胎胞裡成熟以前，是決不會出現的」（《政治經濟學批判》，序言）如今，新的更高的社會主義關係已在資本主義社會的胎胞裡出現了，只是還沒有「成熟」而已。

雖然「社會主義初期階段」強調說「…到社會主義現代化的基本實現，至少需要上百年的時間…」，但我們似乎已經見到了微微透亮的曙光。

1　馬克思、恩格斯，《馬克思恩格斯全集》，第 25 卷，p.288-289，北京：人民出版社.1979.

2　馬克思《哥達綱領批判》，《馬克思、恩格斯選集》第三卷，人民出版社 1995 年，p.304。

3 馬克思，《資本論》第三卷，第五篇第 27 章，p.297-298，北京人民出版社，2001.

4 「經濟的軟體化」指的是服務業化、信息化和製造業的去工業化——製造業的設計、研究、開發、行銷等非物質投入的增加。資本主義生產的軟體化、服務化現象，開始於 60 年代的美國，在 70 年代後期就在各個資本主義國家內成為生產力發展的主流。因此經濟學也不得不重視這種現象，提出「去工業化」、「後（post）資本主義」等相關論述。

5 2004 年底互聯網普及率就主要已開發國家來說，瑞典 70%，美國 62%，英國 59%，日本 55%，德國 50%，法國 41%。

6 JIT, Just in time: 一般稱為「及時化生產排程」，又稱「零庫存管理」，著重在減少生產過程中之低效率、耗時等浪費事項，提升效率與品質。此處特指「勞動彈性化管理」。

7 活性製造管理系統（Agile Manufacturing System）：因應市場快速變遷的競爭能力，為達到快速反應，客戶彈性需求，爭取客戶訂單，產品短生命週期，而採取最快最有效率的製造管理系統。

8 供應鏈管理（SCM, Supply Chain Management）：對供應鏈中的資訊流通、商品流通和資金流通進行設計、規劃和控制，最終目的是能夠在正確的時間，把正確的產品或服務送到正確的地方。因此，供應鏈就包括了：訂單輸入和管理、尋求原物料、製造、組裝、庫存管理、運送、倉儲、配銷、客戶服務等等流程的整合。

9 員工股票選擇權（Employee Stock Option；ESOP）：公司透過認購契約賦予員工在一定期間內認購公司股票之權利，以提供員工對公司之歸屬感及向心力。此認購契約，為賦予員工於將來一段時間內，以約定之價格購買公司股票之權利，若逾期不行使購買公司股票權利，則該契約即消滅。

10 ECM（Electronic Contract Manufacturing），中文譯為電子專業製造服務，或專業電子代工服務。相對於傳統的 OEM 或 ODM 服務僅提供產品設計與代工生產，EMS 廠商所提供的還包括知識與管理的服務，例如物料管理、後勤運輸，甚至提供產品維修服務。

【附錄二】
一個台灣人的左統之路
——陳明忠訪談紀錄

　　陳明忠先生，1929 年出生於高雄岡山一個大地主家庭。日據末期，考上高雄中學，因在學期間備受日本同學欺凌，才意識到自己是中國人，開始反抗日本人。畢業後服役，被迫構築工事，因脫逃曾遭關押。光復後，就讀台中農學院（中興大學前身）。二二八事變期間，加入起義隊伍，並參加謝雪紅二七部隊的敢死隊，在埔里的烏欄橋戰役中最後一人離開戰場。1950 年白色恐怖期間被捕，判刑十年。1960 年出獄後，因其優異的化學知識，曾到製藥廠工作，最後升任廠長。1976 年再度被捕，被控接受中國共產黨命令，在台陰謀判亂。獄中備受酷刑，堅不屈服。經海外保釣學生及其他特赦組織大力營救，終由死刑改判為十五年徒刑，1987 年保外就醫。出獄後，曾為組織「台灣政治受難者互助會」及「中國統一聯盟」大力奔走。陳先生與林書揚先生（被關三十四年七個月）為目前台灣左統派中最受尊敬的兩位前輩。

　　國民黨來台接收大失民心，台灣的反國民黨力量主要是向左轉，支持當時處於內戰中的共產黨。50 年代的白色恐怖統治，目標就是要清除島內這一反抗力量。這些左派，大約三分之一被槍斃，三分之二被關押，主要的精英很少倖存。被關押

的左派，出獄以後成為被遺忘的一群，生活在茫茫黑夜之中，大部分人的生活都成了問題。這批老左派的難題之一是，他們很難流暢地表達自己的看法。除了必須努力了解他們在獄中時外面所發生的變化之外，他們的語言表達也大有困難。他們大半接受日本教育，在年富力強有機會全力學習中文時，卻關在獄中至少十年，喪失了最好的學習機會。

下面的訪談是 50 年代反國民黨左派一次非常完整的觀點表達，涉及台灣、現代中國、社會主義的許多重要議題，充分表達了像陳先生這種老一輩左統派革命者的觀點。

一、「台灣人的悲情」來自日本的統治

問：陳先生，您的經歷非常特殊，我們今天的訪談，事先沒有設定一個問題表，您想怎麼談就怎麼談，請從您最想說的談起。

陳：我想先談「台灣人的悲情」。民進黨說，二二八是台灣人的悲情。這根本不對。以我的經驗，台灣人民在日本的統治下，沒有任何尊嚴可言，這才是真正的「台灣人的悲情」。我因此知道自己是「清國奴」，是中國人，才開始起來反抗，我的一生從此就改變了。

如果要講悲情，就要從日據時代講起。日據時代，台灣人是二等國民，被欺負到什麼程度？我的思想改變是從高雄中學開始，當時我們一班五十個人，只有十個台灣人，其他都是日本人。我經常被罵是「清國奴」，動不動就被打，我搞不清楚為什麼。後來，我才知道自己不是日本人。對我衝擊很大的事情是，有一次我和一個日本同學打架，事後來了十幾個日本人打我一個，最後跟我講一句話：「你可以和內地人（按：日本

人）打架，但不可以打贏。」這對我衝擊非常大。不是說一視同仁嗎？我一直以爲我是日本人，但台灣人和日本人打架卻不可以打贏，這是怎麼一回事？我的腦筋開始產生混淆，兩三年以後才知道原來我不是日本人，是中國人，思想才整個轉變過來。

我感覺到在日據時代作爲台灣人，眞是一點尊嚴都沒有。例如，當時村長在鄉下都是有聲望的人，是我們尊敬的人。但是，日本的警察叫村長跪下，村長就要跪下，這在我們看起來，實在是太瞧不起台灣人了。日本人跟台灣人的薪水也不一樣，同樣的學歷，日本人的薪水比台灣人高 60 ％，爲什麼會這樣？再舉個例子，我認識一個人叫做林金助，是石油公司的工友，給大家燒開水泡茶的。可是林金助這個名字日本人也有。有一天上面有人來視察，從名冊上看到名字，以爲他是日本人，馬上升他當雇員，因爲日本人是不能當工友的。日本人可以當勞動者，就是不能當工友幫人服務，不能倒茶、掃地。你想，當時身爲台灣人是什麼感覺？我們是二等公民，甚至是三等公民（因爲還有琉球人），一點尊嚴都沒有。我家是大地主家庭，我每天有牛奶喝，但因爲在日本人面前沒有尊嚴，才知道尊嚴最重要。我家的佃農在我面前也沒有尊嚴，就像我在日本人面前一樣，所以，我開始反抗日本人的統治，也開始轉向社會主義。所有的台灣人，在日本人面前都沒有尊嚴，那我們台灣人是什麼東西呢？難道這不是「台灣人的悲情」嗎？

二、二二八不是省籍衝突

問：那您怎麼看待二二八？

陳：二二八是反抗，是反抗國民黨的惡劣統治。「造反有

理」，這是人民的哲學。二二八是反抗，不是悲情。

問：您反抗日本人，又反抗國民黨政府，這有什麼不同？

陳：當然不一樣。日本人是外國人，他們瞧不起所有中國人（包括台灣人）；國民黨是中國人的政府，它是一個不好的政府，我們是反抗一個我們自己的不好的政府。二二八時，我們反對的是一個惡劣的政府，而不是所有外省人。當時從大陸來的人，好壞都有。台中農學院的外省老師，包括院長（就是校長），學問好，思想開明，我就很尊敬。我不但不反對他們，還保護他們。二二八事件期間，我把他們集中起來，請我的學弟林淵源（他後來當高雄縣長）照顧他們。

問：照您這樣講，二二八就不是省籍衝突，至少主要不是省籍衝突？

陳：二二八本質上是一個反抗惡劣政府的行動，不是省籍衝突。當然有些本省人情緒激動，打了外省人，這是有的，但不是主要的。你們還要注意，當時的省黨部和陳儀是作對的，他們要把事情鬧大，好搞垮陳儀。蔣渭川是省黨部的人，他找了一批打手，專打外省人。他故意製造糾紛，就是要把事情鬧大。

我們在台中開大會鬥爭台中縣長劉存忠，因為他貪污。民眾要把他處死，謝雪紅說，他有罪，但罪不至死。民眾又喊要割他耳朵，謝雪紅又說，那太殘忍了。民眾說，那就打他，於是謝雪紅讓一些人上來打。這可以証明，反抗的人相當節制，知道自己要幹什麼。但蔣渭川這個人你們要注意，他是省黨部李翼中的人。二二八之後，他當了台灣省民政廳長。我第一次坐牢之前，在 1950 年 1 月 9 日的中央日報上（按：此時陳先生拿出複印的剪報資料），看到一則怪異的啓事，內容是「慶

祝蔣渭川、彭德、李翼中、林日高等四人出任民政廳長、建設廳長、省府委員」。在賀詞的下面有 21 人署名同賀，名單中好多人竟然都是在二二八事件中，遇害或行踪不明的台籍人士，像林茂生、王添灯、林連宗、宋斐如、王育德的哥哥王育霖、還有陳炘。我後來坐牢時，才聽說這則啓事是地下黨（即共產地下組織）的吳思漢刊登的。吳思漢爲什麼要用這些人的名義來刊登？因爲據說這些人之所以被害，都是蔣渭川告的密，所以吳思漢故意用他們的名字以示抗議。蔣渭川是CC派，他的老闆是台灣省黨部主委李翼中，也是 CC 派。那時候被打的外省人，很多都是蔣渭川的人打的；蔣渭川找了一批流氓，到處搗蛋，要把政學系的陳儀鬥倒。陳儀很氣，要抓蔣渭川，結果被蔣跑掉了，蔣被李翼中保護起來。蔣渭川的女兒，爲了保護父親，擋在蔣渭川前面，結果被陳儀派去的人殺了。

李敖曾說，二二八分成三個階段：第一個階段是台灣人殺外省人，第二個階段是外省人殺台灣人，第三個階段是台灣人殺台灣人。李敖的說法太誇張了，很容易引起誤解。第一個階段，一些外省人被打，少數人被打死，蔣渭川的打手到處亂打人；第二個階段，外省軍隊從基隆登陸，一路開槍掃射，但因爲大部分台灣人躲了起來，所以只有在街上的人，才會被流彈打中；第三個階段，國民黨補殺了一些台灣知名人士和地方領袖，其中不少人可能是蔣渭川開名單密告的，所以李敖說台灣人殺台灣人。李敖講話是很生動，但太誇張，很容易讓人誤以爲二二八是省籍衝突。

當時，我們根本不覺得二二八是省籍衝突。我們要反抗的不是外省人，而就是貪官污吏。但是，貪污的人都躲起來了，倒楣的卻是一般的外省人；有些外省人挨揍，還有些被打死

了。不過，二二八的性質並不是省籍衝突，而是反抗國民黨暴政，是政權跟人民之間的衝突。

壞的人是那些貪官污吏，但我們學生對外省老師的印象就比較好。因為，那時候來台的外省老師很多都受過很好的教育，左派的也很多，比較進步，比較講民主，跟學生相處很像朋友。台籍老師受日本人影響，權威性較強，講話都是用命令的，所以學生對外省老師比較有好感。這不是我一個人的說法，黃春明也這麼講（他的外省老師因為是共產黨，後來也被槍斃了）。

關於二二八，我還可以說兩點。民進黨一直在製造一種印象，讓人覺得，二二八時國民黨在台灣進行大屠殺。依我的了解，二二八死的人，大約在一千上下。1950年我被捕時，在獄中跟台灣各地的難友聊天，了解各地的狀況，據我當時估計，大概就是這個數目。後來，民進黨成立了二二八賠償委員會，列了一大筆經費，到現在錢都還沒領完。據我探聽，領的人不超過一千人，而且其中有一些還是白色恐怖受難者家屬領的。民進黨完全不公佈這個消息，還繼續炒作，實在很不應該。

還有，陳映真跟我講過，有一個外省老師，看到接收人員欺壓台灣人，非常不平，寫了幾篇小說加以揭露，發表在上海的文藝刊物上（按，這些作品已收入人間思想叢刊《鵝仔》，人間出版社，2000年9月），可見二二八主要是「官民矛盾」，不是「省籍矛盾」。

三、白色恐怖是國民黨鎮壓人民，不分省籍

問：您的說法跟民進黨的差很多。有些台獨派說，二二八是台獨運動的起源，您不同意吧？

陳：好多人（尤其是台獨派）說，二二八是台獨運動的起源。這個說法我不同意。二二八是民國36年（1947年）的事，但是一直要到我第一次坐牢出獄的那一年，1960年，才有人因為台獨案件進來坐牢。另外，台獨派在日本成立「台灣青年會」是1960年，台獨聯盟是1970年在美國成立。怎麼看，時間上都差太多了。

光復以後，台灣人熱情歡迎祖國軍隊的到來，可見他們對日本的統治有多反感。後來看到祖國的政府這麼糟，才開始想，要怎麼辦？然後大家了解到，原來我們的祖國有兩個：一個是共產黨的紅色祖國；一個國民黨的白色祖國。既然壓迫我們的是國民黨，是白色祖國，於是年輕人就開始向左轉，向共產黨那邊靠攏。當然，當中有些人像我，在日據時代本來就已有社會主義思想；但是，也有些人是因為反對國民黨的暴政，才轉向共產黨的。所以，當時在共產黨裡面有這兩種成份，一種是日據時代就有社會主義思想的，還有一種是二二八以後對國民黨不滿才向左轉的。在第二種裡面，有些人日後因為反國民黨而變成台獨，李登輝就是一個典型；不過在當時，即使是第二種人，也是向左轉的，而不是主張台獨。根據後來警備總部的資料，二二八事件發生時，共產黨在台灣的地下黨員只有72個人；但到了五〇年代白色恐怖全部抓完之後，共產黨員統計有1300多人。從這個對比，你可以看出二二八以後年輕人向左轉的大趨勢。

問：您現在談到二二八以後台灣社會的變化，接著就是白色恐怖，您對白色恐怖有什麼看法？

陳：國共內戰國民黨失敗，撤退來台灣。當時我們認為，「解放台灣」是遲早的事，但沒想到1950年（民國三十九年）

韓戰爆發，美國第七艦隊竟然侵犯中國主權，開入台灣海峽。
有了美國保護，國民黨像吃了一顆定心丸，就開始大量逮捕、
屠殺反對他的人，特別是潛伏的共產黨地下黨員。

　　我要特別強調，白色恐怖，是國民黨對於人民的恐怖統
治。凡是被認為有可能反對國民黨的人，不分省籍，也不管有
沒有証據，就一律逮捕。我被捕以前，大概是 1950 年的 5、6
月間，報紙登出地下黨領導人蔡孝乾投降的消息，他呼籲所有
地下黨員出來自清。當時蔡孝乾所供出的共產黨員共有 900 多
個，主要是台灣省工作委員會系統（簡稱「省工委」），加上
別的系統（包括搞情報工作的）。受難的共產黨員共約 1300 人
左右。可是問題是，按照謝聰敏引用立法院的資料，整個白色
恐怖時期因涉及匪諜案件被捕的人數就有 14～15 萬人，可見
其中大多數人是被冤枉的。就共產黨員來說，他們是「求仁得
仁」，是無怨無悔的；但是就大多數受冤枉的受難人和他們的
家屬來說，白色恐怖當然是「悲情」。另外，根據台大社會系
范雲的估計，在 14～15 萬受難人當中，約有 40 ％是外省人。
當時外省人佔台灣總人口數也還不到 15 ％，由此可見，外省
人受害比率非常高。所以說，白色恐怖不僅是本省人的悲情，
更是外省人的悲情。所謂「台灣人的悲情來自於『外來政權』
的統治」這種泛綠陣營的說法，並不符合事實。正確的說，白
色恐怖應該是「白色統治階級對所有被統治階級的恐怖行
為」，是國民黨對所有台灣人民（包括外省人）的恐怖統治，
與族群矛盾沒有關係。

四、為什麼認同「新民主革命」？

　　問：陳先生，您願不願意談談，二二八以後您政治態度的

改變？

　　陳：二二八前後，我對國民黨這個政權已經徹底失望。但當時我聽說，大陸還有一個共產黨，是主張革命的。後來，我就知道了毛澤東的「新民主主義」。毛澤東說，中國是處在半封建、半殖民的階段。一方面，我們受制於封建傳統，譬如，中國還有很多大地主，許許多多的佃農整年勞動，卻一直處在飢餓邊緣。另一方面，我們又受帝國主義侵略，備受外國人欺凌，毫無民族尊嚴，譬如，台灣的中國人就一直受到日本人的欺壓。毛澤東認為，既然中國的農人、工人、小資產階級知識份子、民族資本家這四種階級的人，佔了中國絕大部份人口，這些人應該聯合起來，一方面打倒封建的大地主階級，另一方面打倒受到外國收買的買辦階級，這樣中國才有前途。我突然了解，國民黨政權就是封建大地主和買辦階級的總代表；他們只佔中國人的極小部份，卻仗恃著美國帝國主義的支持，肆意的欺壓中國的絕大多數人（包括台灣人）。這樣，我就了解國民黨為什麼會以這種惡劣的手段接收台灣；同時也了解到二二八的反抗之所以失敗，就是因為不認識整個中國的狀況。這樣，我就轉向了「新民主革命」。

　　二二八之後，很多台灣青年都有這種覺悟。譬如，我高雄中學的學長鍾和鳴（後來改名鍾皓東，作家鍾理和的同父異母兄弟），畢業後考上台大，後來放棄不讀，和一群朋友偷渡到大陸，去參加國民黨的抗戰。光復後回到台灣，當基隆中學校長。二二八之後，他也是因為覺悟到，要救中國只有參加革命，所以他加入地下黨，不幸被捕。那時候還沒戒嚴，被判感化，但他不服感化，結果被國民黨槍斃。

　　又譬如，台北的郭琇琮，跟我一樣，也是大地主家庭出

身。他念建國中學時，也跟我一樣，受到日本同學的欺負，起來反抗，被日本人關了起來。國民黨來接收的時候，還特別派人把他從監獄迎接出來。二二八之後（那時候，他已經是台大醫院的醫師），他也加入地下黨。白色恐怖時被抓了，國民黨要他投降，他寧可被槍斃，也不肯投降。跟郭琇宗同時槍斃的，還有許強和吳思漢。許強是台大內科主任醫師，在日本讀醫科時，日本人很佩服他的才智；他們說，如果諾貝爾獎有醫學獎，許強有可能得到。吳思漢原本在日本學醫，放棄了，偷渡到朝鮮，一路跑到重慶。在當時的中央日報上，他發表了〈尋找祖國三千里〉的文章，轟動一時；為了表示對祖國的情懷，他把自己的名字改為「思漢」。後來，他們思想都改變了，轉為支持共產黨，被捕後寧死不降。他們這些人都比我們沒被判死刑的人，優秀太多了。當時這樣又有才能、又勇敢的台灣青年很多，最傑出的都被處死了。

台獨派說，二二八把台灣的菁英殺了許多。這一點也不準確，因為二二八殺掉的知名人士並不多，而且，大半是年紀較大的。白色恐怖殺的青年人就不知多了多少倍，他們都是台灣未來的希望。應該說，台灣人才的斷層，關鍵在白色恐怖。當時還有很多島內的外省朋友，也跟我們一樣，一起合作，想要打倒國民黨。這樣，你們就能了解，為什麼國民黨有了美國保護之後，就開始逮捕、屠殺，而且牽連那麼多無辜的人。你想想看，地下黨聽說只有 1300 人，而白色恐怖的受害者卻多達14～15 萬人（保守估計），你看這個政權有多殘酷！

五、台獨運動是地主階級後代搞出來的

問：照您所說，從二二八到白色恐怖，其實都是政權跟人

民的矛盾；這個政權在壓迫人民的時候，是不分省籍的。但是，國民黨政權畢竟還有另外一個面向。當年老蔣幾乎完全用他帶過來的外省菁英統治台灣，所以還是種下了省籍衝突的禍因，以至於台獨派日後不斷炒作族群，甚至把二二八和白色恐怖都講成是「外省人殺台灣人」的族群殺戮。您能不能進一步對台獨運動做更細部的分析？

陳：剛剛說到，二二八一直被講成是台獨運動形成的原因。我認為時間不對。二二八是 1947 年的事情，開始有台獨政治犯卻是在 1960 年左右；在那以前，只有廖文毅等幾個人是台獨政治犯，其他通通是紅帽子。王育德在日本成立台灣青年會是 1960 年，美國台獨聯盟的成立是 1970 年，和二二八相距太遠了。二二八事件之後，台灣的年輕人是向左轉，而不是轉向台獨。台獨的概念是從土地改革才開始。當然，土地改革是應該的，但是站在地主階級的立場，看法就不一樣。我自己家裡是地主，有好多親戚也都是地主；他們的感覺是：國民黨在大陸根本不做「耕者有其田」，來台灣才向台灣人下手，是要把台灣地主的勢力消滅掉。

同時，土地徵收的價錢也差很多。台灣是兩期稻作，中間種雜糧，但是徵收土地的計算方式是以兩年的稻米收成來計價，中間的雜作不算。國民黨一方面用戰爭末期的糧食價格作為計價標準，讓土地變得很便宜；另一方面又把市面上只值一、二元的四大公司（台泥、台灣農林、台礦、台肥）股票，高估為十元來作補償。這一來一去，原本二十元的東西變成一元，所以很多人不滿意。

地主不滿意，可是沒有辦法。因為白色恐怖，反對的話就會被抓起來，所以什麼都不敢講。但是因為他們家世好，早期

到日本、美國的留學生都是他們的子弟。在海外台獨人士當中，台南一中和嘉義中學的校友比較多；一半以上的台獨幹部，都是這兩個學校的畢業生。因為最好的土地都在嘉南平原，嘉南地主的子弟就變成了海外台獨的主力。一個典型的案例是林獻堂。在日據時代，他領導台灣文化協會反抗殖民統治；他曾經因為去大陸訪問時說了一句「我終於回到祖國」，回來後被日本流氓當眾打耳光羞辱。這麼堅定的愛國主義者，一旦階級利益受到傷害，便放棄了民族意識。土地改革後，林獻堂跑到日本去，還曾支持邱永漢搞台獨。這也是為什麼台灣有縣市長選舉以來，第一個黨外的縣長是台南市的葉廷珪，因為台南是地主窩。還有，地主階級一方面因為「耕者有其田」拿到四大公司的股票，又經營中小企業發達起來，於是漸漸形成勢力。台灣內部的中小企業家，和在美國的台獨組織，這兩股力量一合流，台獨就發展了起來。所以，台獨運動事實上是台灣土地改革的結果，是地主階級的運動。這是我個人長期研究所得出的結論，是我第一個講的。可惜我以前收集的資料都散失了，但這個題目可以好好研究。

六、皇民化意識的復活是國民黨的統治造成的

問：您這樣講台獨運動，跟現在的流行說法相差很大。剛剛講到日據時代，當日本人來台的時候，反日抗爭死掉了很多人，皇民化教育是後來的事情；所以鄭鴻生會寫到他爸爸跟他祖父兩個不同世代，對祖國的感情不太一樣。也許有人會說：陳明忠先生當初在雄中被欺負，產生了抗日意識和中國認同，這可以理解；不過，另外也有一些受皇民化教育的人，願意為日本人打仗；因此，陳先生的經驗或許有一些代表性，但是也

有另一些人對悲情的理解是不一樣的。更進一步來講,可能也有些台獨派人士會說:陳先生剛剛講到的日本人對台灣人的欺壓,其實正是「台灣意識」或甚至「台獨意識」的種子,而不見得會導向中國認同。您怎麼回應這些說法?

　陳:其實不用把皇民化看得那麼成功,根本不是那麼一回事。我舉個親眼看到的例子:光復前我住在鄉下,那時候日本快打輸了,要訓練台灣的兵員。年輕人上過日語小學的還可以,但要訓練三十多歲的壯年兵就有問題,因為大多數都聽不懂日語。班長訓練踏步走,用日語喊「左右、左右」,但台灣兵聽不懂,變成了同手同腳。為了讓台灣兵聽懂指令,班長只好用台灣話講「碗筷、碗筷」(碗代表左手,筷子代表右手)。你說,對這些人來說,皇民化能起什麼作用?連日語都聽不懂。再舉個例子:有一天,我的同學遲到,老師問他為什麼?他用日語回答說:「我家的豬媽媽發神經,叫豬的哥哥來打。」老師當然聽不懂。其實翻成台語,就是「我家的豬母起哮(發春),叫豬哥(種豬)來打(交配)」。像這樣子,怎麼皇民化?所以說,台獨的皇民化論述事實上是台灣地主階級的論述,跟一般台灣民眾沒有關係。如果說皇民化的效果那麼大的話,就不能夠理解,為什麼日本投降的時候很多日本警察被打?譬如說,郭國基就把以前刑求他的日本人,帶到半屏山殺掉。如果皇民化那麼成功的話,為什麼光復的時候會有那麼多人去歡迎國軍?更沒辦法理解為什麼那麼多的青年在二二八事件後向左轉?皇民化成功的話,不會是這樣。近年來皇民化意識的重生,是因為國民黨統治失敗的關係。也就是說,「台灣意識」之所以會變質為「台獨意識」,其實也跟國民黨來台灣統治有關。

如果「台灣意識」所意味的是：「在台灣土生土長的台灣人民，意識到自己生長之地的存在，以及這個存在的獨特性」，那麼台灣意識應該萌芽於 1895 年。清朝把台灣割讓給日本，切斷了台灣和祖國大陸的臍帶，所以台灣人民產生了一種「台灣意識」。但是這種意識是以祖國情懷、祖國意識作為主要特徵，因此成為對抗日帝壓制的武器。這個階段的「台灣意識」，在台灣人民的心中不僅和「祖國意識」沒有衝突，甚至是重疊在一起的。

不過，台灣人民在對抗日本統治的過程中，由於祖國落後、沒辦法幫忙，所以心態上逐漸有些變化。台灣人民逐漸感覺到，要擺脫殖民地這種沒有尊嚴的二等國民處境，唯有自立自救一途，於是開始養成了以台灣為中心去看問題的思考方式。這時，「台灣意識」跟「祖國意識」開始出現一些微妙的差距。一方面，「台灣意識」之中包括了因割台而湧現出來的民族之愛、亡國之痛；也就是說，「中國意識」是「台灣意識」的主要部份。另一方面，清朝割讓台灣給日本，很容易使台灣人民產生充滿悲情的「孤兒意識」；正因為孤立無援，「當家做主」的願望也逐漸成為「台灣意識」的重要成份。但我想要強調，這種與「中國意識」稍有距離的「台灣意識」，絕不是一個以祖國為敵，與祖國徹底決裂的「台獨意識」。台灣所謂「皇民化意識」的重新起來，其實是國民黨統治台灣的結果。

七、「外來政權」與「省籍情結」

問：您剛剛的談話，讓我印象最深的有幾個重點。您說，在日據時期，「台灣意識」不但沒有異化成「台獨意識」，而

且跟「祖國意識」高度重疊。皇民化教育根本不成功，台灣人
民熱切歡迎祖國軍隊的到來。可是不多久卻發現到，取代日本
殖民統治的，竟然是一個我們自己的惡劣的政府；於是展開了
反抗，二二八事件之後更進一步向左轉，最後遭到受美國保護
的國民黨的恐怖鎮壓，株連無數。您說，二二八的起因是反抗
貪官污吏，白色恐怖是國民黨統治者對所有台灣人民的迫害，
不分省籍。您指出，台獨運動的形成和土地改革很有關係，不
能回溯到二二八。您認為台獨派把二二八和白色恐怖講成省籍
衝突，是指鹿為馬，是對歷史真相、對國民黨暴政性質的嚴重
扭曲。現在我想進一步請問，您如何理解民進黨所謂的「外來
政權」問題？以及所謂的「省籍情結」？台獨派不斷的操弄
「外來」和「本土」之分，而且還非常成功。您怎麼解讀這個
現象？

　　陳：「台灣意識」之所以變成想與祖國徹底決裂的「台獨
意識」，除了地主階級鼓動台獨的關鍵因素外，另一個重要的
背景，當然就是所謂的「外來政權」的問題，以及由此衍生的
「省籍情結」。前面我一再說，不論是二二八還是白色恐怖，
都不是省籍衝突，而是國民黨政權和台灣人民之間的矛盾。國
民黨政權不但迫害本省人，也迫害外省人。這種迫害，完全不
能從民進黨所說的「外來政權」去理解，因為外省人也同樣遭
殃，甚至更慘。不過，蔣家政權用外省菁英統治台灣，這個省
籍面向當然存在，這是不能否認的。台獨派之所以很成功的挑
起「省籍情結」，然後把二二八和白色恐怖通通扭曲成是省籍
衝突，跟這個當然很有關係。

　　蔣家政權來台的時候，帶了 150～200 萬的人來。他們並
沒有講台灣人是二等公民，而且，並不是所有的外省人都是統

治階級。事實上，除了少數的蔣家家臣外，大多數是軍、公、教的中下級成員，特別是老兵；他們不見得過得比本省人好，好多人的生活比本省人還糟糕。可是，那時候決定台灣命運的中央級民意代表，通通是外省人，連鄉下的派出所主任都是外省人。那些擔任蔣家家臣的「高級」外省人，在台灣的地位和處處表現出來的優越感，跟日據時期日本人的表現並沒什麼兩樣。在這種情況之下，很多台灣人會認爲光復不過是「從大陸來的新統治階級替代日本統治階級」而已。同時，台灣人民會在心中把日本人的殖民統治拿來跟國民黨做比較。很多人覺得國民黨當然比較差，所以「皇民化意識」又重新來了。

當所謂「外來政權」的說法普遍在民間流傳，台灣人要「出頭天」、要「當家做主」的口號，就很容易打動民心。這爲「台獨意識」提供了發展和擴大的空間。因此，「台灣意識」之所以異化爲「台獨意識」，可以說是蔣家政權完全忽視台灣人民的心情所造成的。「台灣意識」不等於「台獨意識」；「台獨意識」是異化了的「台灣意識」。今天表現在政治上和中國爲敵，意圖和中國徹底決裂的是「台獨意識」，而不是「台灣意識」。台灣心懷不滿的地主階級台獨派，就是利用了台灣人的省籍情緒，才獲得成功的。當年靠外省菁英統治台灣的蔣家政權，當然要負很大的責任。

二二八事件以及使成千上萬人民受難的白色恐怖案件，令台灣人民陷入恐懼的深淵，所產生的仇恨到今天還漂蕩在台灣島的上空。你想想，如果高官都是外省菁英，這種仇恨是不是很容易被簡化成族群仇恨？是不是很容易被台獨派利用？

八、國民黨喪失民族立場引發了另一種悲情

陳：我想，還應該講一點，「台灣意識」異化成「台獨意識」，國民黨還要負另外一種責任。為了自己的生存，他們喪失了民族立場，對美國人不能保持民族尊嚴。

1950 年 6 月 25 日韓戰爆發，27 日，美國第七艦隊就進入台灣海峽。不但如此，還有第 13 航空隊駐防，同時成立美軍顧問團入駐陽明山。最嚴重的是，台灣當局在美國的要求下，竟然同意美軍享有治外法權。也就是說，美軍在台犯了罪，台灣當局無權過問——這是晚清時期列強租界和治外法權的現代版，是國民黨政府撤退來台灣後，台灣人民所遭受到的最大恥辱和悲情。這樣，國民黨（包括他統治下的中國人民）對美國的關係，不是比台灣人在日本統治下的法律處境還糟嗎？

美軍殺人沒有罪！典型的案例就是 1957 年的劉自然事件。他是革命實踐研究院的職員（當時的班主任是蔣經國），被一位名叫雷諾的美軍上士在陽明山的美軍眷區槍殺了。警方要逮捕雷諾的時候，被美軍藉口外交豁免權而強行阻攔。事後雷諾辯稱，他槍殺劉自然，是因為劉偷看他太太洗澡。但到底有沒有這回事？我們不知道，因為死無對證。5 月 23 日美軍軍事法庭判決雷諾無罪，當天就用直升機送回美國。5 月 24 日，劉自然的遺孀到美國駐台大使館前面抗議，高舉「殺人者無罪」的牌子，引起群眾的圍觀；最後人群衝入美國大使館，把汽車燒掉了，連美國國旗都燒掉了。不但是這樣，連裡面的文件也燒掉了，還圍攻美國新聞處以及美國協防司令部。當時參與的群眾有幾萬人，還是高中生的陳映真也有參加。後來抓了一些人，群眾要求放人；警察又開槍打死了一個人，傷了三十多個

人。然後，還派了三個師進來台北鎮壓；第一批先抓了四、五十個人，後來又抓了一百多個，其中四十多個人以「意圖製造事件的暴動者」的罪名，判了六個月到一年的有期徒刑。報導這個事件的聯合報記者，竟被判了無期徒刑，一直到 1976 年我第二次坐牢的時候，他還在關。為了這個事情，蔣介石把衛戍司令、憲兵司令、警察署署長通通撤換掉，俞鴻鈞內閣也被迫總辭。蔣介石還親自出面向美國大使道歉。這是國民黨政府來台後的第一次反美事件，這難道不是「台灣人的悲情」嗎？為什麼民進黨從來不講？難道他們的悲情意識是有選擇性的？

　　台灣人的悲情還表現在美國的「台灣關係法」上，這個民進黨也從來不敢講。1979 年美國和中華人民共和國建交（也就是跟在台灣的中華民國斷交），為了取代遭排除的「中美共同防禦條約」，美國國會片面以國內法的形式制定了「台灣關係法」，試圖用美國國內法直接適用於台灣。這就意味著台灣是美國的屬地，是美國的一個地方。這就難怪邱義仁會說：「台灣不抱美國的大腿可以嗎？」這就是奴才，把台灣當成是美國的新殖民地，使台灣人民喪失了尊嚴，失去了作為台灣這塊土地上的主人的地位。所以，我覺得泛綠人士的悲情意識是選擇性的悲情意識。日據時代不願意講，治外法權不敢講，就連「台灣關係法」也不能講，就只會不斷的扭曲台灣人民的歷史記憶，將二二八和白色恐怖打造成台獨的歷史神話。

九、國民黨不殺台獨派

　　陳：我還要再講一點。「台灣關係法」是美國國內法，民進黨竟不以為恥；承認美國的治外法權，國民黨也不以為恥。他們都是一樣的，不必「龜笑鱉無尾」，一樣都是美國的奴

才。台灣哪裡有光復？以前是日本的殖民地，現在是美國的殖民地。

你們知道嗎？台灣戒嚴時期的政治犯裡面，台獨政治犯是不判死刑的，因為美國不准國民黨把他們判死刑。最有名的是雲林縣的蘇東啟，他想要去軍援倉庫搶武器，先和高玉樹商量，但高玉樹知道不會成功，就去密告；所以蘇東啟一去搶就被抓起來，可是沒有槍斃，判了無期徒刑。台獨派只有一個被槍斃，但那是例外。被槍斃的那個人確實有台獨思想，可是沒有活動。調查局知道之後，派人偽裝成台獨份子去慫恿他發展組織，然後派他去日本跟台獨人士聯繫。在日本的國民黨情治人員也假裝自己是台獨，教他回台之後如何推動工作；等到組織發展到三十多個人之後，就把他抓起來。這個事情在法律上是不應該的，是入人於罪。他本來沒有發展組織的想法，是調查局設計他去做，然後再抓起來，這其實是殺人滅口。

但那是個例外，其他的台獨派都沒有被槍斃。當時還沒有外獨會，台獨派都是台灣人。如果像民進黨說的，外省人和台灣人的矛盾那麼嚴重的話，那台獨應該是會被殺的啊！國民黨為什麼不殺台獨？這不是很奧妙嗎？美國的敵人是中國共產黨，國民黨的敵人也是中國共產黨；台獨派不是美國的敵人，反而是美國暗中支持的。以前，國民黨常把台獨派和共產黨連在一起，這不是很荒唐嗎？因為只有這樣，才能置之死地。但也因為太笨了，沒有人相信，所以這樣炮製出來的政治案件，一次也沒成功。

那個時候，台獨派都是台灣人，而國民黨不殺台獨派。如果國民黨政權的主要敵人是台灣人或本省人，怎麼會不殺呢？國民黨抓台灣的共產黨地下組織，從來沒手軟過，殺他們也毫

不猶疑，這証明了什麼呢？難道這也叫省籍矛盾？再說一句，
九○年代台獨派勢力最大的時候，民進黨批起左統派（不論省
籍）毫不留情，國民黨批左統派也是如此。在這裡，他們是內
部矛盾，左統派是他們共同的敵人。因為，民進黨和國民黨都
是美國的奴才，他們都沒有中國立場。台灣表面上光復了，但
實際上是美國的殖民地；這是戰後台灣人最大的悲情，就像戰
前台灣人最大的悲情，是被日本人統治一樣。我這一輩子在台
灣，還沒有當過眞正的中國人，這是我最大的悲哀。

十、藍營的問題：神化兩蔣、親美反中、堅持一中一台

問：您對台灣的現狀，還有什麼批評？

陳：我還想批評一下現在的藍營。首先，我對他們神化兩
蔣感到非常不滿。蔣介石在大陸時期的功過可以暫時不提，但
對兩蔣在台灣的功過，必須有一個合理的評價，不該把他們看
得像「神」一樣。當然蔣經國是比他爸爸好一點，可是當時好
多人的死還是跟他有關。所以很多二二八事件，或是五○年代
白色恐怖死難者的家屬，到現在都不能原諒兩蔣。泛藍把他們
「神」化，我非常不滿意。我每次看到他們去參拜慈湖，感覺
就跟看到日本首相去參拜靖國神社，沒什麼兩樣。

蔣家父子在台灣的統治至少有幾個爭議點，例如，他們引
進美國勢力，將台灣置於美國的保護之下，造成兩岸長期對峙
的局面。駐台美軍的外交豁免權，重演滿清晚年的「租借」和
「治外法權」，終於引發了「劉自然事件」。另外，他們還接
受屬於美國國內法的「台灣關係法」，讓它適用於台灣，使台
灣淪為美國的附庸，甘願作美國的爪牙，牽制祖國的發展。

蔣介石統治台灣的另一個直接結果，就是產生「省籍情

結」。由於蔣家政權的統治，才使得「省籍情結」發酵，使得「皇民化意識」復甦，使得「台灣意識」異化爲「台獨意識」。也就是說，「台獨意識」的產生，台獨派的坐大，其實都是蔣家政權統治所帶來的惡果。泛藍陣營根本沒有考慮這點，根本沒有檢討。就像他們一味崇拜兩蔣一樣，他們絲毫不考慮台籍人士的心情。

我對泛藍陣營不滿的另一點是：他們堅持「一中一台」，主張中華民國是一個主權獨立的國家，不願意也不敢做中國人。這一點我非常不滿意。中華民國是主權獨立的國家，這講得通嗎？中華民國撤退來台灣之後，中國的主權當然應該由中華人民共和國來繼承。主權問題不是自己說了算，要世界都承認才行。台灣的蔣家政權，雖然擁有土地、人民和政府，但卻沒有主權，不能自稱是主權國家，只能說是一個「地方政權」或「流亡政府」而已。

但是泛藍人士一直認爲台灣比大陸還進步，又由於「反共」意識形態的作祟，不想要兩岸統一，只想要永遠維持現狀。時代在變，「現狀」也在變，所謂的「現狀」是不可能永遠維持的。在台灣的中國人，不應該一直聽命於美國人。實際上，國際上只有一個中國，大陸和台灣都是中國的一部分。中國的「主權」應該由兩岸的人民來「共享」，台灣的「治權」才是由台灣人民來「獨享」，一國兩制就是這樣啊！在這種情況下，大陸保證不徵稅、不派官，連部隊都不會派來台灣，這有什麼不對呢？爲什麼要拒絕？我認爲，藍營的「一中一台」和綠營的台獨，區別實在是不大的。他們只不過是在爭奪台灣島內的政治權力而已，他們都沒有眞正爲台灣人民的前途和利益著想。

十一、一國兩制與兩岸關係

問：我覺得「主權共享、治權獨享」這個概念，其實有些台獨派是可能接受的。可是「主權」要如何「共享」？「治權」如何可能「獨享」？這中間好像還有些爭論空間。比方說，在一個中國的框架之下，如果是「主權共享、治權獨享」的話，那是不是某種比較鬆散的組合方式？獨享治權的台灣，政治的自由度會有多大？再舉個例子來說，蘇聯是聯合國安理會成員，烏克蘭和白俄羅斯也是聯合國會員；在一個蘇聯的框架下，前蘇聯在聯合國共有三個席位。當然，我並不是說前蘇聯模式是最佳選擇；我也不太相信台灣人民真的那麼想要進聯合國，或非進聯合國不可，那是台獨炒作出來的議題。不過，國際空間或地位問題之所以高度敏感，也正因爲它同時涉及台灣在一中框架下的政治地位問題，也就是您提到的「治權獨享」問題。在這些方面，您願意再多說一些嗎？

陳：大陸的態度是，在一個中國的原則之下，兩岸什麼事都可以談。也就是說，國號、國旗等都可以談。問題是，現在藍、綠兩黨都不肯承認「一個中國原則」，所以，你提的想法根本就不能在談判桌前談。台灣方面如果不承認「一個中國原則」，你怎麼能夠讓大陸方面跟你談這些問題呢？還有，談判與實力是有關係的，台灣應該選擇對自己最有利的時機來談，講話才更有力量。你不覺得，台灣已經錯過最好的時機了嗎？

問：「一國兩制」在台灣一直被妖魔化。所以，統派在談「一國兩制」的時候，是不是應該多談「一國兩制」的「治權獨享」面向？以及，將可以爲台灣帶來更多的國際空間等等？如此一來，台灣的一般讀者也才會知道，原來統派的主張是這

樣，原來「一國兩制」是這樣子談的。現在兩岸的政治互動很糟，所以胡錦濤雖然說國際空間可以談，可是事實上連戰去了一趟大陸，這方面也沒什麼突破。連一個非主權國家可以加入的 WHA，大陸都還是多所阻撓。這點在台灣就很敏感，很容易被炒作成是「中國打壓台灣」。所以我想要問，您怎麼看台灣的國際空間問題？

陳：很多國際組織，是規定只有主權國家才能加入，譬如聯合國。有些可以用地區名義加入，譬如奧運。如果台灣所說的國際空間是屬於前一類，那不是等於要大陸承認台灣是個主權國家嗎？這根本就違反了「一個中國原則」。如果兩岸以「一國兩制」的方式統一，那麼，在這種架構下，台灣的國際空間比香港還要大。老實講，台灣的兩黨就不甘心接受「一個中國原則」，所以故意在那邊打迷糊仗，蓄意欺騙台灣人民，想要達到混淆視聽的目的。他們不想讓台灣人民了解，在「一國兩制」架構下，台灣的國際空間很大，而且比現在要大很多。在台灣現在的經濟條件下，兩黨這樣莫名其妙的堅持下去，到底對台灣好，還是不好呢？

說到國際空間，我就想談一點歷史。1949 年國民黨內戰失敗，撤守台灣，共產黨在大陸建立「中華人民共和國」。共產黨統治了中國絕大部份的土地和人民，而「中華民國」卻只能靠著美國的保護存活下來。在這情況下，美國還仗恃它在聯合國的強大影響，讓「中華民國」保有聯合國的中國席位，讓「中華人民共和國」完全沒有國際空間。從聯合國的角度來看，那時候「中華民國」是一個擁有中國主權的政府，而「中華人民共和國」卻只是一個不受國際承認的政府。這種情況，維持了二十一年！然後，「中華人民共和國」才取得聯合國的

中國席位。說難聽一點，美國保護「中華民國」，跟日本保護「偽滿州國」有什麼不同？在這種狀況下，「中華人民共和國」還願意以對等的地位，「政府」跟「政府」談，還有比這更好的條件嗎？怎麼可能要求「中華人民共和國」承認「中華民國」是一個「主權國家」呢？當「中華民國」還佔據聯合國的中國席位時，它會承認「中華人民共和國」是個主權國家嗎？那不是製造中國分裂嗎？而蔣介石也就會成為中國的千古罪人。蔣介石不肯幹的事，鄧小平、江澤民、胡錦濤，不管將來誰當中國的領導人，誰都不會幹這種千古罵名的事。

問：兩岸關係要改善，大概首先需要有一個好的循環出現，然後才會慢慢上升到更進一步的層次。像現在，就不是一個很好的互動狀態。大陸其實有很多東西是可以給的，但它現在不願意給，怕你用來搞台獨；台灣這邊其實也知道自己可以要，但是假如要不到會很沒面子。而且，台灣現在是民選政府，一個政治上的失敗就要付出代價，所以會傾向於保守。面對兩岸之間的政治僵局，您認為要怎麼樣才能有所突破？

陳：我想主要還是心態問題。台灣一直認為大陸比台灣差，實際上大陸現在已經發展起來了，「中國崛起」的事實已經不容否認。雖然大陸內部還有不少問題，但哪一國沒有問題呢？美國就沒有問題嗎？現在美國的問題並不比中國少，現在也再沒有人講「中國崩潰論」了。現在和未來的兩岸關係，關鍵還是在於：台灣肯不肯承認「中國崛起」的客觀現實？李登輝、陳水扁都瞧不起大陸，但如果未來台灣還維持這種態度，不肯承認大陸的發展，不願意跟大陸和談、合作，那還會再吃虧的。

我想暫時回到光復初期，談談那個時候的兩岸差距，再回

到目前的兩岸問題。台灣在清朝末年經過沈葆楨、丁日昌、劉
銘傳等改革派官員搞洋務運動的影響下，早就已經進入商業資
本主義的階段，糖、茶、樟腦還大規模的外銷到國外。日本人
來了之後繼承了這個基礎，為了殖民統治的需要將經濟規模深
化，所以到光復的時候，台灣已經進入了資本主義現代化的初
期。相對的，大陸從鴉片戰爭以後，內亂外患搞得一塌糊塗，
加上經過了八年對日抗戰，變成「一窮二白」。我認為，要窮
人有志氣是很難的。我在光復後看到來台接收的國軍和官員的
種種作為，才理解八路軍為什麼要制定「三大紀律、八項注
意」。大陸人來到台灣看到什麼就想要什麼，又搶又騙，什麼
都要，這是當時大陸比台灣落後的証據。我認為，接收初期接
收者與在地人的衝突，在地人對接收者的不滿等等，根本原因
就在於海峽兩岸經濟發展階段的差距。二二八之後，台灣青年
向左轉，就是因為了解到：只有搞革命，才能重建中國經濟，
才能根本解決內部很多矛盾問題。國民黨的腐敗問題，其實就
是中國整體落後的一種表現。

　　按我的理解，大陸經過革命，經過重重的困難，終於在二
十世紀九〇年代以後全面發展起來。事實上，這等於實現了當
年台灣左翼青年嚮往的目標。再說到當年來台接收的人，當年
他們比台灣人還窮，貪污腐化，被台灣人瞧不起。後來台灣經
濟因為受到美國的援助，發展得較快；於是，變得有錢的外省
人就和變得有錢的台灣人一樣，都瞧不起大陸。其實大陸因為
地方大，問題多，又被美國圍堵，才發展得比較慢。因為人家
慢，比你窮，就瞧不起人家。現在人家發展起來，比你還有前
途，你還不肯承認，還要「訂高價」（「拿翹」）。我認為，
這才是目前兩岸關係的實質。台灣人（包括本省人和外省

人），要好好自我反省，不要老是說人家打壓你。

十二、台灣的三種左派：新民主主義左派、文革左派、洋化左派

問：陳先生，聽您這樣說，我想請您特別從左派的角度，談一談大陸現況，以及您對中國革命的看法。還有，您覺得您自己的左派立場，跟台灣的其他左派有哪些不同？

陳：台灣一直認為大陸比台灣差，實際上大陸現在已經開始有點錢了。現在不是在講「和諧社會」這個概念嗎？這表示大陸已經有能力從內部來改變自己。例如以前講「一部份人先富起來」，現在強調「大家都要富起來」；以前只講「效率」，沒有講「公正」；以前談到經濟發展只看GDP，現在強調要「以人為本」。胡錦濤提出「和諧社會」和「科學發展觀」這些概念，就表示說大陸已經有能力改善過去因為引進資本主義成份所造成的那些毛病。

我覺得以前大家對「一國兩制」的詮釋是不對的。它把大陸看成是社會主義社會，而台灣是資本主義社會，所以統一以後可以各搞各的。其實，就我的看法，我認為大陸現在比較接近列寧所說的「特殊的過渡時期」，是要過渡到社會主義社會之前的「國家資本主義階段」。這是由共產黨所領導的、以國家的力量發展資本主義的生產方式，最後的目標是要達到社會主義，但現在還不是社會主義。很多的台灣左派朋友都搞不清楚這點。列寧說：「蘇維埃社會主義共和國聯邦的社會主義，並不是說現在實行的就是社會主義，而是表示要堅決的走向社會主義的道路的意思。」中國的革命分成兩個階段，一個是新民主主義階段，一個是社會主義階段。就是因為中國沒有實施

社會主義的物質和文化條件，所以必須通過新民主主義這一階段，先創造出實現社會主義的條件，然後才能夠進入社會主義階段。

台灣左派內部的一個分歧點就在這裡。在文化大革命的時候才開始接觸社會主義的人（文革左派）的看法，和新民主主義革命時代就開始接觸社會主義的人（譬如我這一代）的看法，就很不一樣。在新民主主義時期參加共產黨或接觸社會主義的人，對改革開放有一定的理解。因為新民主主義者，本來就主張在共產黨的領導之下，實行現代化、採用資本主義方式、利用資本主義、又限制資本主義，然後才過渡到社會主義。這個過渡時期所採用的，不是完全自由開放的市場經濟，而是有限制的市場化。但是，文革時期接觸社會主義的朋友，就比較沒有這個概念。他們比較會認為現在的中國共產黨是走資，走資本主義的道路，甚至完全放棄了社會主義。

問：關於台灣左派的內部分歧，能不能請您再多講一點？

陳：新民主革命的一代，親眼看到中國的慘況，而其中的台灣青年，更親身經歷了日本人的歧視與欺壓。對新民主主義革命者來講，革命一方面是希望中國富強起來，另一方面是希望中國的窮人能過好日子（那時候的中國農民真是慘）。我們的理想是從切身的痛苦出發的，我們了解這個革命過程可能很漫長、很痛苦，是要犧牲生命的。七〇年代因為保釣運動而左傾的一代，對中國現代史不了解，沒有切身的體驗，只在觀念上左傾；當時又是文革，他們受到極左思想的影響，很理想化，以為馬上要實現社會主義。所以，大陸改革開放以後，有些文革左派會認為大陸已經走資，因此不屑一顧。但難道，他們想要讓中國人一直過著一窮二白的生活嗎？如果中國經濟不

發展起來，在蘇東集團倒了以後，中國怎麼能夠在美國獨霸之下存活下去呢？中國既要改善一般人的生活，還要有能力在美國的霸權之下獨立發展下去，不改革開放，行得通嗎？

台灣還有一種更年輕的留洋左派，我是聽呂教授說的。他們同情古巴和拉丁美洲國家，反對美國霸權；但他們好像還是不太能夠了解，爲什麼中國非走改革開放的道路不可。他們似乎不太考慮到，中國在改革開放之前，處境並沒有比古巴和拉丁美洲國家好多少。要不然，1950 年美國怎麼會毫無顧忌的侵犯中國主權，把第七艦隊開入台灣海峽，干涉中國的內戰，又在聯合國阻攔新中國取得中國席位達 21 年之久？不改革開放，經濟搞不起來，要怎麼抵擋美國霸權？我認爲，七〇年代以後左轉的台灣左派，不夠了解現代中國長期經歷的痛苦。但從左派觀點來講，即使沒有中國感情，也應該理解到，中國有過一百年備受帝國主義侵略的歷史。就只要想想抗戰就好了，一個國家爲此死了幾千萬人，這難道不是一件現代世界史的大事嗎？所謂「落後就要挨打」，這是血淋淋的歷史教訓。

問：中國革命的歷程很複雜，有文化大革命，又有改革開放，兩方面相差這麼大，您怎麼看？

陳：這個問題問得太好了，我想講一點自己的親身經歷。1976 年我第二次被捕不久，文革結束了。我看中央日報，看到它所「揭露」的「眞相」，剛開始不相信，以爲是國民黨造謠。後來看到一些中央日報刊登的傷痕文學，就知道是眞的，於是非常痛苦。如果革命搞成這個樣子，我這一輩子的革命不是白搞了嗎？我吃了那麼多的苦，只要革命的理想能實現，又有什麼關係。但是如果革命搞錯了，我豈不是白活了嗎？爲了這個，我痛苦了很久。

　　我一直在想這個問題，終於慢慢釐清了自己的思想。我跟劉少奇一樣，可以說是兩階段革命論者。我主張先用國家的力量搞資本主義生產方式，搞現代化，但要朝著社會主義目標，就是鄧小平說的「有中國特色的社會主義」前進。沒有資本主義生產方式，沒有現代化，就不能讓中國人民富裕起來，也不能讓中國真正強大起來。那樣的話，什麼社會主義都不要講了。

　　毛澤東不是這樣想的。他馬上要進入社會主義，所以就搞起文化大革命。我到現在還不完全了解文化大革命是什麼樣子，因為沒有一本書講得清楚。但毛澤東以為立刻要進入社會主義，這我不能同意。窮國怎麼可能實行社會主義呢？我還認為，毛澤東一直想著美國包圍中國，隨時會打中國，所以，他要把中國搞得隨時可以應戰。但這應該叫做「備戰體制」，不叫社會主義。蘇東集團垮了，中國沒有垮，因為中國在文化大革命之後，認清了革命要分幾個階段。從 1949 年到 1976 年，可以說是中國革命的奠基階段；這一階段的目標在於：重建中國，原始積累，從事基本建設，建立初步國防（包括核子彈）。有了這些基礎，就可以改革開放，開始大步現代化。很遺憾，毛澤東不這樣想；才有一點基礎，就要進入社會主義，當然亂了套，多走了冤枉路。不過，中國終於走向正路，既沒有放棄社會主義的大目標，也沒有全盤倒向資本主義。

　　蘇聯和東歐就不是這樣。他們以前走過頭，現在全部不要，另外走資本主義道路。從極左到極右，怎麼會不亂？他們沒有認識到，落後國家的現代化道路，不能跟西方一樣。他們太迷信自由經濟了。

　　落後國家的路很難走。中國革命後黨內的意見很多，也犯

了幾次嚴重錯誤。我們也不能隨意責備他們，因為從來沒走過的道路，誰能一次就走對？西方資本主義初期，不把工人當人看，所以才會產生社會主義思想。但現在有誰還會記得，西方資本主義原始積累時期的殘酷與血腥？誰還會記得，資本主義帝國主義時期，西方人在殖民地所犯下的種種滔天罪行？毛澤東雖然走偏了，鄧小平卻在黨內的長期鬥爭中看到了正確的道路。文革結束初期，中國還有極左派，也有想要倒向資本主義的極右派。但鄧小平堅持走中間路線，緊抓「四個堅持」（其中最重要的是：堅持共產黨領導，堅持社會主義目標），同時引進資本主義生產方式，再隨時調整。以前講「讓一部份人先富起來」，現在講「和諧社會」，這就是「與時俱進」。要有彈性，不要教條主義。我認為，台灣七〇年代以後的左派，不懂歷史的現實，不懂歷史唯物論，缺乏發展的視野，都有教條主義的傾向。

十三、我對社會主義的看法

問：聽陳先生這樣講，我還想要繼續問您一些關於左派的問題。您說，社會主義要建立在資本主義高度發達的成就和文明的基礎上，這點我相當同意。如您所說，現在中國大陸是以國家的力量發展資本主義，想要靠著資本主義達成大國崛起的目標。可是，從某些左派的角度來看，可能會覺得大陸現在的發展路徑還是付出了很高的代價。雖然說是要建立「以人為本的和諧社會」，但是不夠和諧、不夠公平正義的地方還是很多，在這裡面許多弱勢者是要付出代價的。我猜想，中國人終究是想要超英趕美的。所以，當「強國」的目標跟追求當前現下的公平正義有所衝突的時候，通常「強國」還是比較優先。

當年因為美蔣政權是一個白色政權，另外一邊是一個由下而上的革命政權，所以國族主義和社會主義可以得到統一。但是我會覺得，現在台灣的左統派、或者說是統左派，伴隨著中國大陸的崛起，好像也在調整「統」跟「左」的優先和比重。先強國，先超英趕美，以後再談社會主義，您的意思是這樣嗎？

　　陳：其實落後國家要進入社會主義，一定要經過資本主義階段，這個階段不能跳過去。西歐國家在發達資本主義之前，早就實現了民族國家的建立，或者說，民族國家既是資本主義世界市場的結果，也是資本主義發展的前提。因此，在先進資本主義國家發動社會主義革命，主要是解決階級問題，不存在民族解放的問題。落後國家由於受到帝國主義壓迫，一定會有民族意識，所以落後國家的社會革命一定是結合了社會主義和民族主義這兩種成分。同時，落後國家走向社會主義的道路，和馬克思以先進資本主義國家為對象所說的社會主義革命，一定是不同的。落後國家在帝國主義的包圍下，社會生產力相對落後，並不具備直接跳躍到社會主義社會的條件。從列寧的「新經濟政策」到中國的「新民主主義」，都是落後國家要進入社會主義的一個「特殊的過渡階段」；這個過程說不定要搞個一百年以上，實際上就是由共產黨來領導、實行資本主義生產的道路。在這過程中，一定有反對帝國主義的民族意識在裡面。這正是為什麼史達林的「一國社會主義」思想在中國很少有人反對的原因，因為裡面有民族主義成分。

　　有民族主義的概念，才能反對帝國主義。當前台灣一部份從美國回來的左派，一直反對民族意識。他們不知道要進入社會主義有兩條道路，一個是先進國家走的社會主義革命，一個是落後國家的社會革命（以社會主義為目標的社會革命）。落

後國家在進入社會主義之前，一定要先將資本主義所達成的物質生產力吸附進來，才能夠進入社會主義階段。同時很糟糕的是，西方很多左派對社會主義的看法，通常繼承恩格斯的觀點，認為資本主義的主要矛盾在於生產的社會化和生產手段的私人佔有；因此，他們很容易簡單的就認為，只要把生產資料的私有制去掉，就可以變成社會主義。事實上，馬克思區分資本主義跟社會主義，最主要是從生產關係入手，而生產關係的內容遠比所有制要豐富的多。馬克思所說的社會主義或共產主義社會，是「自由人的聯合體」，是自由人的自由聯合。可是，在以工業生產為主要形式的社會裡面，勞動者還是依附在龐大的生產資料上，這是沒有辦法誕生社會主義的；因為，就算你把生產資料變成國有、公有、集體所有、或社會所有，勞動力都還是商品，根本的生產關係也還是沒有改變。馬克思認為，不是解決了所有權問題就是社會主義，而應該要從生產關係來入手；但生產關係是由生產力所決定的，沒有比工業資本主義更發達的生產力，就不可能出現生產關係的革命性改變。問題就是在這個地方，毛澤東就是把這個地方弄錯了。他相信生產關係決定生產力，所以過度強調人的主觀能動性。

　　我覺得很多人之所以搞不清楚這些基本觀念，是因為受到了恩格斯的影響。我比較同意日本「宇野派」（宇野弘藏）的看法，他認為資本主義的主要矛盾在於「勞動力的商品化」。商品生產可以調節，要多的時候可以多，要少的時候可以少。但是，勞動力卻不是這樣。要多的時候，人生出來也要一、二十年才能成為社會生產力；要少的時候，或停止生產的時候，人要靠什麼吃飯？資本主義最沒有辦法解決的，其實就是這個問題。像歐洲的失業率越來越高，要怎麼解決？荷蘭的 Work

Sharing 方案，就是因爲資本主義沒有辦法解決這個問題才出現的。這樣看，資本主義最後非得要走上社會主義這條道路。

關於這個問題，我在〈先進資本主義國家的社會主義化〉這篇文章中提到：要實現眞正的「自由人的聯合體」，恐怕要從資訊社會誕生後才開始具備條件，在那之前是不可能的。也就是說，只有在知識勞動高度發達的「知識社會」中，「自由人的聯合體」才可能出現。一方面要將原本屬於生產的主觀條件的「知識」客體化，使「知識」成爲生產手段，成爲新的社會生產力發展的基礎；另一方面要將無法爲私人所佔有的「知識」，發達成爲具有支配性的、社會主義性質的生產力。只有在「知識」勞動者之間實現平等的、自主的「網絡共同作業」，才能兌現自我實現型的社會主義勞動。如此一來，新社會的生產力和生產關係才獲得了新的規定性（知識的生產手段化和社會共有化），才能實現眞正的「自由人的聯合體」。

總的來說，我們一定要對社會主義重新考慮，要分清楚這兩條道路：一個是先進資本主義國家的社會主義論；一個是開發中國家的社會主義論。只有對這個問題有了認識，我們才能夠對中國發展的現狀做出科學的評價，也才能解決島內左派在理論和現實上的各種分歧。

十四、要堅持走中國道路

問：我想要再問您一個問題。大陸近年來爆發了很多的維權運動，不見得直接挑戰政權，而是在抗議資本主義發展過程中某些嚴重的不公不義。但是，中國政府爲了要維持和平穩定的發展，主要好像還是以鎮壓的方式來處理這些抗議。對大陸內部的弱勢者維權運動，統派是選擇不發言呢？還是有不同的

看法？

　　陳：實際上，我必須承認，台灣的統派實在對大陸情況不太了解。這主要是因為資訊不足。如果像鳳凰電視台能夠進來，也許還可以了解一些，但現在不能進來。另外，在書籍方面，我一向不太願意看大陸的書，因為大部分是在為政策辯護，不是學術上的東西。現在大概有改變了，但以前我不太願意看，我比較習慣看日本書；日本的左派從第三者的角度分析中國，對我來說很有用。所以坦白說，不是我們不願意談，而是不了解，資料太少了沒辦法談。例如六四，剛開始我完全不了解，後來看到天安門廣場上的口號是「打倒李鵬」而不是「打倒趙紫陽」（趙才是官倒的來源），才開始覺得事情不簡單，但也不能了解大陸內部的問題。直到看了《讀書》前主編汪暉的文章，才稍微了解當時大陸社會的總總矛盾。我們只能在摸索中看問題，但不會看到西方或台灣媒體罵什麼，我們就跟著罵。我們很關心大陸，但有我們的關心方式。

　　我們知道大陸還有很多問題。這些問題該怎麼解決，就像剛剛說的，我們還不夠了解，只能關心。但是，絕不能按西方或台灣所要求的方式來解決。大陸經濟的發展，就不是西方模式。蘇聯按西方模式，蘇聯就垮了。經濟這樣，政治也是這樣。大陸的政治體制，當然要隨經濟的改變來調整，但是要按大陸的步子來調整，而不是按西方的要求來調整。最近的十七大，據說已開始實行「黨內民主」，可見大陸也不是沒有注意到政改問題。但我們確實不知道，他們的長期規劃是什麼。大陸的體制不可能不改，我們都關心，但我們沒有必要和西方媒體「同一口徑」。

十三、講「轉型正義」民進黨沒政治智慧

問：陳先生，我突然又想起一個問題。這兩年，台灣的綠營人士一直在談「轉型正義」。您經歷過二二八和白色恐怖，被國民黨關過那麼久，獄中還備受刑求，好不容易撿回一命。您認為找出當年刑求你的、迫害你的第一線「加害者」，要求他們吐露「真相」，是好的做法嗎？對於「轉型正義」，您有什麼看法？

陳：什麼轉型正義！就是要算舊帳，要清算嘛！我覺得，民進黨真是沒政治智慧。呂教授曾經講過一個故事給我聽。劉邦、項羽爭天下，他們都是現在的蘇北人，很多黨羽彼此認識。項羽自殺、劉邦統一天下以後，劉邦準備算舊帳，想殺當年他的黨羽、但卻投降項羽的人，結果議論紛紛，人心不安。劉邦請教張良，張良教劉邦找一個他最痛恨的人，不但封他侯爵，還跟他同車出入。其他人一看，都說：連那個人都沒事，我們還擔心什麼！劉邦就用這種方法，平息人心的不安。民進黨現在要算舊帳，所有外省人都不安，他們又怎麼會跟民進黨同心協力搞台獨呢？台獨是搞假的嗎？我認為他們只會操弄族群，很沒出息。

就講我好了，我被國民黨關了二十一年，我太太十年，我的大舅子被槍斃（他槍斃前跟我同房，臨走時一一跟我們握手，我發現他的手還是熱的，真是了不起。當時我根本沒有想到，出獄後會跟他妹妹結婚）。論仇恨，可以算「苦大仇深」了吧！幾年前，連戰想去大陸，猶豫不決，讓我到國民黨黨部講話。我去了，我跟他們說，我今天不是來跟國民黨算舊帳的。當年國共內戰，我們心向共產黨，被國民黨搞得家破人

亡。應該說，內戰讓很多人受苦。但現在時代不一樣了，你們
兩黨應該和解，不要再因為兩黨不和，讓很多人受牽連。如果
你們能這樣做，我們的苦就沒白吃。連戰聽了很感動，當場就
決定到大陸去，以黨主席的身份和共產黨談。共產黨對他也非
常禮遇，以國家領導人的規格接待。

我去國民黨黨部，我的一個難友非常不諒解，從此以後不
跟我講話。當年我第一次坐牢，刑期已滿，國民黨還不讓我
走，要把我送到小琉球。那時候我身體很差，長期得肺病，很
瘦。我那位難友認為，我會死在小琉球，所以他透過別人通知
他父母，由他父母賄賂相關人員（他們有管道），我就被釋放
了。他對我有救命之恩，他不跟我講話，我很難過。但我認
為，我沒做錯。我是為所有的台灣人（包括外省人）著想。

「轉型正義」——那麼，民進黨就自以為掌握「正義」
了？這如果不是無知，就是無恥。他們難道不知道，是美國保
護了國民黨這個不得民心的政權，讓它在島內亂抓人、亂殺
人？美國為了自己的利益，圍堵中國，想要困死中國，二十年
不承認新中國；保護了應該被消滅的政權，讓它隨意殘殺支持
新中國的人，還連累一大批無辜。是誰「不義」，不是美國
嗎？同樣的，美國扶持南韓的李承晚、越南的吳廷琰，讓他們
殘殺南韓跟越南的左翼份子和民族主義者。美國這樣做，根本
就不顧別的國家的利益和人民的死活。造成台灣將近四十年戒
嚴的元兇，不是美國嗎？民進黨為什麼不去算美國的帳，不去
跟美國要求「轉型正義」？

再說，就是因為五○年代的殘殺，讓台灣人民對國民黨充
滿了怨恨，民進黨才能藉此出頭。民進黨難道不是踏在左派跟
無辜者的血跡上前進的嗎？民進黨曾經對那些犧牲的台灣左

派,表達過一點起碼的敬意嗎?民進黨只聽那個罪惡之源——美國的話,怎麼還有臉跟別人講「正義」呢?

不過,我也希望外省朋友能了解過去的歷史,不要再把兩蔣當作神,動不動就去朝拜。很多台灣人家屬,在二二八或白色恐怖中受害,他們到現在還不能原諒兩蔣。我個人不喜歡兩蔣,兩蔣在台灣的功過,可留給將來的歷史家去評斷。現在,民進黨要算舊帳,國民黨就抬兩蔣,再這樣爭下去,越爭越糟糕。我希望外省朋友能理解這一點,不要動不動就抬出兩蔣這個神主牌。

而且,我前面也講過,原來在日據時代,台灣人的皇民思想並不深。國民黨來了以後,台灣人拿日本殖民政府來跟國民黨比較,才又懷念日本統治,皇民思想才又重生。有些外省人不能了解這種狀況,所以老是指責台灣人。我當然很厭惡那些老皇民,像李登輝。但我們(特別是外省朋友)要了解其中的因由,不要動不動就指責台灣人。

我認為,藍、綠惡鬥的根本關鍵,就是,雙方都不承認自己是中國人。如果大家都是中國人,而且,大家都為中國的崛起歡欣鼓舞,大家都充滿了希望,怎麼還會互鬥呢?如果藍、綠兩邊都承認自己是中國人,大家當然會互相親近,彼此有矛盾,也不過是自己內部的矛盾。就像我跟呂教授,我們是台灣人,你(按,指陳宜中)、錢永祥是外省人,我們的某些看法可能不一樣,但不會成為互相對立、不能妥協的雙方。現在藍和綠,都把對方看作「異類」,是完全不同的人,彼此互相排斥,甚至互相敵視。如果他們都認為大家都是中國人,就不會這樣子。所以我認為,「一個中國的原則」,不但可以解決兩岸矛盾,還可以舒緩台灣內部的省籍矛盾。

　　記住過去的歷史，是要得到教訓，不要重犯錯誤。現在民進黨所以講歷史，卻是要算舊帳，而且這個「帳」還是他自以為的「帳」，這只能加深裂痕，於事無補。應該說，台灣幾十年來的歷史，是許多因素造成的（這不能不讓人想到日本的侵略、中國的內戰、美國蓄意製造的冷戰）。我們必需放眼看這樣的大歷史，不能夾纏在台灣的內部。看看現在的世界，美國、日本的經濟不可能有起色，中國的經濟欣欣向榮。我們應該往前看，為台灣找到最好的前途。如果台灣還閉眼不看，就會搞得進不能退不得，只好繼續在窩裡鬥。如果大家放寬胸懷，重新復歸中國，那路子寬得很，還有什麼好鬥呢？總而言之，台灣的兩大族群，再這樣彼此不諒解，不往前看，繼續惡鬥下去，台灣一定沒前途。這種局面，我們統派實在看不下去。

原刊《思想》雜誌，第 9 期，2008 年 5 月
訪談者為呂正惠和陳宜中
錄音經鄭明景和呂正惠整理

整理後記

呂正惠

陳明忠先生 1987 年第二次出獄以後，開始透過日文（輔以中文資料）大量閱讀中國革命史的書籍，想要解決在獄中讓他困惑不已的問題。他第二次被捕是 1976 年，不久文革結束。在獄中，經由台灣的報導，他逐漸知道了一些文革時代的事情，受到很大的震撼。他無法了解，他一輩子所獻身的革命爲什麼會變成那個樣子。因此，出獄以後，他迫不及待的閱讀書籍，想要尋求答案。

陳先生作了很多讀書筆記，當他覺得自己認識逐漸淸晰以後，他又根據這些筆記，以問題爲導向，整理出一些文章，先後都發表在一些左派朋友所辦的民間刊物《左翼》上。這些稿子引起了某些人的注意，常有人跟他討論。後來，他在陳福裕的幫助下，把這些稿子加以充實，加以潤飾，再經過我的最後整理，就成爲現在這本書。

在台灣知識界，認識陳先生的人大概還不算少。一般都認爲他是一個勇於行動、信仰堅定、人格卓絕的人，即使政治理念和他不同，也都尊敬他。但大概很少知道，他其實還是一個智力超群、永遠具有旺盛的求知慾的人。因此，我首先想就此稍微談一下。

1942 年，陳先生 12 歲時從高雄岡山鎮五甲尾（現在的嘉興村）考上高雄中學。當時的高雄中學是南部最好的高中，絕大部分的名額保留給日本人，本省人只有最優秀的學生才能考得上，他所就讀的那一所學校，他是第一個考上的。他在高雄中學第一次看到跳箱時，還不知道那是什麼東西，跳上去就坐了下來，體育老師認為，這樣的土包子怎麼能考上高雄中學。在高雄中學四年，他的學業成績從來不落後於人，只有加上體育、武道和軍訓（各科滿分 200 分，學科每科才 100 分）以後，日本學生才能贏過他。

按日本學制，中學要讀五年，由於戰爭缺員，提前一年畢業，所以 16 歲時，他就考中台中農林專門學校（中興大學前身）農業化學系。他先去服兵役，不久，日本投降，國民黨來接收，他到農林學校報到。教務長看到他的年齡，完全不能相信，要他從預備班讀起。他找到校長，校長是留日的，一聽就懂，他就成了最年輕的大學生。

1947 年二二八事變，陳先生參加謝雪紅的二七部隊。1950年白色恐怖時被捕，判刑十年，1960 年出獄。出獄後，他被介紹到一個製藥廠當藥品檢驗員。在一次全省的藥品品管檢驗競賽中，他獲得第一名，開始得到重視。他有化學知識，懂日文，可以查字典看英文。他能夠把外國藥品加以層層解析，據此製造出效果更好的藥品，最後他被提升為製藥廠的廠長。

他跟我說，在 1970 年代，他已看出，像後來所發展的那種打火機和生力麵是可以賺錢的。他跟老闆建議（他後來調到另一家食品工廠），可以生產後來我們稱之為生力麵的這種東西，但老闆完全看不出時代的變化，反而嘲笑他。他覺得打火機資金不需要太多，正想跟他朋友合作發展，但就在這個時

候，他第二次被補了（1976年）。如果不是第二次被捕，他是有機會成為不大不小的「資本家」的。

陳先生說，他最喜歡讀歷史，但因為他已知道自己不是日本人，讀文史沒前途，所以當年沒報考台北帝國大學；之所以讀農林專門學校，因為想在將來畢業後經營自己家的牧場（他出身大地主家庭）。1987年以後，他開始大量讀中國革命史書籍時，其實正投合他一向的嗜好。我自己也喜歡讀歷史，不論哪一類的歷史都想讀一點，當然，我也讀過一些中國共產黨和蘇聯布爾什維克的史書。我很意外的發現，談起這一方面的歷史，我最佳的談論對象就是陳先生。我相信在我的同輩朋友裡面，大概沒有人可以跟陳先生相比。

我所以要說這些，是要大家知道，陳先生絕對不只是一個行動者，他是一個行動者兼求知者，他也絕對不是一個只會讀讀書，抄抄筆記的人，他有自己的判斷。他最大的缺憾是語言，他的知識語言是日語，他的中文是在獄中逐步學來的，他無法純熟的使用中文，因此他無法把中文應用到更精細、更辨證的程度，然而，這並不證明他的思想就不辨證。

關於陳先生所談的問題，因為牽涉甚廣，我想選擇三個重點，談一談我的看法：一、落後國家如何發展生產力，二、中國是否仍算社會主義國家，三、中國崛起的世界史意義。

一．

二戰以後，美國大力宣傳現代化理論，認為只有按照美國模式，即政治上實行美式民主、經濟上實行市場經濟，才是落後國家現代化的正途。這種理論在台灣流行了五十年以上（一九六〇、七〇年代是其黃金期），而且，由於台灣在一九七

○、八○年代經濟發展順暢，成為亞洲四小龍的領軍，到現在仍然為台灣大部分知識分子所深信不疑。

後來，從拉丁美洲開始出現依賴理論，認為落後國家如果一直跟著先進國家走，經濟上只會成為先進國家的附庸，只能永遠依附著先進國家，不可能走出一條獨立自主的道路。這種理論也在一九八○年代以後傳進台灣，但影響力不大，台灣知識分子仍然比較相信現代化理論。

其實這個問題，早在布爾什維克和中國共產黨革命時，兩國的革命領導早就看到了。他們意識到，革命政權的首要生存之道就在於：以最快速度在全國範圍內發展生產力，這樣，才足以在先進資本主義的圍堵之下存活下來。如果沒有足夠的物質力量（包括先進科學知識和武器），絕對不足以圖存。蘇聯能夠打贏希特勒、中國在美國長期的圍堵和孤立政策下始終屹立不搖，主要就在於兩國能夠在極短時間內快速現代化。有了強大的國力作基礎，以美國為首的資本主義先進國才對他們無可奈何。

蘇、中兩國的快速現代化之路，是集中全國人民的意志，以集體的力量，犧牲一切享受，全心全意的發展重工業和國防武器。因為不重視輕工業，民生物資不受重視，所以一般人民的生活長期沒有得到足夠的照顧。因為資金不足，所以不得不實行農業集體化，以便最大量的剝削農業剩餘，以換取重工業所需的資金。這樣，就不得不實施物品管制，讓人民生活在最基本的需求上，所以必須有配給制。在配給制下，幾乎人人平等（當然，不可否認，幹部總會有特權），如果不發生意外，就是人人有飯吃，但是誰也不要想過奢侈生活，這樣，也可以稱之為「社會主義」。蘇聯體制崩潰前，中國實行改革開放

前，兩國的經濟體制大致就是如此。

陳先生所要論辯的是：一、這種體制有其必要性，但不能稱之為「社會主義」，只能稱之為「朝向社會主義的革命」，只是社會主義的預備階段，絕對不等於「社會主義」。二、史達林和毛澤東的錯誤就在於，他們認為這就是「社會主義」，這樣，一方面限制了生產力的發展，一方面讓人民長期生活在僅足以溫飽的情況下，這並不是正確的道路。三、正確的道路應該像列寧和劉少奇那樣，有時候必須參用資本主義的生產方式加以調和，讓這種「以集體力量發展生產力」的道路走得更順暢。如果能這樣，蘇聯和中國的發展還可以更快。

從邏輯上來講，我完全讚同陳先生的看法。但問題是，人在歷史之中，誰也很難一眼看出正確的道路。史達林和毛澤東所以犯那種錯誤，所以走了曲折的道路，恐怕很難避免。當然，他們犯的錯誤太大，以致於蘇聯最終崩潰，中國不得不用最大的力氣走改革開放的道路，他們是難辭其咎的。不過，從陳先生的論證我們可以看到，中國的社會主義革命之路雖然漫長而曲折，最終卻能夠走上坦途，證明中國共產黨比蘇聯共產黨要更為靈活。

現在很多人認為，中國之所以有今天，就在於鄧小平採取改革開放的路線，這實在把問題看得太簡單了。如果沒有一九四九年重新統一中國，沒有一九五、六○年代的土地改革、全力搞重工業和國防科技，沒有前幾個五年計劃奠定中國經濟發展規模，鄧小平的改革開放也不可能那麼順利推行。新中國六十年的歷史，雖然有毛、劉路線的反覆鬥爭，但有些基礎確是共同認定的。我們不能說，當歷史不是直線發展時，前面的一半就全錯，就像我們不能因為看到歷史是曲線發展的，就認為

只有後面一部分才是對的一樣。這樣，就是完全不了解辨證法了。個人的發展尚不免有對有錯，何況是關係幾億人、十幾億人的大歷史。陳先生也是這樣看的，不管他多麼批評毛澤東，他還是認為新中國是一路發展下來的。

先進資本主義國家對蘇聯、中國這類「既存」社會主義國家「的批評是：不自由、不民主、人民生活水平低下。按此標準而言，絕大部分第三世界國家都是如此，不論它是依美國模式發展，還是依蘇聯模式發展。應該說，只有先進資本主義國家才能享受「自由、民主、高水平的生活」（其實這也只是就這些國家的中產階級而言，下層階級未必如此）。落後國家，特別是人口眾多的落後國家，是無法「一步登天」，進入資本主義國家俱樂部的。

以中國來講，由於國力低落，生產力差，它或者陷於日本帝國主義的全面侵略之中，或者被親美的蔣介石封建官僚階級所統治，大部分人民的生活連溫飽都成問題。在共產黨的革命政權之下，至少大家都可以活得下去，而且，在集體刻苦奮鬥三十年後，經過一次經濟大轉型，全國經濟日漸好轉，又過了三十年，說得上豐衣足食。這樣的三十年、六十年並沒有白受苦，很難想像中國還有第二條道路可以選擇。

蘇聯也是如此。由於蘇聯政權最終垮台，蘇聯經濟一下子解體，人們變得很難為它辯護。但當三○年代西方經濟大恐慌時，蘇聯卻絲毫不受影響，當納粹侵入蘇聯時，蘇聯曾獨力抵抗希特勒的侵略。英國的工黨領導人、著名的政治理論家拉斯基就曾說，他看不出蘇聯除了集體化的道路之外，還能走哪一條路？

再放大眼光，從世界史的角度來看，當英、法、美、德、

日這些資本主義大國，憑藉其超強國力，肆意侵略落後國家，蠻橫地奴隸其人民時，除了蘇聯、中國、以及類似的以全民意志爲核心的人民政權（北韓、北越、古巴、阿爾及利亞等），誰還能挫敗這些現代的帝國主義者。正是這些帝國主義以其武力肆意掠奪，他們的人民才有餘裕享受「自由、民主、以及高水平的生活」，他們的快樂正是建立在衆多落後國家的痛苦上。只有從這個角度，我們才能看出「既存社會主義國家」在歷史上的意義，即使它們功過相抵時（如蘇聯）也是如此。二戰以後，如果沒有蘇聯、中國、以及其他人民政權的存在，以美國爲首的資本主義國家，恐怕還會對落後地區進行更惡劣的侵略和掠奪。正是因爲它們是先進資本主義國家先天上的大敵，先進資本主義國家才會無時無刻不以它們爲攻擊對象。如果它們對這些帝國主義者不具潛在的威脅，以帝國主義的強大勢力，又何必理會這些「不自由、不民主、生活水平低下」、不堪一擊的「跳樑小醜」呢？

二·

改革開放以後，很多人認爲，中國已經放棄社會主義，改走資本主義道路了，這也同時證明以前走社會主義道路是錯了。這是站在資本主義立場來批評的，完全不了解中國在 1949 年以後所進行的社會重建的意義。

1949 年中國重新統一以後，共產黨所面對的是一個幾近破產的國家。自從 1912 年中華民國建立以後，一方面軍閥之間的內戰從來沒有中斷過，另一方面帝國主義對中國的侵略也在加緊進行，特別是日本，在袁世凱當總統不久以後，就向中國提出二十一條要求，國、共聯合北伐的時候日本又出兵干涉，

企圖阻撓中國統一。從 1931 年侵占東北開始，想要征服全中國的野心完全暴露出來，1937 年終於全面侵犯中國。從 1937 年到 1945 年，中國打了八年抗戰，從 1946 年到 1949 年，國、共又打了四年內戰。可以說，中華民國建立以後的四十九年，中國從來就沒有太平過，不要說中國農民無法過日子，到了抗戰後期和內戰時代，連一般市民和公務員、教師生活都極其艱難。

只有在這種背景下，我們才能了解，國民黨在內戰中為什麼會失敗，因為絕大部分的中國人都不想再打內戰而蔣介石卻執意要打，因此大失民心；並且也才能了解，「社會主義」為什麼能吸引人，因為「社會主義」按其精神來說，至少保證人人有飯吃。共產黨統治中國不久，就讓每個農民都有地種，讓城市居民每個人（不分男女）都分配到一份工作。除了三年大飢荒那段特別艱難的時期，很難找到證據說明，一般人民的生活是很艱難的。我的最簡單的論證是這樣，從 1949 年到 1976 年，中國人口從四億多一下子增長到十億多，足足增長了 1.5 倍。如果生活不安定，糧食不充足，一個國家怎麼能養活十億多人，而且年年經濟都在成長。中國前一個太平盛世是清朝的康、雍、乾時代（共 135 年），那個時候，中國人口暴長到四億。嘉慶以後，內亂、外患不斷，中國人再怎麼多生，人口始終維持在四億多，因為很多人死於飢荒和戰亂。共產黨才統治不到三十年（不到康、雍、乾時代的四分之一），人口就增長了 1.5 倍，這只能證明，一般工、農，生活是得到基本保障的。由此可見，這個政權確實是努力照顧工、農大眾的。

很多人認為，共產黨靠農民起家，建國後雖然把土地分配給農民，但不久實行合作化和人民公社，又等於把土地收回

去；而且，又透過人民公社，把大量農業剩餘收走，不讓農民改善生活，這是嚴重對不起農民。我以前也有這種思想傾向。現在我覺得，雖然新中國的前二十七年農民的生活沒有達到富足狀態，但基本上可以做到安定而溫飽（因爲連土匪都沒有了），比起 1912 年到 1949 年這一階段，是可以不用擔心戰亂、飢荒、繳不起地租等等。對於農民來說，這已經很不錯了。蘇聯共產黨做得最差的是農村改革，但中國農民對中共的農村政策一直沒有很大的不滿，原因就在於，中國農民以前的生活條件實在太差了。而且，我現在也稍微了解，即使在前二十七年，中共也在隨時改善農村條件，讓農村的生活不致於和城市相差太遠。從陳先生談鄉鎮企業興起的那一節（第五章第一節）就可以看到，如果農村經濟條件很差，改革開放以後，鄉鎮企業也不可能發展得那麼快。

因爲反右和文革，大陸知識分子吃了太多的苦頭，因此，現在大陸許多知識分子不能平心靜氣的看待中共前二十七年的作爲。客觀的看，我們很難否認，中共確實是「朝向社會主義」在進行改革和建設計劃的。

現在談到改革開放。

一直到 1990 年代的末期，很多左派朋友（當然也包括我自己）都在擔心，改革開放是否過了頭，最後變成資本主義了。現在，我覺得，中國不可能走向西方那種資本主義了。讓我比較安心的表面現象有兩個。第一，快速度發展的城市，並沒有出現貧民窟。去年我從網路上看過一些大陸知識分子寫的文章，大聲呼籲，不要讓中國出現發展中國家常見的都市貧民窟現象，這也就證明，目前中國還沒有這種現象。以最近三十年中國經濟和城市的發展速度來看，這是很了不起的成就。

　　第二個表面現象是，現在國家很有錢，以致於大陸流行「國富民貧」這種說法。國家很有錢，這就說明，經濟發展所得的最大利益掌握在國家手中，而不是像西方一樣，國家最大量的錢掌握在大資本家手中。國家有錢，國家就可以做很多事，譬如農民的土地不用繳稅、農民種田給予補助等等。如果國家的錢掌握在私人手中，國家再怎麼想做這些事，也只能有心無力。而且，現在國家大力調高公務員的薪資，並給予優厚的退休保障，以此要求公務員不可貪污，不然抓到就重懲。現在大陸公務員成為大家最羨慕的職業，這同時也可以把最好的人才吸收到行政機構中，讓行政機構更有活力和能力。以前實行國家企業改革的時候，很多人擔心，中國會出現許多大資本家，現在看起來，事實並不如此。可見，以前很多人對國企改革的具體執行並不了解。

　　當然，最重要的是，中國決不會走西方式的民主的路，這已經很明顯了。不管西方再怎麼批判，譏笑共產黨「不民主」，中共還是按自己的想法在試著走基層民主的道路，而不走大型選舉的路。前一陣子，英國時報前駐北京記者 Richard Mcgregor 在美國的《外交政策》雙月刊發表文章，其中就說：中國的成功，讓很多人知道，不要把自由市場和（西方）民主強加於人，這種「北京共識」的思維方式肯定會盛行起來。他還說，關於中國有一天會成為民主國家，這只是西方一廂情願的想法。中國共產黨說得很清楚，它不想讓中國成為西方式的民主國家。中國現在對外發言，屢次信心十足的說「我們堅持走自己的路」。以前西方談起這種發言，都要訕笑一番，但是，現在卻有越來越多人相信了。這同時也是因為，比起中國領導的施政能力來說，不管是美國、日本，還是台灣的選舉式

民主真是讓人越來越失望了。

三．

　　陳先生始終關心社會主義實現的可能性，所以他在〈已開發國家走向社會主義之路〉這一篇長文裡，參考了日本學者的著作，對此作了一些嘗試性的探索。這篇長文主要由陳福裕修改，因我自己這方面的知識不足，不敢輕易改動。這篇文章寫得很清楚，修改後的中文也不難閱讀。我很佩服陳先生認真閱讀別人著作、再加以綜合整理的工夫，從這一篇文章就可以充分認識陳先生的知性能力。

　　我已經說過，在這方面我沒有判斷能力，但我想借這個機會談一談我個人較獨特的看法，供大家參考。

　　中國崛起和西方、日本資本主義的沒落幾乎是同時發生的，這代表一個新的世界史面目即將在二十一世紀出現。其實，華勒斯坦早就表達了這種看法。美國學者里亞・格林菲爾德（Liah Greenfeld）在他的著作《民族主義：走向現代化的五條道路》的中譯本序言開頭就說：「我們正面臨一巨變……這一巨變就是偉大的亞洲文明崛起，成為世界主導，其中最重要的是中華文明崛起，從而結束了歷史上的『歐洲時代』以及『西方』的政治經濟霸權」（上海人民書店，2010）他的意思已經表達得再明白不過了。

　　但是，中國的崛起將如何逐步改變世界經濟格局，似乎較少人談到，我想談的就是我在這方面的看法。

　　一般人在談論中國的對外關係時，都會比較注意中美、中日、中國與歐體的問題，而較少注意到中國和開發中國家的關係。中國政府本身在對外政策上一向重視「做」，而不重視

「宣揚」，行事一向低調，所以也比較不引人注目。其實，中國的對外政策一直循一個固定方向進行了六十年，從來沒有變過，那就是，在世界範圍內實施「鄉村」包圍「城市」的大戰略，長期經營和開發中國家的緊密連繫。

中國和非洲國家的關係，一直到中共以迅雷不及掩耳的方式在聯合國取得中國代表權時（1971），美國才醒悟過來，但已經來不及了。當美國和蘇聯在非洲一些國大搞代理戰爭時，中國默默的、長期的為非洲國家改善農業技術，進行各種基本建設，借錢、送錢給非洲國家，而且，還把中國許許多多的勞動送到非洲，幫助它們建設。中國對非洲國家的幫助是極為具體而實惠的，決不是拿錢去買政要，像台灣一樣。中國的協助具體落實到一般百姓，所以它跟非洲國家的關係只會越來越穩固。現在西方已經毫無辦法，只能散佈謠言說，中國現代已經取代西方，成為非洲最大的「剝削者」，但這種話動搖不了非洲國家對中國的信賴。

中國對外關係的第二個大成就是全力搞好和東協國家的關係。這件事情美國、日本、韓國都沒有充分意識到，等到東協十加一的互免關稅協議即將談妥時，他們只能大驚失色。

按照常理，東協應該最提防的是中國，中國就在他們旁邊，是個超級大國，而東協國內又都有許多華人，他們對中國有一種奇特的向心力，讓東協感到威脅。但是，最終東協竟然選擇和中國合作，這只能說太奇怪了。這也只能解釋，東協真心相信，和中國合作對他們很明顯有利，因為中國可以幫助它們發展經濟。改革開放以後不到三十年，中國就讓東協信賴，這當然是極大的成就。

東協和中國合作，日、韓怎麼辦？中國和東協可以互免關

稅，日、韓不能，長此下去還得了，所以它們必須加入，但加入要東協同意，它們如何讓東協同意？像日本，從來就只會從東協各國賺回大筆大筆的錢，什麼時候照顧過東協？就像他們也只會從台灣賺去許多錢一樣，而台灣一直只能是它的加工區和產品傾銷區。所以，東協和中國合作，就會逼迫日、韓只好跟中國合作，不然它們找不到出路。這就是日本前首相在競選時喊出「我們要回到亞洲」（不再脫亞入歐）的真正原因。如果日、韓最終明顯倒向中國了，那美國也只能撤出東亞，它的軍隊恐怕不得不從沖繩撤回夏威夷。這樣，兩岸自然統一，南、北韓也才能統一，亞洲才能永遠和平。美國插在亞洲，不時讓日本、台灣搞些小動作，美國才是亞洲的麻煩製造者。中國選擇東盟來突破美國的亞洲布局，美國恐怕連作夢都沒想到。

現在美國只能在南海主權問題挑起中國和越南、菲律賓等國的矛盾，但中國在這方面始終應付得很得體，除了越南比較麻煩外，根本惹不出什麼風波。

再過去就是印度。中、印關係除尼赫魯末期有一點小麻煩外，一直很穩固。印度也是大國，崛起有望，外交政策一向獨立，不受西方影響，中、印兩國可以說「相敬如賓」，兩國都不會想製造糾紛。中國和巴基斯坦關係一向友好，這是大家都知道的。巴基斯坦親近中國、印、巴矛盾深，但印度卻不會為了中、巴的友好關係而敵視中國。中國怎麼能做到呢？從這裡思考，不能不佩服中國對外政策之靈活。

現在，中國已經規劃好要跟西亞國家合作了，方法是，從寮國建鐵路，穿過緬甸、伊朗，到達土耳其，各國之間的協議已經簽好了。這樣，中國可以透過陸路和西亞各國進行各種經

濟合作，即使美國還控制蘇伊士運行到麻六申海峽這條水路，也只能徒喚奈何。只要時機成熟，美國只好被迫全面從亞洲退出。

中國目前不去挑釁美國跟中東石油國家的關係，但是，土耳其和伊朗都是西亞大國，都是伊斯蘭國家，這兩國靠向中國，等於在美國的臥榻旁邊插了兩根刺，美國如何安睡？美國利用以色列牽制中東石油國家，讓阿拉伯系統的伊斯蘭人民切齒痛恨，美國遲早要被迫放棄這塊「肥肉」的。

中國對外政策一向用軟招、不用硬招，而且，只給別人好處，不從別人家裡撈錢，跟美國動不動就威嚇、罵別人是「流氓國家」、甚至胡亂轟炸，簡直是天壤之別。用古話說，中國「以德服人」，美國只會大量印鈔票來濟燃眉之急，這種落差實在太大了。

以上只分析中國在非洲、東協和西亞的經營，中亞五國和蘇聯那邊就從略了。但從這裡就可以看出，中國是如何一步步的向亞、非地區發展，美國只能步步後退，而日本只好被迫與美國脫鉤。中國一直強調「不稱霸」，它確實「不稱霸」，中共的國防繼承了舊中國的傳統，是守勢國防，人不犯我，我不犯人。全世界有哪一種核武國家像中國公開宣稱，決不率先使用核武。西方和日本常常說中國「霸道」，到處推銷「中國威脅論」，它們似乎忘記了，當年它們是以怎樣的一種「霸道」方式來凌遲中國的。這真是應了一句俗話，叫做「做賊的喊捉賊」。中國的崛起讓它們再也做不成「賊」（像日本），或者只能淪為為人不齒的「小賊」（像美國）。

簡單一句話，中國終於發展出來了，然後以自己豐厚的經濟力量和五千年的歷史智慧，幫助亞、非的許多小國、窮國改

善經濟條件，讓他們也逐漸「富」起來，其實也就是孫中山所說的「濟弱扶傾」，而孫中山的話也不過是沿襲舊中國的古訓，基本上是一脈相承的。這樣，中國不是就改變了西方列強進行了兩、三百年以上的那種資本主義式的掠奪經濟了嗎？中國根本不需要「統治」世界，中國只要讓西方資本主義制度無法再在世界各地橫行，不就結束了「歷史上的歐洲時代以及西方的政治經濟霸權」了嗎？

這樣，傳統的歐、美列強將來會變成什麼樣呢？美國大概只能退回美洲，重新實行它的「門羅主義」，繼續欺壓中、南美國家。不過，這種「門羅主義」大概也不能永遠維持下去。如果古巴可以向美國「搞獨立」，誰能保證其他國家就一定做不到呢？至於歐體，我無法想像他們的出路在哪裡？現在經濟學家普遍不看好歐、美，它們肯定會一直窮下去、弱下去。至於弱的速度就難以判斷了。如果窮到某一個地步，引發內部重大矛盾，最後引發內亂，誰也不敢保證就不會發生。

陳先生在談到古巴的改革時說，古巴改革的目標是「不破壞自然環境，抑制不必要的天然資源和物質的消費，公平且貧富差距小的有人性的社會主義」，如果全世界都能做到這一點，我覺得，應該就算很理想了。像現在的資本主義，利用武力或科技優勢，掠奪小國、窮國，讓它們更窮、更弱，又無節制的破壞自然環境，無節制的消費，窮奢極慾，如果再不改絃更張，地球的毀滅絕對不是誇張的預言。所以，世界史上的「西方時代」還是越快過去越好，看看二十二世紀人類能不能達到共享和平的時代。中國人應該把眼光放得這麼遠大，才不會斤斤計較一些國內的是非得失，心胸才能開闊，也才能在這個大時代生活得更有意義。

　　我是很喜歡讀歷史的人，但一直到三十歲以後，我才知道，我透過各種管道所累積的歷史知識，背後有一個史觀，那就是以五四運動自由派觀點爲核心所組成的世界史觀，這種史觀強調西方文明的優越性，並且期望中國按照西方模式走向現代化。

　　一九九〇年代，爲了在台獨氣氛極爲濃厚的台灣爲自己的統派立場找「理論」根據，我終於得到一個結論：中國現代化只能走中國共產黨那種農民革命的道路，只有在農民的支持下，中國才能以全民的力量，集中全力搞現代國家建設，這也就是孫中山所說的「迎頭趕上」。我這種看法純粹是從讀歷史讀出來的，一點也沒受馬克思主義影響（請參看〈我的接近中國之路〉一文，《思想》第 6 期，聯經出版公司，2007 年 8 月）。

　　自陳明忠先生開始跟我談論他的思想歷程和他對列寧、史達林、毛澤東、劉少奇的看法以後，我才知道，我的思路也可以從馬克思主義的理論思考上加以論證。陳先生堅持從馬克思主義的理論和蘇聯、中國的革命實踐來思考這一問題，給我很大的啓發。

　　現在回想起來，陳先生對我最大的影響是在於：他所講的列寧理論和中國的革命理論，呈現了一種落後國家如何對抗西方資本主義帝國主義的歷史大趨勢。因此，世界近代史不只是西方帝國主義的侵略史，而且，還是落後國家的人民解放鬥爭史。把西方帝國主義侵略史講成西方強大影響下的世界現代文明史，實在是對世界史的重大歪曲。

　　從這個觀點出發，我終於得出我的看法：中國的崛起代表的是落後國家對西方國家的最終「獨立」，也就是人民解放鬥

爭對西方帝國主義的勝利。為了讓大家能夠理解陳先生這本書，我把我的看法以最粗略的方式加以總結，主要是希望大家能夠透過我淺白的、簡化的大綱，更細緻的理解陳先生的論證。

現在的世界已經發生了天翻地覆的大變化，而台灣似乎還生活在二十世紀的六、七十年代，許多知識分子的腦筋似乎已僵硬到一點也不能感受這些變化。湯恩比曾說過，那麼聰明的希臘人，當他們開始沒落時，竟表現得那麼愚蠢。現在的西方人，就好像當年的希臘人，而最糟糕的是，還有許許多多的中國人（包括許許多多的台灣人）還那麼相信西方。陳先生已經83歲了，這本書一拖再拖，他自己也懷疑他的書是否有用。但我相信，歷史已經到了一個臨界點，現在出版他的書正是最佳時機，那麼，就讓它問世罷。

2011/6/20 完稿

國家圖書館出版品預行編目資料

中國走向社會主義的道路 / 陳明忠編著. -- 初版. --
臺北市：人間, 2011. 06
　　面；　公分
　　ISBN 978-986-6777-34-9（平裝）

　1. 社會主義　2. 馬克斯主義　3. 中國

546.22　　　　　　　　　　　100008512

中國走向社會主義的道路

編著◎陳明忠
出版者　人間出版社
發行人　呂正惠
社長　林怡君
地址　台北市長泰街 59 巷 7 號
電話　02-2337-0566
郵撥帳號　11746473 人間出版社
排版印刷　龍虎電腦排版股份有限公司
電話　02-8221-8866
登記證　局版台業字第三六八五號
初版　2011 年 6 月
定價　新台幣 300 元